THE RITZ

Mon Jardin Ouvrier

Mon Jardin Ouvrier

CRÉER ET ENTRETENIR SON JARDIN POTAGER

Andi Clevely

LAROUSSE

21 Rue du Montparnasse 75283 Paris cedex 06

Édition originale

The Allotment Book
Photographies, texte et conception © 2006 HarperCollins Publishers Ltd
à l'exception des photographies indiquées page 224
Création et production par Airedale Publishing

Édition française

Traduction et adaptation
Philippe Bonduel et Jérôme Goutier

Direction éditoriale
Catherine Delprat

Édition
Laure Sérullaz assistée d'Ariane Roland

Relecture et correction
Laurence Alvado

Direction artistique et conception graphique
Emmanuel Chaspoul

Mise en page
Catherine Le Troquier

Couverture
Véronique Laporte

Fabrication
Annie Botrel

ISBN 978-2-03-583570-3

Pour les éditions Larousse, le principe est d'utiliser des papiers composés de fibres naturelles, renouvelables, recyclables et fabriquées à partir de bois issus de forêts qui adoptent un système d'aménagement durable.
En outre, les éditions Larousse attendent de ses fournisseurs de papier qu'ils s'inscrivent dans une démarche de certification environnementale reconnue.

Sommaire

Préface

Je me souviens parfaitement quand, enfant, j'aidais ma mère à arracher les pommes de terre nouvelles, et que je m'étonnais que la petite pomme de terre que nous avions plantée ait pu faire autant de bébés. Je me souviens aussi du régal qu'était la cueillette des fraises. Je mettais une moitié de ma récolte dans le panier, j'en mangeais l'autre moitié.

Profiter d'une abondance de fruits et de légumes n'était pas le seul avantage du potager. De délicieux arômes de plats préparés emplissaient souvent la maison, grâce au cordon-bleu qu'était ma mère. En particulier, à l'époque des récoltes, lorsqu'elle préparait confitures, gelées et chutneys qu'on savourait en hiver et à Noël.

J'ai eu la chance de pouvoir faire revivre ces souvenirs heureux à mes propres enfants, avec un potager dans lequel ils ont pu eux-mêmes semer et récolter. Cultiver des fruits et légumes vous aide à contrôler ce que vous et vos enfants mangez, vous offre la saveur incomparable des produits frais, mais vous permet aussi de profiter du grand air, d'une bonne dose d'exercice et de vous amuser.

Avec ce magnifique livre, Andi Clevely capte l'essence même du jardin familial, montrant à quel point c'est une façon relaxante et conviviale de jardiner, ainsi qu'une opportunité de rencontrer d'autres jardiniers, jeunes ou plus âgés. Ceux-ci vous feront partager le produit de leurs récoltes, leurs expériences et leurs joies – tout ce qui fait qu'un jardin ouvrier est une reproduction miniature de notre société, sans ses barrières. Plus encore, ce livre foisonne d'informations précieuses et fiables qu'Andi Clevely a acquises durant les années passées dans son jardin et sur ses parcelles : temps de germination, volume moyen de récolte, meilleures variétés de fruits et de légumes… Il éclaire le vocabulaire du jardin et fournit une aide simple et concrète pour lutter contre les maladies et les parasites, rendant cet ouvrage accessible à tous.

Je défie quiconque de ne pas apprécier l'univers merveilleux du jardin ouvrier – de la terre à l'assiette – après avoir lu ce livre.

Jekka McVicar

Jekka McVicar est l'un des chefs de file de la culture biologique des condimentaires en Grande-Bretagne. Sa ferme familiale en accueille à ce jour plus de 500 variétés différentes, représentant la plus grande collection de plantes culinaires et médicinales du pays.
Vous pouvez visiter son site : www.jekkasherbfarm.com.

Auteur de plus de vingt livres sur le jardinage, Andy Clevely n'a cessé de militer en faveur des jardins ouvriers depuis 35 ans.

Arrêtez-vous un instant de marcher dans votre parcelle pour songer un peu. Toute terre cache une histoire, à moins d'être vierge, et vous emprunterez des chemins qui ont été parcourus par les précédents occupants, durant des générations peut-être...

Petite et grande histoire...

D'autres mains, avant vous, ont brassé ce carré de terre qui vous appartient désormais, pour y semer, tracer des rangs et récolter des fruits et des légumes. Le passé de tout jardin ouvrier est une histoire personnelle faite de besoins et de rêves, de réussites et d'échecs. Elle reste, malheureusement, le plus souvent secrète, même si elle tient une place privilégiée dans les souvenirs.

L'histoire du jardin ouvrier, ou jardin familial, en tant que mouvement social majeur, est mieux connue. Ses origines varient d'un pays à l'autre, mais ont en commun ce désir de donner un lopin de terre à ceux qui n'en possèdent pas pour pouvoir se nourrir. Chaque parcelle est alors un « lot » (le terme anglais pour *allotment*), un terrain loué avec un cahier des charges dépendant du propriétaire.

De l'origine des jardins ouvriers

Les tout premiers jardins de ce genre ont vu le jour en Grande-Bretagne. Au XIe siècle, après la conquête normande, les propriétaires terriens ont commencé à clore leurs terres, en en chassant leurs occupants. Cela eut pour effet de démanteler l'économie vivrière locale, pourtant bien établie, et conduisit à l'émergence d'une population rurale misérable.

C'est alors qu'en 1649 les Diggers (en français, les « laboureurs », « bêcheux » ou « piocheurs »), groupe d'affamés victimes de la misère, prirent possession d'étendues incultes pour y semer fèves, carottes, panais et avoine. L'un de leurs chefs, Gerrard Winstanley, prêchait ardemment pour que les « gens du commun puissent enrichir et travailler les terres banales », en insistant sur le droit de chacun « au labour ». C'est un discours, aujourd'hui, toujours d'actualité chez les radicaux urbains qui revendiquent le droit de mise en culture des friches.

Bien que vite maîtrisés par les autorités de l'époque, les Diggers fournirent les bases morales pour un droit universel d'accès à la terre. Ils transformèrent un besoin urgent et vital de nourriture pour des ventres affamés en acte politique, social et égalitaire qui prit de l'ampleur. Leur révolte provoqua peu à peu des actions généreuses, d'abord isolées, de la part de quelques propriétaires terriens éclairés, qui offrirent à leurs paysans des parcelles de culture.

Enfin, des lois capitales pour les personnes sans ressources prirent corps. En 1845, le General Inclosure Act accorda des terres dans toute la Grande-Bretagne aux travailleurs pauvres.

Gravure sur bois représentant l'un des meneurs des Diggers, Gerrard Winstanley, et ses condisciples. Il proclama en 1649 : « L'Angleterre ne sera pas une nation libre tant que les pauvres sans terre n'auront pas le droit de labourer et travailler les communaux. »

Du jardin ouvrier au jardin familial

Les jardins ouvriers prirent véritablement leur essor au XIXe siècle, au nord de l'Europe, avec la révolution industrielle. Appelés « champs des pauvres », ils apportèrent aux ouvriers un complément de ressources et furent un élément fort de structuration de la famille.

En France, le terme « jardin ouvrier » fut inventé par l'abbé Lemire, député de Hazebrouck, qui créa, en 1896, la ligue du Coin de terre et du foyer. Fervent défenseur de la famille, il milita toute sa vie pour l'épanouissement de la classe ouvrière avec sa célèbre devise : « La terre est le moyen, la famille est le but. »

Au fil des années, le profil social des locataires de parcelles évolue, les ouvriers étant rejoints par d'autres catégories socio-professionnelles. En 1952, l'expression « jardin familial », plus appropriée, remplace officiellement celle de jardin ouvrier, et la ligue devient la Fédération nationale des jardins familiaux et collectifs.

Aujourd'hui, les jardins familiaux sont détenus et gérés par des particuliers, des collectivités locales ou des associations, comme les Restos du cœur. Ils se situent à la périphérie des grandes villes et dans la banlieue dite « verte » de Paris, celle des zones maraîchères. Leur nombre est estimé à 150 000 pour une superficie totale de 4 500 hectares.

L'auteur, Andi Clevely, labourant son jardin.

Des fers à cheval en guise de porte-bonheur et pour décorer cette cabane de jardin ouvrier en bois.

De la survie à la qualité de vie

Sont assimilés aux jardins ouvriers ou familiaux les jardins d'insertion et les jardins partagés.

Les jardins d'insertion. Nés dans les années 1980, avec le slogan « Cultivons la solidarité », ils ont pour objectif la réinsertion des personnes en grande difficulté sociale ou professionnelle (personnes isolées, chômeurs, rmistes, jeunes délinquants, anciens détenus...). Le jardinage devient une thérapie, en plus d'être un moyen de lutter contre l'exclusion.

Les jardins partagés. Ces jardins sont inspirés, quant à eux, d'une expérience menée aux États-Unis, à New York, où les habitants se sont appropriés des terrains laissés en friche pour en faire des jardins ouverts à tous, non cloisonnés.

Cette nouvelle conception, très actuelle, est plus axée sur la qualité de vie proprement dite que sur la survie. Travailler son petit lopin de terre est devenu, pour certains, une sorte de luxe et un moyen d'échapper au stress et au carcan de notre société moderne. L'inquiétude face aux pollutions, le manque de choix et de fraîcheur des fruits et légumes offerts sur le marché, ainsi que leur prix excessif font le reste... Cela explique que ces jardins sont aussi le lieu d'élection des méthodes bio.

La vieille image utilitaire du jardin ouvrier a également changé à mesure qu'il est apparu comme un lieu de détente pour toute la famille, ainsi qu'un élément vital dans le « reverdissement » de nos villes. Aujourd'hui, les anciens jardins ouvriers sont un élément majeur de la politique de la ville et de l'environnement.

Nombre de parcs et terrains, un peu partout en Europe, furent transformés en potagers durant la Seconde Guerre mondiale, où chacun était encouragé à « labourer pour la victoire ». Ici, des écoliers de l'Essex, en Angleterre, arrivent sur leur parcelle, prêts au travail. Ils s'occupaient également d'une boutique où ils vendaient le produit de leurs cultures.

Le jardin du monde

De nos jours, bien que fermement ancré dans sa tradition de parcelle privée, le jardin ouvrier moderne fonctionne dans un contexte culturel plus varié et stimulant. Il n'y a pas de frontières sociales marquées : de plus en plus de femmes, de jeunes et d'immigrés de toutes origines apportent un sang neuf aux potagers qui, il y a peu encore, étaient généralement tenus par des hommes plus âgés, tentant de joindre les deux bouts. Les rangs de coriandre kurde, de « teff » ou de « dengi » pour confectionner le curry bengali ont rejoint les carottes et les choux dans des parcelles étroites, tracées au cordeau, en culture bio, sans labour et autres méthodes de jardinage alternatives.

Les jardins ouvriers accueillent aussi bien le barbecue, la faune sauvage, les conservatoires de variétés anciennes, des sculptures, des ruches et des mares que les bons vieux rangs de choux de Bruxelles. Les écoles viennent y suivre des classes vertes, les protecteurs de l'environnement y établissent des pépinières d'arbres pour reverdir les villes, et les jardiniers handicapés ont trouvé là une nouvelle vie.

Les enjeux économiques et sociaux des jardins collectifs progressent autant que la diversité des espèces végétales qu'on y trouve. À New York, le projet City Farms rappelle la fièvre des « jardins pour la victoire » des années 1940. Il permet de produire, commercialiser et diffuser des produits frais dans les quartiers les plus démunis depuis plus de trente jardins familiaux. Au Brésil, les enfants des rues cultivent et vendent des radis. Sur les toits de la prison de Saint-Pétersbourg, des détenus cultivent des tomates noires de Russie et les Kleingarten allemands aident les femmes immigrées à s'intégrer à leur nouveau milieu en cultivant leurs légumes traditionnels. Les jardins familiaux servent donc autant à reverdir les villes et à améliorer le moral qu'à assurer le quotidien.

Cette jardinière bengalaise récolte des feuilles de moutarde dans son potager urbain.

Tomates et piments brûlants, mariage de cultures classique et exotique.

Page de gauche : Cultiver ses propres légumes donne bien des joies, comme celle de récolter un panais géant !

L'avenir

La valeur exceptionnelle du potager familial ne fait que croître, cependant des zones d'ombre persistent. En zone urbaine, l'accès à la terre est de plus en plus malaisé, et nombre de jardiniers communautaires doivent s'associer pour éviter de disparaître sous le bitume et le béton. En 2001, le Danemark a donné un bel exemple aux autres pays en légiférant pour rendre les jardins familiaux intouchables, mais, ailleurs, leur situation est précaire. Gerrard Winstanley et ses Diggers identifieraient sans doute les menaces pesant sur le droit à la terre, et leur esprit combatif serait d'un grand secours face à nombre d'administrations.

L'Agenda 21 des accords de Kyoto impose aux gouvernements une obligation morale d'encourager le développement durable, de lutter contre la pauvreté et d'éviter la destruction des ressources pour les générations futures. Les jardins familiaux et collectifs sont un trésor, tant pour la nature que pour le bien-être des jardiniers. Ils enrichissent notre vie et nos villes, la terre étant sans doute la plus précieuse ressource pour l'être humain. Leur protection et leur entretien devraient donc être en première ligne des stratégies locales dans notre environnement en évolution permanente.

Ci-contre : Une serre en verre sous un temps ensoleillé.

Ci-dessous : Ce complexe danois est un « jardin de jour », ouvert en été de 8 h à 18 h. La culture y est biologique et un plan général assure la rotation des cultures.

Un bien être personnel

Posséder un jardin ouvrier donne, certes, des responsabilités, mais également beaucoup de libertés : celle de profiter de la compagnie et de l'aide de jardiniers partageant les mêmes joies que vous et apportant leur expérience précieuse, ou simplement de vous détendre au grand air. Rien ne vous empêche d'appliquer les méthodes de culture de votre choix, en mêlant invention et tradition, pour récolter dans les meilleures conditions, à deux pas de chez vous.

Les idées et les comportements des jardiniers actuels sont sensiblement différents de leurs aînés d'il y a deux ou trois générations. Et les jardins ouvriers ne cessent d'évoluer socialement, passant des « parcelles pour les pauvres » au statut de « jardins pour un monde plus vert ». Mais divers aspects persistent, fort heureusement : le sol est à peu près le même (parfois amélioré) ; le temps est toujours imprévisible (un peu plus désormais, compte tenu des changements climatiques) et les techniques horticoles restent presque identiques.

S'engager

Tôt ou tard, les jardiniers ont affaire aux élus locaux. Leur attitude face aux jardins ouvriers va du vif enthousiasme à l'indifférence, voire à l'hostilité. Le terrain lui-même est une valeur convoitée par les investisseurs. Les groupements et associations ont souvent eu à lutter pour défendre leurs droits, en menant des campagnes de soutien ou en allant devant les tribunaux.

Partout, des associations dynamiques, durables, sont ravivées par des projets incluant d'autres résidents locaux, ou en améliorant les relations avec une communauté plus large. Publicités, événementiels, cours, stages et journées portes ouvertes dans les potagers mêmes ont contribué à régénérer l'enthousiasme. Les zones inutilisées et parcelles enclavées ont été transformées en réserves naturelles ou jardins communaux ouverts aux écoles et associations diverses.

Des innovations concrètes et passionnantes ont émergé de la prise de conscience aiguë des problématiques environnementales récentes, des inégalités sociales, de la nécessité de l'entraide et des subventions, pour réinventer le jardinage collectif. À vous de décider jusqu'où vous voulez participer. Produire une nourriture saine reste le but principal et peut vous apporter des satisfactions matérielles et morales. Mais vous serez peut-être surpris de voir comme il est gratifiant de participer au bien-être commun.

Ci-contre : Le Number One Allotment Project, à Londres, est destiné aux personnes ayant des difficultés motrices ou intellectuelles, qui souhaitent améliorer leurs techniques de jardinage. Avec l'aide de jardiniers de groupements locaux, elles plantent et récoltent toute une gamme de légumes, fruits et fleurs en suivant des principes de culture biologique.

Ci-contre, à gauche : Beaucoup de jardiniers ont des projets ambitieux pour leurs parcelles, comme cultiver de la vigne et produire leur propre vin.

Ci-contre, à droite : Quel plaisir de pouvoir se concocter soi-même de délicieuses tisanes ! Camomille, reine-des prés, menthe, mélisse, verveine... De savants mélanges en perspective...

Camomille

Depuis le premier coup d'œil sur votre parcelle et son achat jusqu'au choix des outils et techniques de jardinage, il faut tout peser, avant même de passer au semis ou à la plantation.

Le jardin familial idéal

Premiers pas

Pourquoi un jardin ouvrier ?

Il y a de nombreuses bonnes raisons de louer ou d'acquérir un jardin ouvrier ou familial. Pour certains, c'est une activité traditionnelle. Le plus citadin d'entre nous n'est parfois distant que de quelques générations, au plus, de ses ancêtres agriculteurs. D'autres pensent que l'industrialisation et les transformations dans l'agriculture et l'agroalimentaire ont définitivement altéré leur nourriture et que le seul moyen fiable (et souvent plus économique) de se procurer des fruits et légumes frais sans pesticides est de les cultiver soi-même. Choisir un terrain proche de chez soi réduit, en outre, le transport, et donc la pollution.

Une bonne nourriture n'est pas la seule composante d'une vie saine. Prendre de l'exercice compte autant ; travailler en plein air sur son propre terrain est plus agréable et efficace pour garder la ligne que la gymnastique en salle. En ville, les jardins familiaux sont des oasis inappréciables de bien-être, de détente, qui aident à combattre le stress.

Nombre de gens y apprécient l'aspect communautaire marqué (mais rien n'empêche de préférer la solitude). L'entretien d'un jardin peut se partager en famille. Par ailleurs, l'ensemble des jardiniers, d'âges, expériences et cultures différents, unis par un intérêt commun, offre un modèle de soutien, de tolérance et d'entraide qui fait souvent défaut de l'autre côté des clôtures. Vous acquerrez ainsi, en même temps qu'un terrain, un lieu de santé et de détente.

Une raison majeure de cultiver un jardin familial, indépendamment de vos motifs idéologiques, sociaux ou thérapeutiques, est la vive satisfaction ressentie quand vous récolterez vos propres fruits et légumes. Le labeur quotidien compte vite pour rien face au plaisir de produire quelque chose, alors même que les jardins se réduisent comme peau de chagrin sous la pression toujours plus forte des administrations et de l'immobilier.

Grâce à votre parcelle, vous retrouverez votre joie de vivre.

Trouver sa parcelle

- **Trouver un jardin ouvrier ou familial à louer ou à acheter dépend avant tout de votre lieu de résidence. Commencez par contacter les municipalités, qui gèrent la plupart de ces espaces. Ils peuvent être permanents, et sont alors régis par la loi, ou bien temporaires, sur des terres louées. Certains endroits sont privés, gérés, par exemple, par des paroisses ou des associations locales. Le mieux, pour se mettre sur les rangs, est de demander à un utilisateur déjà dans la place.**
- **Une parcelle moyenne mesure généralement 250 m², mais on en trouve de la moitié, du quart, voire du dixième de cette superficie. Il se peut qu'une parcelle soit immédiatement disponible, ou que vous deviez vous inscrire sur une liste d'attente, s'il y a beaucoup de demandes et peu d'offres. Un bail est signé entre vous et le propriétaire ou son représentant (une association locale, par exemple). En général d'une durée d'un an, il est renouvelable. Le paiement, souvent modeste, s'effectue à l'avance.**
- **En retour, vous êtes en droit d'attendre un libre accès à votre terrain, la mise à disposition d'un point d'eau (dont le coût peut être inclus dans le loyer) et un minimum de sécurité. L'ensemble comporte souvent des toilettes, voire un local commun pour le stockage, les réunions et la vente d'outils ou de graines. Votre parcelle peut même bénéficier d'un abri (moyennant un supplément en général) et d'allées en dur.**
- **Le contrat doit définir vos droits (cultiver des fruits et légumes pour votre usage personnel, parfois élever des poules et des lapins, voire des pigeons ou des abeilles, suivant les réglementations locales) et vos devoirs. Ces derniers tiennent essentiellement à un bon entretien de la parcelle et au respect de vos voisins et autres utilisateurs. Diverses restrictions touchent à l'emploi des tuyaux d'arrosage, aux feux de broussailles, à la création de mares, la plantation d'arbres ou au type de clôture (surtout pour les matériaux dangereux comme les barbelés). La sous-location ou l'utilisation à titre professionnelle sont d'ordinaire interdites.**

LES ASSOCIATIONS

- **Des associations dynamiques vous épaulent, que vous soyez débutant ou non. Elles donnent un descriptif d'ensemble du jardin ouvrier et parfois des détails sur votre parcelle.**
- **Des bénévoles peuvent se proposer pour vous aider à la défricher. Et dernier avantage de poids : en groupant les commandes, les associations permettent d'acheter en gros des matériaux ou du fumier.**

La bonne mesure

Si forte que soit votre motivation, faites le bilan de vos souhaits et capacités. Analysez bien ce que vous pouvez raisonnablement accomplir – l'enthousiasme rend souvent aveugle. Les tâches seront cependant moins lourdes qu'on ne l'imagine souvent.

LE TEMPS PASSÉ. On peut gérer un terrain avec une seule visite hebdomadaire, même si vous avez envie d'y venir plus souvent, surtout quand arrosages ou récoltes vous appellent.

Tenez compte, si vous habitez loin, du temps de transport. Si vous ne disposez pas de votre propre véhicule, vérifiez bien qu'il existe des transports publics pour s'y rendre et tentez de profiter d'une voiture amie pour les objets encombrants. Des aides techniques, tel le paillage, limitent les urgences, et les voisins peuvent venir à votre secours, en cas d'absence.

LES OBLIGATIONS. Un entretien régulier est capital, voire imposé par certains jardins familiaux. Comme l'été n'est pas éternel, vous devrez parfois travailler sous la pluie ou dans le froid. Des techniques d'entretien bien comprises limiteront les corvées. Et, après tout, rien ne vous empêchera de préférer attendre au sec, dans votre cabane, une éclaircie.

L'ENDURANCE. Une bonne constitution du sol est un avantage indéniable. Certains sols sont difficiles à travailler, et vous préférerez peut-être confier le labour à quelqu'un d'autre. L'habileté et le savoir-faire viennent avec le temps, et il existe des techniques adaptées aux personnes âgées ou aux handicapés. Le bon vouloir fleurissant en outre souvent dans les jardins familiaux, vous trouverez aisément un coup de main chez vos voisins.

Explorer son domaine

- **Avant de penser à vos récoltes et au moyen de les obtenir, voyez votre terrain comme un lieu où vous aurez plaisir à travailler, mais aussi à vous détendre. Notez ses défauts comme ses qualités et, si nécessaire, le moyen d'y remédier. Vous modifierez probablement vos plans en cours de route, mais les découvertes et les choix du départ joueront toujours un rôle important. Prenez donc le temps de bien y réfléchir.**
- **L'état des lieux est indispensable, qu'ils soient envahis, en partie cultivés ou totalement nus. Dégagez une partie du terrain et examinez-le (voir p. 115). Si vous ne tenez pas compte de sa nature (terre lourde ou légère, bien drainée ou non, acide ou calcaire), vous courez à l'échec.**
- **Notez le profil du terrain, s'il est en pente et dans quel sens (ce qui joue sur les températures et aussi l'ensoleillement), les creux étant exposés au gel ou aux inondations. Repérez les vents dominants. (Voir aussi p. 116 et 169.)**
- **Le soleil et l'ombre sont des éléments importants. Prenez note de l'ombre portée de grands arbres, qui peut entraver la végétation, alors qu'une ombre légère est un bienfait en été pour les cultures fragiles.**
- **Repérez les meilleures places pour les éléments essentiels, comme un tas de compost, un abri de jardin, un châssis froid ou un tas de fumier. Recherchez un lieu sec pour vous asseoir et manger.**
- **L'accès est vital : notez les sentiers existants, leur état et leur nature. Ils doivent laisser passer une brouette et desservir directement les points névralgiques, comme l'abri, le tas de compost et la route.**
- **Explorez les environs. Repérez le point d'eau le plus proche et les clôtures ou haies qui vous protègent des intrus, des intempéries ou produisent des petits fruits sauvages. Observez les parcelles voisines pour y prendre des idées. Présentez-vous à vos voisins, qui seront à même de vous aider.**

LES AMBITIONS. Il faut avoir un but en tête, confiance en vous et assez de bon sens pour tempérer vos rêves par la conscience de vos limites, surtout à ces périodes de l'année où le potager semble à la fois immense et ingérable. Rappelez-vous, cependant, que chaque année est un nouveau départ, où il est possible de simplifier ou réviser ses plans. Vous pourrez partager une parcelle trop grande ou en louer une partie. La ténacité paie toujours.

LES DÉPENSES. Si vous devez acheter vos outils, le démarrage sera un peu coûteux, surtout si vous souhaitez des raffinements, comme des bordures en planches, une serre, une cabane ou des cages à fruits. N'oubliez pas le loyer, ni les transports. Vous n'êtes pas obligé, cependant, de rénover ou planter tout votre terrain dès la première année. Commencez par le coin le plus négligé de votre parcelle, avec une pioche ou une bêche et quelques paquets de graines.

VOIR AUSSI ▸ Outillage, p. 54-55. **Paillis,** p. 119. **Une année au jardin ouvrier,** p. 166-215. **Carnet d'adresses,** p. 216-217.

Établir un plan

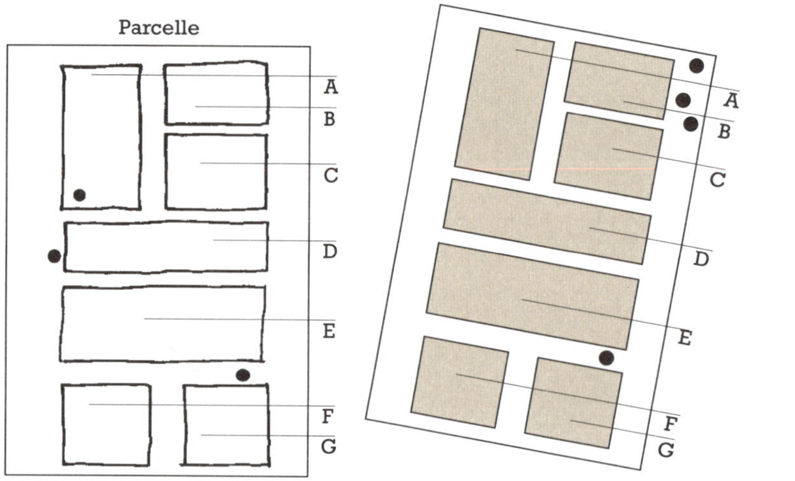

A Planche 1 — B Petits fruits — C Serre — D Planche 2 — E Planche 3 — F Planche 4 — G Cabane — ● Arbres fruitiers

Ci-dessus : un croquis approximatif de la parcelle (à gauche) vous permettra de tracer votre jardin idéal à la maison (à droite) et d'y placer planches, structures, allées et autres éléments où bon vous semble.

À vos crayons !

À votre première visite, faites un croquis grossier des lieux et placez-y les éléments principaux, tels que les allées et structures éventuelles, les planches existantes, les plantes vivaces ou les cultures en cours. Annotez ce plan avec toutes les informations que vous pourrez recueillir sur la nature du sol, l'exposition, l'ensoleillement et les parcelles voisines. Notez la pente éventuelle, car vous tendrez alors à véhiculer les charges de fumier ou d'eau toujours dans une même direction, ce qui doit influer sur votre plan.

Rentré à la maison, faites un second plan, avec l'aménagement idéal. Donnez une place à vos cultures préférées, en tenant compte de ce qui demande du soleil, de l'ombre, des arrosages copieux ou des soins constants, pour donner à chacune la bonne place. Pensez aux aménagements complémentaires, tels qu'un lieu de réunion familiale, un châssis ou une cage à fruits, mais rappelez-vous que vous avez toujours le droit de changer d'avis et de faire des modifications.

CLÔTURES ET ALLÉES. Elles sont très importantes, car ce sont elles qui régissent la forme de la parcelle et les moyens d'accès.

Les limites du terrain peuvent se résumer à des sentiers ou de simples tranchées. Mais un précédent occupant peut avoir conçu quelque chose de plus audacieux. Une clôture trop élaborée, toutefois, est déplacée et occupe du terrain. Elle peut même contrevenir au règlement intérieur.

Un moyen intelligent de marquer les frontières consiste à monter des clôtures naturelles, telles que des fruitiers palissés sur poteaux ou fils de fer (voir p. 146). Très productifs, ils occupent peu de place. Des arbres fruitiers libres ou des haies saisonnières de haricots grimpants, de topinambours, de tournesols ou de condimentaires, comme les angéliques, vous isoleront des regards et du vent, pour délimiter le coin repos, par exemple.

Il n'y aura peut-être qu'une ou deux allées pour vous séparer des parcelles voisines. Comme elles seront probablement mitoyennes, tout changement, amélioration ou entretien devra se négocier entre vous.

Les allées dans la parcelle ne dépendent que de vous. Pour des raisons pratiques, les principales doivent être rectilignes, à l'épreuve des intempéries, de largeur confortable et relier au plus court les points névralgiques. Les sentiers (les layons entre les

planches, par exemple) peuvent être plus étroits, et même temporaires, afin de desservir les divers secteurs pour l'entretien et la culture.

Les matériaux employés varient d'un jardin à l'autre, certains étant quadrillés d'un réseau d'allées en dur, pavées. On choisit cependant souvent le gazon, qui demande des tontes, la terre battue suffisant pour les layons entre les planches. En terrain humide, protégez les layons avec des sacs, de l'écorce ou des déchets de scierie.

Les pavés autobloquants durent plus longtemps, ainsi qu'une couche de 5 cm de graviers posée sur un feutre horticole (attention cependant : le gravier épais gêne le passage des brouettes).

Un layon de graviers bordé de briques délimite deux planches.

Le jardinage

Les enjeux

Le jardinier s'attache très vite à sa parcelle. Si le jardinage est une activité nouvelle pour vous, vous vous concentrerez sans doute, au début, sur les tâches initiales permettant de démarrer et d'entretenir vos plantes. Un jour, vous récolterez les fruits de votre labeur, joie dont on ne se lasse jamais.

Vous apprendrez rapidement à connaître la vie du sol et du milieu, l'influence du climat et de la géographie locale. Vous prendrez également conscience de la nécessité de garder la terre en bon état pour les générations futures. Cela vous amènera, peut-être, à vous poser des questions fondamentales sur votre façon de cultiver, et les conséquences éventuelles d'un plan à court terme.

BIODIVERSITÉ

- **La presse et les médias** se font l'écho de l'alarmant appauvrissement mondial de la biodiversité. La gestion de votre parcelle peut avoir un effet tout aussi critique sur la vie sauvage, à l'échelle locale naturellement. Il vous appartient de ne pas y contribuer à votre échelle.
- **Employez des techniques** enrichissantes, évitez de troubler les cycles naturels et vous aiderez les autres habitants de votre terrain à survivre. Un jardin grouille de vie, tantôt cachée dans le sol, même si on ne peut l'y voir, tantôt plus apparente sous forme d'oiseaux, insectes, amphibiens et reptiles qui hantent les parcelles intelligemment tenues.

▼ Cette coccinelle se régale de pucerons.

Méthodes alternatives

Les jardiniers ont cherché et testé des méthodes de culture alternatives, surtout depuis que la conscience écologique a fait comprendre que les produits chimiques sont utilisés en excès et ne correspondent plus aux normes actuelles. Les tentatives pour faire de la nature une alliée et travailler en harmonie avec l'environnement ont débouché sur diverses méthodes de jardinage.

La plus répandue est la culture biologique, mais d'autres ont fait leur chemin : le jardinage biodynamique, par exemple, est lié aux subtiles influences de la Lune sur la végétation, alors que la culture sylvestre reproduit la structure naturelle des bois en mêlant une multitude d'espèces sur un petit espace. Aucune de ces méthodes n'a le monopole du succès, et elles ne s'excluent pas les unes les autres. Les techniques de semis, plantation, entretien et récolte restent sensiblement identiques pour toutes. En fin de compte, vos penchants et vos convictions, suivant les résultats obtenus, vous aideront à choisir votre méthode, et jusqu'à quel point vous voulez vous y conformer.

LA CULTURE BIOLOGIQUE. L'objectif des jardiniers est d'obtenir des légumes de première qualité, produits selon une méthode qu'ils approuvent, c'est-à-dire bien souvent biologique. Celle-ci va au-delà du fait de bannir les engrais chimiques et les produits de synthèse. Leur remplacement

Nourrir le sol plutôt que la plante, à l'aide de matériaux naturels comme le compost, est une des bases du jardinage biologique.

implique un mode de culture mieux accordé aux cycles naturels et à la fragilité de l'environnement.

Le principe le plus important est peut-être de nourrir le sol plutôt que les plantes, à l'aide d'apports organiques, tels que le compost et le fumier (voir p. 116-119), pour entretenir les micro-organismes qui rendent les nutriments assimilables par les plantes. Vous pouvez, si vous le souhaitez, oublier les fumiers et préférer le compost domestique, le terreau de feuilles mortes (voir p. 208), les engrais végétaux et les engrais verts (voir p. 119).

La lutte contre les maladies et les parasites inclut un ensemble de mesures préventives et de traitements (généralement appelés « lutte intégrée »), plutôt qu'une pulvérisation spécifique. Une bonne rotation des cultures (voir p. 32-35) est l'une des méthodes efficaces. Vous pourrez l'associer à l'emploi de plantes résistantes. Semez au moment où les parasites sont peu actifs, favorisez leurs prédateurs naturels et les plantes compagnes (voir p. 35), et gardez votre jardin propre et bien travaillé.

SE PASSER DE CHIMIE

- **Un terrain longtemps traité** aux engrais et pesticides chimiques montre souvent des signes d'épuisement et demande de plus en plus d'apports. L'amélioration et l'enrichissement du sol ont des effets bénéfiques de longue durée, que vous optiez ou non pour la méthode biologique.
- **Passez d'un seul coup** à cette dernière vous donnera, dans un premier temps, des récoltes plus maigres, ne serait-ce que parce qu'il est malaisé de fabriquer ou de se procurer assez de compost ou de fumier. De même, les maladies et les parasites peuvent augmenter quand les végétaux ne sont pas encore assez vigoureux pour faire face. Vous préfèrerez sans doute adopter un compromis, en employant quelques traitements chimiques pendant une ou deux saisons, jusqu'à l'équilibre.

Vous pourrez affronter les attaques de la plupart des maladies et des parasites à l'aide de traitements peu toxiques ou peu rémanents, ou bien de pièges, barrières et répulsifs. Remplacez les désherbants par les paillage, binage et désherbage manuel, en espaçant vos plantes de façon qu'elles ne laissent pas de lumière aux mauvaises herbes et en travaillant un minimum le sol pour gêner leur germination.

Certes, vous obtiendrez des légumes meilleurs au goût – bien que d'autres facteurs interviennent, tels que la variété, la saison, l'arrosage –, mais surtout dénués de produits chimiques. Vous alimenterez le sol au lieu de l'exploiter et l'épuiser. La faune sera respectée et favorisée, et vous limiterez les déchets en les compostant pour qu'ils retournent à la terre.

Le désherbage manuel, plutôt que chimique, joue un rôle important dans la culture biologique.

BIODYNAMIE. Certains trouvent qu'il s'agit là de théories plutôt ésotériques ou métaphysiques, mais cette philosophie du jardinage a pris de l'ampleur depuis les années 1920, quand Rudolf Steiner, philosophe et expert autrichien en agriculture, en posa les premiers principes, destinés à sauver les sols surexploités et pollués.

Le principe est à la fois holistique et biologique, tenant compte des rythmes naturels et des cycles végétatifs. Les idées qui rétablissent la vitalité aussi bien que la fertilité des sols, altérés par les récoltes et le travail de la terre, sont prônées. La biodynamie regroupe le meilleur des fondements biologiques et écologiques. Elle va même plus loin que ceux-ci : nourrir le sol ne suffit pas ; la terre doit être guérie des abus du passé.

Les remèdes comportent des traitements tonifiants pour le sol et un jardinage en harmonie avec toutes les influences externes, depuis l'éclairage urbain et la qualité de l'eau jusqu'aux positions des planètes et aux phases de la Lune. Les adeptes reconnaissent que certains de ces aspects n'ont rien de scientifiques, mais que les résultats sont apparemment concluants, même si les raisons en restent mystérieuses.

Les éléments de base de cette technique comprennent une fabrication biodynamique du compost, avec des décoctions particulières, et un calendrier de plantation, qui tient compte de la position des planètes

Les plantes compagnes, comme la vesce, qui apportent minéraux et nutriments à leurs voisines, comptent beaucoup dans la culture sylvestre.

pour connaître la meilleure époque de semis ou de récolte. La connaissance parfaite du terrain et des besoins de la terre pour la tonifier et la rendre plus fertile est également essentielle.

LE JARDINAGE SYLVESTRE. Une forêt ou un bois présentent une structure par niveaux permettant la cohabitation de plantes de toutes sortes, qui partagent lumière, eau et fertilisants. La culture sylvestre s'en inspire en répartissant les plantes comestibles en trois niveaux. Le plus élevé est la couronne des arbres fruitiers, tels que pruniers et pommiers, qu'on taille pour permettre à la lumière d'atteindre les plantes au niveau du sol. En dessous, la couche arbustive comprend des petits fruits supportant l'ombre, comme les groseilliers et groseilliers à maquereau, et un tapis de condimentaires et de légumes vivaces s'étend à leur pied. Des grimpantes se faufilent depuis le sol jusqu'au niveau supérieur.

La rentabilité est élevée, les plantes de hauteur et port variés tirant le meilleur des ressources disponibles. La diversité des cultures fait le plus bon usage de la fertilité, répartie à des niveaux différents. Elle empêche également des maladies ou des parasites de se répandre. On y trouve des plantes bénéfiques, telles que consoudes ou légumineuses, qui apportent minéraux et nutriments à leurs voisines ; d'autres servent à attirer les prédateurs et les pollinisateurs.

Les plantes sont, pour l'essentiel, des vivaces ou des annuelles qui se naturalisent. Le labour est ainsi quasi inutile, encore qu'on puisse ajouter quelques coins travaillés, pour des cultures complémentaires de légumes-racines ou de haricots grimpant dans les arbres. On laisse quelques clairières pour les légumes et les condimentaires amateurs de soleil. Tout le jardin est fortement paillé, pour limiter les pertes en eau et l'invasion des adventices. L'entretien se résume surtout à tailler ou arracher les envahisseurs et les plantes indésirables.

PERMACULTURE. Cette méthode éthique tend à réduire l'influence de l'homme sur l'environnement, en adoptant un mode de vie durable et écologique, y compris pour la culture des fruits et légumes. La permaculture rassemble diverses idées philosophiques, comme le « non-labour » (voir p. 36), les plantes sauvages comestibles, la plupart des principes biologiques et les principes ornementaux du potager à la française et du potager paysager américain.

Dans ce type de plan, le jardin est divisé en zones, où les plantes les plus exigeantes sont à portée de main. Il comporte de courts sentiers reliés à l'allée principale. Ces sentiers sont bordés de zones plantées, les végétaux les plus proches (salades, épinards, par exemple) demandant des soins ou des récoltes fréquents, les plus éloignés, tels que choux ou courges, ne nécessitant que peu d'entretien. Le but général est de marier beauté et efficacité avec un entretien limité.

LÉGUMES VIVACES

- **Le jardinage sylvestre** dépend, pour beaucoup, des légumes vivaces. Cependant, même dans les jardins plus classiques, diverses espèces peuvent s'intégrer au schéma général de façon à rester 5 ans ou plus sans être dérangées.
- **Mieux vaut réserver une planche** aux asperges, bien que leur feuillage plumeux puisse se marier aux fleurs dans une mixed-border, tout comme les artichauts, rhubarbe et oignons. Les choux à jets vivaces, l'ansérine et les pissenlits sont moins attractifs et gagneront à être isolés.
- **Nettoyez bien le terrain** avant plantation, soutenez la végétation par un paillage ou des engrais annuels, et renouvelez la plantation sur un terrain neuf quand elle s'épuise. Surveillez régulièrement les maladies et les parasites qui pourraient contaminer les autres cultures de votre parcelle.

VOIR AUSSI ▶ Améliorer le sol, p. 116-121. **Engrais vert,** p. 119. **Le désherbage,** p. 152-153. **Des plantes en bonne santé,** p. 154-157.

Rotation des cultures

Qu'est-ce que la rotation des cultures ?

C'est un usage qui consiste à déplacer, d'une année à l'autre, les cultures annuelles et bisannuelles, de planche en planche. Classique en agriculture traditionnelle et essentielle dans le jardinage biologique, elle fait en sorte que des plantes proches ne soient pas cultivées sur la même parcelle deux fois de suite. On regroupe les plantes aux exigences et sensibilités comparables, et chaque groupe passe à la planche voisine l'année suivante. Une même culture fait littéralement le tour du terrain, pour revenir à la même place au bout de quelque temps.

La rotation prévient divers troubles, en interrompant le cycle vital des maladies et des parasites. Elle évite également l'épuisement de diverses composantes du sol. C'est une garantie intelligente contre tous ces effets indésirables même si vous vous contentez de cultiver les plantes au petit bonheur, à condition seulement d'éviter le retour d'une même culture au même emplacement 2 années de suite (à l'exception des plantes vivaces, voir p. 31). Un écart de quelques mètres peut suffire, mais cette approche minimaliste exige une bonne mémoire et une sérieuse organisation. Il est généralement plus efficace de s'appuyer sur un plan de rotation complet.

Pour organiser simplement vos cultures, recourez au classement traditionnel en trois groupes : légumineuses, choux et légumes-racines, et organisez la rotation autour d'eux. L'avantage de cette méthode est que les membres de chaque groupe demandent un même type de préparation du sol, ce qui simplifie le travail de chaque planche. Les légumes, tels que les salades, tomates et courges, qui n'appartiennent à aucun de ces groupes, sont installés là où il reste de l'espace ; les vivaces, naturellement, restent en place.

VARIANTES. Trois groupes de légumes et trois planches pour la rotation impliquent que chacun revient au point de départ tous les 4 ans : on parle alors de rotation triennale. Elle n'est pas impérative : vous pouvez allonger le délai, avant le retour d'une culture, en ajoutant des séries. Certains jardiniers réservent une planche aux seuls oignons de garde, cultivent les pommes de terre à part et offrent 1 ou 2 années de jachère pour les engrais verts.

Et le système n'est pas parfait. Certaines cultures, des légumes d'hiver par exemple, se croisent avec les autres. Diverses maladies survivent plusieurs années en terre, et vous devrez en guetter les moindres symptômes. Les avis divergent sur l'utilité d'isoler les cultures facilement victimes de maladies graves : séparer les pommes de terre des tomates pour limiter la fusariose, ou les regrouper pour localiser le problème et le rendre plus facile à traiter, par exemple. L'expérience vous aidera à faire un choix.

Des cultures diverses sont plus faciles à gérer dans des planches bien séparées. Ici, deux planches de choux sont couvertes d'un filet contre les oiseaux ; les courges (au premier plan) courent librement sur le sol.

Plan type de rotation

Cet exemple de plan de rotation montre comment trois planches sont occupées par les trois principaux groupes (légumineuses, choux et légumes-racines) sur une période de 4 ans.

LÉGUMINEUSES. Ce sont les légumes à gousse, tels que pois, haricots verts, grimpants ou à grains.

- Plantez les « oignons » (oignons de garde, oignons verts, poireaux, échalotes et ail) au même endroit : ils demandent le même travail du sol.

CHOUX. Tous les choux : frisés, choux-fleurs, choux chinois, choux de Bruxelles, moutardes, brocolis, brocolis à jets et choux verts. Si les maladies sont fréquentes, ajoutez-y les navets et rutabagas ; sinon, laissez ces derniers dans les légumes-racines.

- Contreplantez les choux, bien espacés, avec des salades et légumes-feuilles, tels que laitues, chicorées, endives, mâches, cressons alénois, claytones ou épinards.

LÉGUMES-RACINES. Pommes de terre, carottes, betteraves, radis, panais, rutabagas, navets.

- Les salades et légumes-feuilles peuvent également entrer dans ce groupe. Ajoutez-y le maïs et les deux céleris.

AUTRES GROUPES. Les cucurbitacées (courges, courgettes, potirons, concombres et melons), ainsi que les légumes-fruits d'été, tels que tomates, poivrons et aubergines, peuvent être associés à n'importe lequel des groupes ci-dessus, là où il y a de la place.

PLANCHE A

Année 1 : Légumineuses

ESPÈCES CULTIVÉES. Légumes à gousse, oignons et leurs alliés.

PRÉPARATION. Enfouissez du fumier ou du compost en abondance. Après la récolte, installez des oignons pour l'hiver, qui se croiseront avec les **choux**, en année 2.

Année 2 : Choux

ESPÈCES CULTIVÉES. Choux et leurs alliés, contreplantés de salades.

PRÉPARATION. Apportez du terreau de feuilles ou du compost, enfoui ou en paillis, et chaulez si le sol est acide. En automne, rajoutez du compost en paillis, qui enrichira le sol pour les **légumes-racines**, en année 3.

Année 3 : Légumes-racines

ESPÈCES CULTIVÉES. Toutes les racines, les légumes-feuilles et des suppléments, comme le maïs.

PRÉPARATION. Rajoutez du compost. Après la récolte, semez un engrais vert, à enfouir avant la culture de **légumineuses**, en année 4.

Année 4 : Légumineuses

PLANCHE B

Année 1 : Choux

ESPÈCES CULTIVÉES. Choux et leurs alliés, contreplantés de salades.

PRÉPARATION. Apportez du terreau de feuilles ou du compost, enfoui ou en paillis, et chaulez si le sol est acide. En automne, rajoutez du compost en paillis, qui enrichira le sol pour les **légumes-racines**, en année 2.

Année 2 : Légumes-racines

ESPÈCES CULTIVÉES. Toutes les racines, les légumes-feuilles et des suppléments, comme le maïs.

PRÉPARATION. Rajoutez du compost. Après la récolte, semez un engrais vert, à enfouir avant la culture de **légumineuses**, en année 3.

Année 3 : Légumineuses

ESPÈCES CULTIVÉES. Légumes à gousse, oignons et leurs alliés.

PRÉPARATION. Enfouissez du fumier ou du compost en abondance. Après la récolte, installez des oignons pour l'hiver, qui se croiseront avec les **choux**, en année 4.

Année 4 : Choux

PLANCHE C

Année 1 : Légumes-racines

ESPÈCES CULTIVÉES. Toutes les racines, les légumes-feuilles et des suppléments, comme le maïs.

PRÉPARATION. Rajoutez du compost. Après la récolte, semez un engrais vert, à enfouir avant la culture de **légumineuses**, en année 2.

Année 2 : Légumineuses

ESPÈCES CULTIVÉES. Légumes à gousse, oignons et leurs alliés.

PRÉPARATION. Enfouissez du fumier ou du compost en abondance. Après la récolte, installez des oignons pour l'hiver, qui se croiseront avec les **choux**, en année 3.

Année 3 : Choux

ESPÈCES CULTIVÉES. Choux et leurs alliés, contreplantés de salades.

PRÉPARATION. Apportez du terreau de feuilles ou du compost, enfoui ou en paillis, et chaulez si le sol est acide. En automne, rajoutez du compost en paillis, qui enrichira le sol pour les **légumes-racines**, en année 4.

Année 4 : Légumes-racines

PLANTES COMPAGNES

▲ **Les œillets d'Inde *(Tagetes)*, accompagnant des carottes, éloignent la mouche de la carotte.**

- **Peu de plantes poussent isolées,** et un potager est un écosystème de végétaux au même titre qu'une population sauvage. Les plantes influent sur la santé de leurs voisines, en bien (symbiose) comme en mal (allélopathie) : les haricots n'apprécient pas la compagnie des oignons, la rue empêche toute végétation et peu de plantes croissent sous un noyer. À l'inverse, les légumineuses améliorent la pousse des légumes-racines, la ciboulette éloigne la mouche de la carotte et le sureau aide les micro-organismes à décomposer la matière organique.
- **La rotation des cultures,** qui regroupe les plantes aux besoins similaires, est l'une des formes les plus visibles de bonne entente. Un autre exemple est fourni par des fleurs attirant les pollinisateurs ou les prédateurs utiles auprès d'une culture fragile. Les limnanthes, tôt fleuris, attirent les syrphes, qui s'attaquent aux pucerons des fèves. Vous pouvez également planter une victime expiatoire, comme les capucines, qui attirent les pucerons loin des fèves.
- **Il est intéressant d'essayer diverses associations** pour voir les résultats, qui peuvent changer d'une saison ou d'une variété à l'autre. Les œillets d'Inde *(Tagetes)*, par exemple, chassent la mouche de la carotte et, en serre, ils éloignent les aleurodes, mais il faut une variété à odeur marquée. Tentez d'autres expériences, comme de marier les tomates aux asperges, dont les racines exsudent une substance toxique contre l'anguillule de la tomate. Les haricots verts, auprès des choux, éloignent divers parasites de ces derniers.

La culture en planches

Les avantages

Diviser votre parcelle en planches séparées est le plus simple moyen d'organiser la rotation des cultures (voir p. 32-35). Les travaux quotidiens sont plus faciles à gérer qu'avec des légumes installés en longues rangées tout le long du terrain. Les planches sont, de plus, élégantes, ce qui est un repos de l'esprit, et aisées à entretenir. Elles sont également plus rentables, les plantes pouvant être installées plus serrées qu'avec des layons entre les rangs. Elles se prêtent parfaitement à la culture biologique ou biodynamique, la préparation du sol résidant avant tout dans l'apport de grosses quantités de matière organique et dans le maintien de la richesse du sol.

Les planches peuvent être permanentes, cernées de bordures fixes et séparées par des sentiers entretenus, ou simplement tracées au cordeau, avec des layons de terre battue. Les sentiers sont souvent droits, mais de jolies courbes peuvent être tout aussi pratiques et apporter un élément esthétique dans un contexte fonctionnel. Vous vous apercevrez que l'entretien, avec une circulation sur des allées plutôt qu'entre des rangs de légumes, limite le tassement du sol et la nécessité de labourer régulièrement les planches.

C'est la largeur d'une planche qui compte ; on doit pouvoir atteindre le milieu sans marcher sur la terre : 90-120 cm s'avèrent confortables. Les planches étroites peuvent être aussi longues que vous voulez, mais, au-delà de 3 m, il est malaisé d'en faire le tour. Pour un travail plus facile, les plantes sont d'ordinaire agencées en courts rangs transversaux. Des planches carrées, de 90-120 cm de côté, accessibles de toutes parts, sont parfaites pour conquérir un terrain vierge, chaque carré ne recevant qu'une seule espèce.

Ces deux formules peuvent se transformer en banquettes (ou planches surélevées), à l'aide de bordures en bois ou de murets de la hauteur adéquate, en général 10-20 cm, voire jusqu'à 60 cm si vous avez des difficultés à vous pencher ou à vous déplacer. La banquette assure également un bon drainage dans les cas critiques. Les layons auront au moins 30 cm de large.

Banquettes sans labour

Un labour annuel peut perturber la structure du sol, assécher les sols légers et mettre au jour des graines de mauvaises herbes. En optant pour un travail réduit du sol, ou « non-labour », pensez bien qu'il faut, au départ, travailler profondément la parcelle ou les planches, pour alléger les sols tassés ou lourds, les aérer et incorporer fumier ou compost. Ensuite, il suffira de béquiller (labourer superficiellement) les 10-20 cm supérieurs, là où les racines se concentrent. Vous assouplirez la surface et enfouirez les engrais annuels ou les 10 cm de paillis ou autres matériaux organiques. Des récoltes plus maigres ou une asphyxie vous diront par la suite si un second labour est nécessaire.

Chaque année, le sol de ces banquettes en « non-labour » est amendé par une couche de compost.

GAGNER DE LA PLACE

- **Même si votre terrain vous semble parfait,** voire gigantesque au début, il sera vite rempli par les cultures convenablement espacées, à moins de prendre des mesures pour gagner de la place. La culture en planches semble accorder une place excessive aux allées, mais les plantes, plus serrées, donneront en fait des récoltes plus abondantes. Le jardin sylvestre (voir p. 31) gagne en hauteur en ajoutant des étages de culture au-dessus du classique niveau du sol.
- **Nombre de plantes peuvent être cultivées en hauteur** plutôt qu'à plat, pour gagner de l'espace. Les arbres fruitiers (pommiers, pruniers, groseilliers à maquereau et groseilliers à grappes) se prêtent volontiers à des formes réduites, telles que cordons, espaliers et éventails, conduits sur tuteurs ou fils de fer, ou bien en demi-tiges souvent ornementales, aux branches dressées au-dessus du sol. Les formes grimpantes de pois ou de haricots et les variétés rampantes de concombres et de courges peuvent également être palissées pour limiter leur extension et dégager de l'espace à leur pied aux amateurs d'ombre.
- **Si votre terrain est en pente,** pensez à l'aménager en une série de terrasses horizontales, retenues par des murets ou des talus, qui accueilleront des plantes rampantes ou palissées. Les banquettes offrent la même surface que le terrain plat, mais sont plus faciles à gérer, et leurs bordures offrent un appui à des cultures complémentaires. Les clôtures ou les claustras sont autant de supports pour les plantes grimpantes, comme les côtés d'une cage à fruits. Et pensez aux cloisons de la cabane, qui peuvent être habillées de lianes annuelles ou persistantes, ainsi qu'à des plantes de petite taille en jardinières suspendues (voir p. 42) ou au sol.

LE VERT GALAN

Chronique des jardins ouvriers

Les hortillonnages d'Amiens

Nombre de jardins ouvriers ont un passé chargé, parfois sur des siècles, voire des millénaires. C'est en particulier le cas des hortillonnages d'Amiens, au cœur de la Picardie.

Non loin de la cathédrale, la Somme traverse la cité, puis un marais drainé à l'origine par les Romains, après la conquête de la Gaule. La terre ainsi gagnée sur les marais servait à produire des légumes pour nourrir les troupes, et la pratique s'est maintenue jusqu'à nos jours. Ces terres inondables, ce qui les fertilise à peu de frais, ont souvent donné aux maraîchers, qui les ont cultivées et ont entretenu les 55 km de canaux, ou « rieux », jusqu'à trois récoltes par an.
Vers la fin du xixe siècle, on comptait plus de mille maraîchers , qui vendaient leurs produits au marché flottant à Amiens, le samedi.

Aujourd'hui, il reste peu de professionnels sur 25 hectares d'hortillonnages. Le reste, 300 hectares, est réparti en environ 1 300 potagers et jardins d'agrément, souvent dotés d'une cabane, et essentiellement accessibles à l'aide de barques à fond plat, à travers un réseau complexe de canaux.

On peut visiter les jardins, ainsi que le marché flottant du samedi, tout au long de l'année. Il y a une fête et un marché spécial en juin.

Équipements divers

La cabane

Un abri de jardin se trouve au cœur du terrain ; c'est un sanctuaire privé, souvent source de création et d'expression architecturale (voir p. 42-43). Durable ou mobile, c'est une construction incontournable dans le jardin ouvrier, qui offre mille avantages. Elle est une protection contre le mauvais temps, elle accueille les outils à main ou à moteur, et fait souvent office de refuge où se détendre, se rafraîchir ou rempoter.

Dans certains jardins ouvriers, on autorise la fabrication d'une cabane à partir de vieilles portes, palettes, films plastiques, peintures fantaisistes et toits en feutre bitumineux. Le résultat est un joyeux capharnaüm de huttes qui rappellent notre enfance et semblent en perpétuel état de rénovation. Ailleurs, des règlements rigoureux imposent à tous les utilisateurs un certain modèle, en planches de bois, non peint.

Quel que soit son modèle, votre cabane est un élément marquant du paysage et doit être bien pensée pour résister aux éléments et aux intrusions, et répondre à vos besoins divers sur place.

LE CAHIER DES CHARGES. Que vous construisiez ou achetiez votre cabane, prenez en compte les éléments de base suivants :

La taille. Nombre d'associations de jardins ouvriers imposent une surface maximale de 2 x 1,5 m. Vous pouvez opter pour moins, mais sachez qu'il vous faudra y travailler, vous détendre ou entreposer vos outils et votre matériel. Veillez à ce que la hauteur permette de se tenir debout à l'aise et la largeur d'étendre les bras.

Le plancher. Le sol doit être uni, solide, ferme et durable. Le bois traité est répandu. On fixe le plancher sur des traverses posées sur un lit de graviers, pour un meilleur drainage. Une sole de béton n'est pas toujours autorisée, mais des parpaings permettent de surélever les traverses pour les tenir hors d'eau.

Le toit. Le toit doit être robuste et de longue durée. Préférez les assemblages à tenons et mortaises au contreplaqué. Le feutre bitumineux, pour l'étanchéité, devra envelopper les rebords. Un toit plat présentera une pente suffisante pour évacuer les eaux pluviales. Une solution « verte » consiste à le couvrir de gazon ou de plantes rases. Ajoutez des gouttières pour collecter les eaux de pluie dans des cuves et protéger les cloisons.

La porte. La porte sera assez large pour permettre un passage confortable pour vous et le matériel encombrant, tel qu'une brouette, et solide avec entretoises et cadres résistants. Gonds et paumelles doivent être inoxydables (ou du moins galvanisés) et la serrure robuste pour la sécurité (voir également p. 43).

MATÉRIAUX. Si le règlement le permet, un abri utilitaire peut être bâti en matériaux de récupération. On trouve facilement des portes, des cadres de fenêtre, des palettes et de la tôle

DANS LES RÈGLES

- **Avant d'acheter ou bâtir** une cabane, relisez le règlement intérieur. Certaines associations imposent des dimensions et le matériau des planchers, fenêtres ou portes, ainsi que les styles et les couleurs des cloisons, la nature des fondations, la sécurité et les distances avec les parcelles voisines.
- **Une autorisation écrite** sera nécessaire pour toute dérogation, voire pour la construction d'un abri.

Un toit végétalisé, avec des sédums ou autres, est un plus écologique, mais la structure doit être robuste et le substrat bien composé pour nourrir longtemps les plantes.

ondulée. Dans certains jardins ouvriers, on voit des wagons, des barques retournées, des garages préfabriqués, voire des cabines de bain ou des buvettes.

De nombreuses cabanes sont désormais fabriquées en bois traité, résineux ou non, et couvertes de planches assemblées à clins, à queues d'aronde ou à tenons et mortaises, avec toit à double pente, ou presque plat, doublé de feutre bitumineux. Les modèles en tôle galvanisée sont solides et sûrs, mais peu décoratifs.

LES FONDATIONS. Toute cabane doit reposer sur un fond solide et sec. Toutes, sauf les moins chères, comportent un plancher et sont livrées avec des instructions pour établir de bonnes fondations. Les associations réglementent souvent leur établissement ou fournissent des solutions alternatives : poser la cabane sur toile étanche, par exemple, et la fixer à des plots métalliques ou des pieux ancrés en terre.

Une bonne méthode consiste à décaisser l'emplacement pour y épandre un lit de caillasse, de sable et de dalles. Tassez soigneusement le fond, apportez une couche de 5 cm de caillasse et retassez ; épandez une couche de 2-3 cm de sable grossier, enfin posez les dalles. Débordez les fondations audelà de la surface de la cabane pour créer une terrasse où vous asseoir et poser cuves et matériel.

Vous pouvez plus simplement creuser des tranchées d'un fer de bêche à l'emplacement des traverses et les emplir de graviers avant de les poser. Assurez-vous que traverses et plancher sont traités, et que le plancher lui-même reste hors-sol.

La cabane est capitale dans le jardin ouvrier, comme refuge privé et abri sûr pour le matériel.

Agencer votre cabane

Vous pouvez adapter ou aménager l'extérieur de votre cabane pour divers types de travaux ou pour étendre de plusieurs façons votre surface de culture. La meubler ou non dépend de son utilisation et de l'espace disponible. Vous pouvez vous contenter d'entasser votre matériel, mais le nombre d'outils augmente vite et, pour les retrouver, vous gagnerez à vous organiser.

- Les cloisons servent à augmenter la surface de rangement, en y appuyant des étagères pour les petits outils, les gants, les graines et les bidons. Fixez-les sur les montants (et non sur les cloisons) à l'aide de cornières. Vissez sur les cloisons une vieille bibliothèque ou des étagères en bois, pour les pots et les caissettes. Une petite étagère, une caisse à outils ou une vieille valise de peintre pourront également vous être utiles. Veillez à bien les fixer au sol ou aux montants de votre cabane, pour éviter le vol.

- Suspendez les outils à des crochets ou à des pinces afin de laisser de la place au sol pour les gros objets, tels que rouleaux de filets, brouette ou caisses pour stocker les légumes-racines. Accrochés, des seaux ou bidons de peinture vides accueilleront ficelles, gants, étiquettes et petits outils. Un arceau ou un grand crochet recevra le tuyau d'arrosage. Un râtelier ou de simples piquets, fixés à la charpente, permettront de stocker les tuteurs et les poteaux.

- Une pince à dessin au dos d'une porte rend les gants immédiatement accessibles. Un clou permet de garder les clés à l'abri.

- Une vieille natte, une chaise, de quoi faire du café, voire un chauffage d'appoint peuvent transformer un abri fonctionnel en havre de paix, où vous reposer, admirer votre travail ou faire vos plans, et vous protéger de la pluie. Veillez à ne pas enfreindre le règlement concernant les risques d'incendie.

- Les jardinières aux fenêtres peuvent recevoir des fleurs et des plantes condimentaires, des tomates rampantes ou du mesclun, à une hauteur pratique.
- Fixez des treillages au mur pour faire grimper des pois de senteur, des légumes annuels ou palisser des figuiers, vignes, pommiers et poiriers ou ronces sans épines.
- Servez-vous des avancées de toit pour accrocher des ficelles destinées aux haricots grimpants ou aux concombres, plantés en pleine terre ou en bacs.
- Construisez un banc : il vous servira à paresser au soleil tout en offrant un espace de rangement en dessous.
- Montez une table pliante ou un plan de travail à l'extérieur pour les rempotages et les semis. Si vous avez de la place à l'intérieur, fabriquez une table escamotable contre le mur, reposant sur des équerres pliantes.

MESURES DE SÉCURITÉ

Les risques d'effraction et de vol sont élevés, et rarement couverts par les assurances. Mais les associations d'utilisateurs des jardins ouvriers ont mis au point une liste de précautions à prendre :

- Prévoyez une porte solide et une serrure ou un verrou de taille adaptée.
- Masquez les fenêtres avec des grilles ou des grillages robustes.
- Couvrez les têtes de vis avec des capuchons métalliques.
- Utilisez des boulons à pans ou aveugles, difficiles à retirer.
- Installez une alarme sur batterie.
- Marquez les outils avec des codes-barres.
- Fixez l'abri à des plots pour le rendre difficile à basculer.
- Recouvrez les cloisons de treillages et de plantes grimpantes pour les masquer et les ancrer au sol.

9

49
THE RITZ

La serre

Une serre peut élargir le choix de vos cultures en offrant un milieu protecteur aux plantes frileuses ou à un stade de culture délicat, surtout en début et fin de saison.

Certains jardiniers préfèrent le châssis froid, plus pratique et adaptable à leurs yeux (voir p. 48-49). Ces deux abris sont en fait complémentaires, et il est toujours utile d'avoir un endroit protégeant des intempéries, assez haut pour s'y tenir à l'aise. La serre peut, de plus, accueillir de grandes plantes, dont des fruitiers à demeure, comme une vigne ou encore un pêcher palissé.

Les dimensions minimales sont de 2,4 m de long pour 1,8 m de large, ou 1,2 m pour un modèle adossé. Mais même un modèle plus petit sera utile dans un espace restreint. La forme la plus pratique est aussi la plus classique, à deux pentes, avec des parois verticales ou légèrement inclinées, vitrées jusqu'au sol. Certaines formes demandent des fondations comparables à celles des abris (voir p. 41) ; d'autres, en aluminium, sont simplement fichées en terre.

MATÉRIAUX. Les structures des serres sont fréquemment en bois tendre ou en aluminium, le vitrage pouvant être du verre ou du plastique.

Le bois est économique, mais la structure doit être assez épaisse, ce qui réduit la surface vitrée d'autant. Pour qu'il dure, même avec le cèdre rouge, peu putrescible, il faut un entretien régulier.

L'aluminium est quasi éternel et sans entretien, avec des entretoises minces, qui optimisent la luminosité. Il est plus coûteux et demande une assise solide pour rester rigide.

Le verre reste le meilleur pour le vitrage. Il garde la chaleur et laisse passer la lumière. Il est, en revanche, coûteux, pesant et fragile, ce qui pose problème dans les lieux où le vandalisme est fréquent. Mais, bien entretenu, le verre dure indéfiniment.

Le plastique est plus léger et moins cher que le verre, mais dure plus ou moins suivant sa nature. Les panneaux de polyester rigide, lisses ou ondulés, sont les plus coûteux. Ils sont presque aussi transparents que le verre, mais malaisés à entretenir. Le polycarbonate, surtout à double ou triple paroi, est plus accommodant et plus pratique. Le plus économique est le film plastique, qui peut durer 5 ans et plus, après quoi il devient jaune et cassant.

Ci-dessus : une serre fabriquée avec du film plastique et du plastique à bulles. Ci-contre : la serre traditionnelle, à armature aluminium.

À VÉRIFIER

- **Voyez si le modèle choisi** a une base, et si celle-ci forme ou non un seuil au niveau de la porte.
- **La porte doit fermer à clé** pour la sécurité et comporter un panneau amovible à la base. Les portes coulissantes facilitent l'aération.
- **Assurez-vous que la hauteur** au faîte permet de rester debout à l'aise.
- **L'aération de la serre** est capitale. La plupart des modèles ne comportent qu'un seul aérateur, ce qui est insuffisant. Posez-en un autre sur la pente opposée, plus un ouvrant, si possible sur un côté, pour une aération régulière.

AMÉNAGEMENT ET ÉQUIPEMENT. Une bonne organisation de la serre est vitale, surtout au printemps et en automne, quand elle est pleine de plantes attendant leur sortie, ou juste rentrées à l'abri du gel.

Organisez d'abord le sol. Vous aurez le choix entre une surface solide, avec des tablettes latérales fixes, et une terre nue, disponible pour la culture, éventuellement avec des banquettes et des tablettes mobiles, qui passeront dehors en été ou seront pliées et rangées. Des sacs de culture pourront être placés sur la terre, les allées en dur ou les tablettes, pour des plantations éphémères. Des étagères sur les côtés et sous le toit donneront des dégagements pour planter et circuler. Des potences soutiendront des paniers suspendus et les grimpantes courront sur des fils de fer.

Des ouvrants automatiques, réglés pour pouvoir fonctionner à une

TUNNEL PLASTIQUE

- **Moins coûteux et plus facile** à monter qu'une serre, le tunnel plastique offre nombre des avantages de celle-ci, bien que la couverture, en plastique robuste, retienne moins la chaleur et que la condensation soit fréquente.
- **Suivant sa qualité,** le plastique doit être remplacé tous les 3 à 5 ans. Veillez à ce que le tunnel comporte une ouverture à chaque bout, pour une bonne ventilation.

température donnée, vous faciliteront la vie. Un réservoir suspendu, relié à des tuyaux d'irrigation répartis sur les tablettes ou à des capillaires piqués dans les pots, limitera les corvées d'arrosage.

Les stores sont coûteux, mais des filets d'ombrage, à poser en été, remplaceront fort bien le chaulage des vitres de la serre.

LES CHÂSSIS. Parfois considérés comme de simples compléments de la serre, les châssis sont accommodants, voire mobiles, extrêmement modulables. Ils remplacent souvent la serre efficacement. Ils sont aussi moins coûteux et offrent plus de volume et de possibilités qu'une cloche anglaise. Faciles à construire, les châssis peuvent s'adapter à une planche étroite ou couvrir un tas de compost, pour fournir une couche chaude (voir p. 53).

Dans sa plus simple expression, un châssis est un coffre à quatre côtés, doté d'un couvercle mobile, en pente, pour évacuer l'eau. On y accède par le haut, en soulevant le couvercle, garni de vitrage en verre ou en plastique, qu'on peut ouvrir ou retirer pour aérer à volonté. Les côtés sont opaques ou vitrés. Les châssis à demeure peuvent être posés sur la terre ou sur un fond en dur de dalles ou de graviers épandus sur un géotextile, ce qui permet d'accueillir des potées et des caissettes. Les modèles amovibles peuvent coiffer directement une culture fragile jusqu'à son développement complet, puis être déplacés à l'instar d'une cloche.

L'EMPLACEMENT. Le choix de l'emplacement d'une serre est souvent restreint : le règlement intérieur ou l'accessibilité peuvent laisser peu de latitude. Un châssis froid, lui, peut aller à peu près n'importe où. Traditionnellement, on l'installe sur un côté de la serre, pour limiter les mouvements des plantes et profiter d'un peu de la masse calorique (certains modèles

élaborés possèdent des fonds amovibles, pour capter directement la chaleur de la serre). Un châssis de chaque côté de la serre vous donnera une surface suffisante pour endurcir et abriter vos plantes.

Beaucoup de végétaux circuleront entre le châssis et l'extérieur. Installez-en une version simple à l'endroit adapté. Au bout du coin pépinière, il permettra de regrouper toutes les activités de multiplication, mais vous pourrez préférer l'extrémité d'une planche, pour gagner du temps lors de la mise en place. Faites en sorte que le châssis soit accessible de tous côtés, et pas trop éloigné du point d'eau. Si possible, abritez-le des vents dominants et éloignez-le de l'ombre des grands arbres. On l'oriente d'ordinaire de façon que la pente soit face au soleil, mais un châssis légèrement ombragé est utile en été, pour éviter que les plantes ne brûlent.

CHÂSSIS MOBILES

- **Sacrifier de la bonne terre** pour des plantations qui ne durent qu'une partie de l'année peut sembler dommage. C'est pourquoi il existe des châssis pliants, légers, que vous pourrez démonter après usage.
- **Fabriquer un châssis mobile** est également possible. Une grande caisse sans fond, dont vous remplacerez le couvercle par une feuille de plastique transparent, pourra accueillir les semis (pour les nuits très froides, rajoutez simplement une vieille couverture ou des feuilles de plastique à bulles).
- **Un cadre de balles de paille** coiffé d'un pare-brise ou de panneaux double-vitrage constitue un châssis rustique. La paille pourra servir ensuite pour un paillis ou pour apporter du carbone à un tas de compost (voir p. 116-117).
- **Les professionnels** se servent souvent de cageots pour constituer les parois d'un châssis, et les habillent, ainsi que le fond, de plastique noir. Le toit est fait de film plastique transparent épais.

Couvertures

Des protections, telles que du film plastique transparent ou des voiles de forçage, peuvent servir à couvrir les cultures et faire gagner un ou deux degrés. Le voile est léger et perméable, et peut rester en place

Un mini-tunnel et des cloches anglaises en plastique servent à réchauffer le sol avant d'installer des jeunes plants.

jusqu'à la récolte pour garder la chaleur et limiter les maladies et les parasites. Il se déploie quand les plantes poussent.

Cloches anglaises

Des panneaux de verre sont assemblés à l'aide d'agrafes spéciales (voir p. 146) ou d'un bricolage maison à partir d'épingles à linge, de ficelles ou de fils de fer, pour former des tentes et coiffer un rang ou une plante précise. On trouve également des cloches rondes classiques et des cloches continues. Les cloches anglaises en plastique et des mini-tunnels de film plastique posé sur arceaux peuvent couvrir de grandes surfaces. Employez vos cloches en début et en fin de saison, pour allonger celle-ci de plusieurs semaines.

VOIR AUSSI ▶ **Cultiver sous serre,** p. 170-175. **Le châssis aux quatre saisons,** p. 175.

Châssis, mode d'emploi

- Épandez une couche de graviers sur une bâche étanche, tendue au fond du châssis s'il doit accueillir des caissettes de semis ou des cagettes de godets (ci-dessous, en haut).
- Fixez le couvercle avec des crémaillères ou une cale de bois pour l'aération. Soulevez le couvercle et calez-le durant la journée (ci-dessous, en bas), et fermez-le le soir pour garder la chaleur.
- Protégez les châssis au repos de la pourriture en les maintenant hors-sol sur des cales posées à chaque coin.
- Gardez les pots sur un lit de graviers épandu sur un film plastique, pour éliminer les mauvaises herbes et décourager les limaces.
- Traitez un châssis en pleine terre comme une banquette : arrosages, engrais, paillis et rotations sont les mêmes.

Cages à fruits

Si vous pouvez disperser vos fruitiers autour du terrain, vous obtiendrez peut-être de bonnes récoltes sans avoir à poser des protections, avec des ponctions insignifiantes dues aux oiseaux et autres maraudeurs. Cependant, les petits fruits, surtout les plus attirants, comme les groseilles, framboises, fraises et myrtilles, peuvent être pillés avant même de se colorer. Il est impératif de les abriter.

Un arbuste isolé peut être habillé d'un filet, posé sur des tuteurs souples rassemblés par un lien au sommet. Protégez les rangs de groseilliers et de framboisiers en plantant à chaque bout deux piquets, puis en clouant au sommet des tasseaux en croix. Fixez des fils de fer au bout de ceux-ci et tendez-les le long du rang. Vous n'aurez plus qu'à les draper de filets, à bonne distance des fruits.

Le plus pratique est de regrouper les petits fruits dans une seule et même cage. On en trouve des modèles tout prêts, mais assez rares toutefois en France. Vous pouvez les monter vous-même, avec des bambous solides, des piquets de châtaigner ou des tubes métalliques. Posez des montants de 1,8-2 m de haut, pour circuler à l'aise, et espacés de même ; reliez leurs sommets avec des traverses, qui supporteront le toit. Couvrez les parois et le toit de filet ou de grillage à mailles carrées de 1-2 cm de côté.

Pour entrer, vous pourrez soit rouler le filet du fond, soit poser une porte sur gonds, en veillant à ce qu'elle ferme bien. Le filet du toit sera rangé après la récolte, pour permettre aux oiseaux de détruire les parasites. Laissez-le, toutefois, si les bouvreuils ont tendance à s'attaquer aux bourgeons en hiver. Il faut toujours retirer ce filet, quoi qu'il arrive, quand on annonce de la neige. Ouvrez la porte ou, si possible, roulez les côtés, pendant la floraison, pour faciliter l'accès des pollinisateurs.

Une cage semble un luxe, mais, si vous avez assez de place pour cultiver beaucoup de petits fruits, l'abondance des récoltes s'en ressentira.

Ce cerisier est abrité des oiseaux par un manteau en filet.

ÉCHAFAUDAGES RECYCLÉS

Ces échafaudages ainsi que leurs attaches sont utiles pour diverses constructions au jardin. Entre autres choses, ils peuvent servir comme :

- **Cages à fruits ou châssis bas,** entourant des choux, couverts de filets pour les protéger des oiseaux en hiver.
- **Cadres pour palisser** les haricots grimpants et les pois de senteur, ou les framboisiers et les cordons et espaliers.
- **Pergolas** au-dessus des allées, à garnir de courges, cornichons et mûres sans épines.

De quoi s'asseoir

Comme dans tout jardin, un potager peut accueillir un coin pour se détendre après un dur labeur, recevoir ses amis et voisins, ou juste rêver un peu. Peu importe que le siège soit un seau renversé ou une chaise longue distinguée, bien que le confort soit appréciable.

Le mobilier pliant, comme les tables de camping et les transats, peut être rangé dans l'abri fermé à clé. Les meubles rigides, tels que tables ou bancs de café, doivent être boulonnés aux murs ou fixés par des platines métalliques à des piquets ou plots solidement ancrés dans le sol. Nettoyez votre mobilier chaque printemps : traitez ou peignez le métal avec un antirouille ; le bois sera peint ou huilé, pour éloigner la pourriture et les parasites.

En famille

L'entretien d'un jardin est souvent une affaire de famille, qui peut paraître plus amusante aux enfants si vous réservez un ou deux coins à leur usage. Si vous trouvez qu'un carré de pelouse, et les tontes qui vont avec, c'est du temps et de la place perdus, il reste des aires de jeu bien moins encombrantes.

- Le matériel le plus populaire est sans doute la balançoire, vite montée avec une planche solide, un pneu ou une plaque spéciale caoutchoutée, accrochée avec deux cordes à une branche d'arbre. Une corde lisse ou une échelle de corde peuvent aussi faire l'affaire, en vérifiant leur solidité une ou deux fois par an.
- Les tout-petits préféreront sans doute le bac à sable, constitué d'un bassin moulé, enterré, empli de sable de rivière lavé. Quand il aura cessé de plaire, le sable servira aux rempotages, et le coffrage deviendra pièce d'eau.
- Si vous avez le droit de faire du feu, aménagez un foyer pour les soirées en famille. Creusez un trou circulaire profond d'un fer de bêche et tapissez-le de 3 ou 4 hauteurs de briques, pour former une paroi régulière. Des chutes de taille et des déchets de bois donneront un feu sans danger, et vous pourrez y cuire vos pommes de terre sous la cendre.

Les enfants ne sont jamais trop jeunes pour s'initier au jardinage. Réservez-leur un coin de bonne terre, armez-les d'outils à main en miniature et fournissez-leur quelques graines ou, pour des résultats plus rapides, de jeunes plantes. Les plus populaires sont les courgettes, oignons, tournesols, soucis, capucines, potirons et fraisiers des bois.

Une gouttière en pente, posée sur la cabane de jardin, enverra l'eau de pluie dans un réservoir. Fermez bien ce dernier et posez un robinet pour en faciliter l'usage.

Matériel d'arrosage

Les modifications de notre environnement ont fait des économies d'eau une priorité pour nombre d'entre nous. Et si vous devez porter des arrosoirs pleins sur une certaine distance, il est urgent d'y remédier.

LES RÉSERVOIRS. La pluie est la meilleure source d'eau, après le robinet. Utilisez tous les moyens pour la recueillir et la redistribuer en période sèche. Posez des gouttières et des descentes sur tous les toits pour la collecter dans un tonneau.

Si possible, posez un trop-plein relié à un second tonneau ou s'évacuant vers une mare. Pour augmenter les réserves, posez des gouttières sur les clôtures ; quand il pleut, placez des seaux en dessous.

Vous pouvez aussi emplir à part un réservoir d'eaux usées collectées à la maison (les eaux de lavage ou du bain), qui serviront aux cultures à demeure et à alimenter une mare avec les caniveaux, drains et trop-pleins des réservoirs. L'eau doit être assez profonde pour y plonger un arrosoir.

Si votre terrain reste particulièrement humide, posez des drains convergeant vers une mare ou un réservoir enterré.

Les tonnes à eau sont souvent distribuées par les associations gérant les jardins ouvriers. On peut les remplacer par des poubelles en plastique, des tonneaux à fruits, des citernes de seconde main, à eau ou à huile. Posez un couvercle par temps sec, pour réduire l'évaporation.

VOIR AUSSI ▸ Du compost maison, p. 116-117. La gestion de l'eau, p. 148-149. Les engrais, p. 150-151.

CRÉER UNE COUCHE CHAUDE

- **Le fumier frais ou les déchets verts** chauffent lorsqu'ils se décomposent. Une couche peut tirer parti de cette chaleur pour hâter les cultures précoces. Elle fournira, en outre, une surface de culture supplémentaire en cours de saison.
- **Dans un coffrage de bois** (de vieilles palettes sont parfaites), rassemblez du fumier frais ou montez un tas de compost. Un ajout de feuilles mortes humides tempérera le « coup de feu » initial, ainsi que la baisse consécutive de température.
- **Couvrez et laissez chauffer** pendant 15 jours. Ajoutez ensuite sur le tas 15 cm de terre tamisée et coiffez-le d'un châssis amovible.
- **Semez-y** des radis en rangs, avec des carottes ou des navets précoces, alternés avec des laitues démarrées en début d'hiver. Récoltez les radis trois semaines plus tard, en laissant les laitues pommer. Celles-ci récoltées, remplacez-les par des choux-fleurs de printemps, puis éclaircissez les carottes ou navets.
- **Quand tout est récolté,** installez des courgettes, courges ou concombres pour l'été.
- **En automne,** retirez les plants et videz la couche, pour enfouir son contenu.

▾ Courgettes installées en couche chaude.

Avoir plus d'un bac à compost est un avantage précieux. On laisse le contenu du premier mûrir à point pendant qu'on remplit le second de déchets.

Une garniture de carton aurait conservé la chaleur et accéléré la décomposition de ce bac fait de grillage tendu entre quatre piquets.

Bacs à compost

Le moyen le plus propre et le plus efficace de faire du compost (voir p. 116-117) est de rassembler les éléments dans un contenant. (Mieux vaut en avoir deux toutefois : quand l'un est plein, vous laissez son contenu se décomposer et vous utilisez l'autre.) On en trouve de toutes sortes, depuis les simples plaques de plastique ondulé jusqu'aux modèles élaborés, avec réservoir à purin, sole isolante et couvercle.

La fabrication maison d'un bac est une solution facile et peu coûteuse, si le modèle est simple et les matériaux récupérés. Vous pouvez utiliser :

- Du grillage fixé sur quatre piquets pour former un cube, isolé par du carton.
- Une grande caisse en carton fort, trouée au fond et sur les côtés pour l'aération ; elle se décomposera avec son contenu.
- Des palettes entières posées de chant et attachées ensemble ; comblez les interstices avec des journaux ou de la paille.
- Un bidon à huile ou un tonneau propre, percé de trous de 2,5 cm de diamètre à la base et jusqu'à mi-hauteur.
- Une poubelle en plastique posée sur des parpaings ; percez le fond et récupérez le purin dans un bidon.

Outillage

Les bons outils allègent le travail quotidien du jardin. Achetez les meilleurs, utilisez-les à bon escient et entretenez-les : ils pourront durer toute une vie. Leur emploi régulier les modèlera jusqu'à devenir des complices.

LE CHOIX. Acheter bon marché est un mauvais calcul, les outils travaillant mal et s'usant vite, au point de vous décourager. Choisissez la meilleure qualité, qui vous coûtera plus cher ; prenez vos outils en main (n'achetez jamais sans essayer) et demandez conseil en cas de doute. Considérez la taille, le poids et l'équilibre : vous devez pouvoir vous en servir longuement sans vous fatiguer. Vérifiez la nature des matériaux de base. Une bêche coûteuse en acier inoxydable est plus facile à utiliser et à nettoyer si le sol est argileux, mais s'avère une dépense inutile si votre terre est sableuse et légère ; un râteau à dents rondes dure plus en sol caillouteux qu'un modèle à dents plates ; un transplantoir à manche très coloré est plus facile à retrouver au milieu d'un grand nombre d'outils dans la cabane ou dans la terre remuée.

L'ENTRETIEN. Nettoyez régulièrement vos outils, surtout avant de les ranger pour longtemps.

- Prenez garde à la terre sur les fers et les manches, où elle devient gênante en séchant, et à la sève ou la résine sur les lames des outils de taille, qui se nettoient difficilement une fois sèches.
- Rangez tous vos outils en fin de journée : la pluie ne leur vaut rien et ils peuvent être perdus ou volés.
- Enfermez-les bien dans votre abri, à une place réservée, pour ne pas perdre de temps en recherches.
- Faites une révision en fin de saison : nettoyez-les, affûtez les fers et huilez-les correctement (voir p. 210).

PANOPLIE UTILE

Bien que la gamme des outils de jardinage semble augmenter chaque année, seuls quelques-uns vous serviront pour les travaux de base.

- **LA BÊCHE.** C'est l'outil de base pour le labour, comportant une lame d'acier plus ou moins large, fixée à un manche de longueur variable. Il est parfois terminé par une poignée en T ou en D (voir ci-dessous), en plastique ou en bois. Les manches métalliques sont les plus solides, mais les moins agréables à manipuler. On ne peut les remplacer s'ils cassent. Pour des raisons de confort, assurez-vous que la lame possède un appui de chaque côté et que la douille est d'une seule pièce et forgée.
- **LA FOURCHE-BÊCHE.** Comparable, dans l'ensemble, à la bêche, elle porte des dents au lieu d'une lame. Elle sert à ameublir et à émietter le sol après le labour et à arracher les plantes. Pour être très robustes, les dents doivent être en acier et d'une seule pièce. Certaines bêches et fourches-bêches ont des poignées coudées ou très longues et droites, pour augmenter le bras de levier.
- **LA BINETTE.** On trouve deux types de binette, l'instrument de désherbage principal. La binette à pousser

possède une lame plate, rectangulaire, avec laquelle on brasse la terre en reculant. Dans la forme à tirer, ou col-de-cygne, la lame est perpendiculaire au manche et sert à piqueter le sol en avançant. Les jardiniers ne sont généralement pas d'accord quant aux mérites respectifs de chaque forme. Il en existe des variantes.

- **LE RÂTEAU.** C'est un outil précieux pour niveler et égaliser la terre. Il peut varier dans la largeur du fer et la longueur du manche, mais ce qui compte, c'est la qualité des dents, qui doivent être en acier forgé. Testez soigneusement son poids et son équilibre : un râteau trop lourd est malaisé à manipuler.
- **LE TRANSPLANTOIR ET LA FOURCHE À MAIN.** Ces outils à main, essentiels, servent aux plantations et à une foule de tâches. Le fer du transplantoir et les dents de la fourche adoptent diverses formes et tailles ; ils sont reliés au manche par des soies droites ou courbes. Prenez un modèle aisé à manipuler, fait à votre main, avec une férule protectrice (anneau métallique) séparant fer et manche.
- **LE CORDEAU.** Pratique, mais facile à remplacer par des tuteurs et une ficelle.
- **L'ARROSOIR.** Indispensable, là où ne va pas le tuyau d'arrosage. Le métal est plus durable que le plastique, mais plus lourd et moins agréable pour un usage fréquent. Un grand modèle contient environ 12 litres et pèsera en conséquence un peu plus de 12 kg. Vous préfèrerez peut-être un modèle plus petit. Une pomme fine pour les semis et une plus grossière pour les arrosages quotidiens feront face à toutes les situations.
- **LES GANTS.** Irremplaçables pour les gros travaux et pour manipuler les plantes épineuses ou irritantes. Le cuir est le matériau le plus robuste ; prenez un modèle souple, pour une meilleure manipulation lors des tailles, par exemple, et un plus rustique, pour les gros travaux.

▲ **Un cordeau, une bêche et une fourche-bêche, des gants de jardin, des binettes, un râteau, une fourche à main et un transplantoir, des arrosoirs sont les outils de base au jardin.**

Les petits plus

Suivant vos besoins, vous pourrez acquérir d'autres outils parmi lesquels :

- **UNE BROUETTE.** En complément de votre panoplie, pour transporter de grosses quantités de terre ou de fumier.
- **UN SÉCATEUR, DES CISAILLES, UNE SERPETTE.** Pour tailler les fruitiers et les haies.
- **LA HOUE.** Sorte de binette à lame tranchante épaisse, plus pratique que la bêche en terre lourde.
- **LE CROC.** Griffe à main, à dents courbes et à manche court ou long.
- **LE SEAU.** Toujours utile pour porter de petites charges.
- **LE SAC À DÉCHETS.** Il réduit le nombre de voyages vers le tas de compost pour y déposer les mauvaises herbes et les déchets de taille.
- **LA PIERRE À AIGUISER.** Indispensable pour garder les tranchants affûtés.
- **LES OUTILS À MOTEUR.** La motobineuse ou le taille-haie sont utiles, mais peuvent se louer.

Brouette, houe et seau.

La gamme du jardin ouvrier ou familial est pleine de toutes sortes de fruits, légumes, condimentaires, et même fleurs. Choisir, préparer et organiser votre propre sélection est un acte important pour que votre parcelle soit réussie et productive.

Les bonnes cultures

La sélection des plantes

La liste idéale

Les premiers pas, pour établir votre jardin ouvrier idéal, sont tributaires de contraintes inévitables : la surface du terrain, le type de sol, etc. La façon de gérer les lieux et les plantes, en revanche, est plus une affaire personnelle, tout comme le choix des plantes. Ces pages vous aideront à composer une liste « idéale » de plantes et de leurs variétés d'après la gamme disponible dans le commerce.

SOUS ABRI. Si vous disposez d'une serre ou d'un châssis froid, songez à exploiter leurs avantages.

Vous pouvez adopter nombre de légumes de pleine terre, telles les carottes et les laitues, en primeur ou en arrière-saison, ainsi que des légumes frileux comme les concombres, poivrons, gombos et haricots de Lima. Veillez à adopter les bonnes variétés. Certaines donnent aussi bien (et parfois mieux) sous abri que dehors, mais les variétés indiquées pour la serre ont souvent été mises au point pour cet emploi précis. Regardez si elles demandent plus de chaleur, ce qui augmentera le prix de la production, ou un simple abri contre les intempéries.

L'ORGANISATION. Un plan grossier de la parcelle vous sera utile, avec une idée de rotation des cultures (voir p. 32-35) et l'emplacement des végétaux à demeure, tels que fruitiers, condimentaires et légumes vivaces.

Même si leurs besoins diffèrent, les tomates et les concombres sont souvent associés dans les serres froides, en climat frais.

Savoir Choisir

- Composez une liste des cultures de base : placez-y vos préférées, plus ce qui est rare ou cher en magasin. Ajoutez-y des fleurs à couper et des suppléments, tels qu'engrais verts et plantes associées.
- Faites une liste de réserve pour les plantes que vous n'adopterez que s'il reste de la place. Pourront y entrer les rutabagas, choux et pommes de terre de garde, qui sont souvent peu coûteux dans le commerce, ainsi que les espèces exigeantes (choux-fleurs ou céleris, par exemple) et les essais de nouveautés.
- Accordez la liste de base à vos capacités : aurez-vous assez de place pour tout cultiver ? Assez de temps et d'énergie pour faire face à l'entretien correspondant ? Vérifiez les temps de végétation pour pouvoir, éventuellement, faire deux récoltes, ou installer des cultures intercalaires ou dérobées.
- Faites un choix entre une longue récolte abondante et une multitude de petites récoltes diversifiées. Vous préfèrerez peut-être une série de grosses récoltes sur une faible période pour la congélation ou les conserves ? C'est souvent ce qui détermine les variétés retenues et les quantités cultivées. Veillez à ce que toutes ne mûrissent pas en même temps.
- Explorez les catalogues pour choisir vos plantes. Notez les qualités de celles-ci et les éventuelles récompenses obtenues. Échangez vos opinions avec vos voisins jardiniers, qui ont peut-être déjà trouvé la variété idéale pour le sol et le climat locaux.

LES LÉGUMES LES PLUS FACILES. Betteraves, fèves, carottes, haricots verts nains, courgettes, choux verts, laitues à couper (ci-contre), courges, épinards de Nouvelle-Zélande, épinards perpétuels, concombres, poirées.

LES LÉGUMES À HAUT RENDEMENT AVEC PEU DE TRAVAIL. Betteraves, carottes, courgettes (ci-dessus), haricots verts nains, groseilles à maquereau, laitues, persil, tomates.

Reclassez votre liste de légumes conformément au plan de rotation (choux, légumes-racines, etc.), pour leur réserver des planches déterminées. Notez pour chaque légume son temps d'occupation du sol (en déduisant le temps passé en serre ou en pépinière avant la mise en place).

Sur cette base grossière, établissez les séquences de culture dans chaque planche. Si, par exemple, vous avez choisi une variété à pousse rapide, pour un légume donné, vous pourrez en installer 2 ou 3 séries au même emplacement, dans une seule saison. Les légumes hivernants, tels les choux de Bruxelles et les oignons de printemps, s'étalent sur 2 ans, mais il reste du temps, ordinairement, pour établir une autre culture avant ou après leur installation. Repérez les vides éventuels pour y glisser des cultures rapides, ou utilisez la place pour des cultures d'engrais verts.

CULTURES PRINCIPALES. La variété des fruits, légumes et condimentaires est infinie. Vous serez limité toutefois par le temps disponible, le climat et la surface. Concentrez-vous d'abord sur les indispensables et sur vos préférés, pour y ajouter quelques autres à titre d'essai et des cultures plus inattendues.

VOIR AUSSI ▸ **Rotation des cultures,** p. 32-35. **Engrais vert,** p. 119. **Cultures dérobées,** p. 142. **Cultiver sous serre,** p. 170-175. **Échelonner les semis,** p. 185.

Ce chapitre traite des légumes les plus répandus, appartenant aux groupes traditionnels : les légumes-racines (pommes de terre, carottes, par exemple), les légumineuses (pois, haricots), les choux sous toutes leurs formes, les oignons et leurs alliés, les cucurbitacées (potirons, courgettes), les légumes-feuilles (laitues, épinards), les légumes-tiges et vivaces (céleris, asperges) et les légumes-fruits (maïs doux, tomates), ainsi que divers vrais fruits et condimentaires. Pour la rotation toutefois, la botanique l'emporte sur les habitudes – les rutabagas, par exemple, considérés généralement comme des légumes-racines, entrent en fait dans la catégorie des choux.

Ne méprisez pas les légumes inhabituels ou anecdotiques : le terrain peut cultiver tout ce qu'il vous plaît, ou presque. Laissez-vous tenter par les légumes asiatiques, comme les margoses et les haricots-kilomètre, les céréales, comme le riz sauvage ou l'avoine douce, ou encore la vigne. Optez également pour les marchandises introuvables dans le commerce, comme les groseilles blanches, haricots violets, framboises jaunes, chervis et fenugrec germé.

Concourir

Les concours, officiels ou non, sont répandus dans les jardins ouvriers, avec une session annuelle des plus beaux produits. Il est en effet tout à fait légitime d'être fier d'une belle récolte et de souhaiter en montrer les meilleurs sujets.

- **Cultiver dans le but de concourir demande une préparation spéciale, une attention au moindre détail et même des techniques de culture peu orthodoxes (très répandues, mais jamais diffusées !).**
- **Des graines spéciales, une mise en route précoce, sous abri, pour allonger la saison de végétation, et une préparation soignée sont capitales, ainsi qu'une connaissance des critères de sélection.**
- **Attendez d'avoir de l'expérience dans la culture des plantes classiques avant de vous lancer dans la compétition, où la taille, l'aspect et la beauté du sujet comptent plus que son goût.**

LES BONS POINTS. Même le jardinier le plus traditionaliste attend impatiemment l'arrivée des catalogues en hiver : c'est l'occasion de rêver et faire des projets. Le choix offert peut sembler effarant, surtout dans les espèces populaires (pois, poivrons et tomates). Les meilleurs catalogues font une honnête présentation des variétés, encore qu'il faille parfois savoir lire entre les lignes, surtout pour les nouveautés. (N'abandonnez pas une bonne vieille variété fiable pour une belle inconnue ; faites toujours des essais auparavant.)

Les critères à retenir sont :

La qualité gustative. C'est sans doute le point le plus important, qui comprend aussi bien le goût et la texture que la valeur nutritionnelle.

La robustesse. Rusticité et résistance aux maladies et parasites, à la sécheresse réduisent d'autant l'entretien.

L'aspect. On mange également avec les yeux, et la taille, la forme, la couleur comptent, tout comme la hauteur et l'étalement.

Durée de culture. Elle vous permet de prévoir la place nécessaire, ainsi que les époques de semis.

Le bon comportement. Il comprend aussi bien une germination rapide qu'une végétation réussie sous des conditions données.

La facilité d'entretien. L'absence de tuteurage ou d'aide au blanchiment, la facilité de cueillette ou de préparation sont des atouts.

L'adaptation. Des époques de semis et des techniques de culture variables, ou la résistance à l'hiver.

Le temps de conservation. Une bonne tenue après la maturité ou la cueillette.

VOIR AUSSI ▸ Rotation des cultures, p. 32-35. **Quand semer et planter,** p. 132-133. **Des plantes en bonne santé,** p. 154-157. **Récolter et conserver,** p. 160-163.

Cultures courtes et longues

Savoir à peu près combien de temps une culture occupe le terrain vous aidera à utiliser au mieux l'espace disponible sans créer des vides. Mettre au point un plan de culture ambitieux peut sembler complexe, mais un classement en légumes à cycle court et légumes à cycle long simplifie bien souvent la tâche.

Donnez d'abord une place aux récoltes de base, comme les pommes de terre, et les plantes à cycle long, comme les poireaux d'hiver ou les brocolis à jets, puis comblez le reste avec les légumes rapides.

Ce tableau des cultures courtes et des cultures longues vous dit combien de mois, en moyenne, elles occupent le terrain, mais il n'est qu'approximatif : les temps peuvent varier en plus ou en moins suivant les variétés, la région ou la saison.

Cultures courtes	Nombre de mois en terre
Betterave	3-4
Brocoli vert	3-4
Chou d'été	4
Chou-rave	3
Endive	4
Épinard	3
Fève	4
Haricot	4
- d'Espagne	3-4
- grimpant	3
- vert nain	2-3
Laitue	2-3
Oignon vert	4
Pastèque	4
Pois	2-3
Pomme de terre primeur	4
Radis d'été	1

Cultures longues	Nombre de mois en terre
Brocoli à jets	10
Céleri-branche	6-9
Chou d'automne	6
Chou de Bruxelles	6-10
Chou-fleur	5-8
Chou d'hiver	8-10
Chou de printemps	8
Chou vert	10
Fève (hivernante)	8
Oignon de garde	7-8
Panais	8
Poireau	8-10
Pomme de terre de garde	6-8

D'un simple épi...

Nombre d'occupants des jardins ouvriers viennent des quatre coins du monde, en apportant leurs propres légumes, qui semblent étranges aux autres jardiniers. Il y a vingt ans, on aurait ainsi trouvé des plantes qui sont communes aujourd'hui : piments, aubergines, maïs doux, pastèques et même des mizuna. Elles ont été remplacées, de nos jours, par le callaloo des Caraïbes, les radis longs d'Extrême-Orient et les margoses du sous-continent indien.

L'intérêt, la curiosité sont typiques des potagers communautaires, et les jardiniers sont souvent pressés d'essayer les bizzareries de leurs voisins. Les marchands de graines, toujours à l'affût de nouveautés, leur emboîtent le pas, et l'on en voit les effets dans leurs catalogues toujours plus importants.

Les légumes des jardins d'amateurs sont avant tout propagés par semis. Tout sachet est une promesse, chaque graine donnant une plante, fournissant à son tour des graines pour perpétuer une variété améliorée, ou particulièrement savoureuse. Récolter ses propres semences est le moyen par lequel les légumes et leurs variétés passent d'un jardin, voire d'un continent, à l'autre.

Charlie est arrivé des Antilles il y a des années et, après avoir acquis une parcelle, a pensé pouvoir cultiver les légumes de chez lui, surtout le callaloo et le maïs. Il n'a pas toujours récolté les graines, mais, une année, il a mis de côté un épi, dont les graines ont germé. Il a bientôt obtenu le meilleur maïs du coin et n'achète plus jamais de graines, se contentant de garder les semences d'une année à l'autre.

le bon choix

Légumes-racines

Les légumes-racines appartiennent à des familles différentes, avec des besoins distincts. Les radis, rutabagas et navets sont des parents du chou, dont ils partagent la sensibilité à la hernie (maladie cryptogamique). Ils apprécient aussi les sols acides ou secs.
La plupart des autres légumes préfèrent des sols bien travaillés, légèrement acides, avec des apports organiques importants, issus de précédentes cultures. Ils prennent place après les légumineuses et les choux. Pour éviter de déformer leurs racines, on les sème en général en place, en terre fine et profonde, exempte de cailloux. Certaines variétés peuvent être semées en mini-mottes. Les pommes de terre aiment les terres riches, bien fumées, et sont souvent plantées à part dans le cycle de rotation. (Voir d'autres légumes-racines p. 180.)

- **QUAND PLANTER** De mars pour les *primeurs* à mai
- **ÉCARTEMENT** *Primeurs :* 30 cm sur le rang et 45 cm entre les rangs ; les *autres :* 40 cm sur le rang et 75 cm entre les rangs
- **DURÉE DE CULTURE** *Primeurs :* 12 à 14 semaines ; *demi-tardives :* 15 à 18 semaines ; *tardives :* 18 à 22 semaines
- **HAUTEUR** 45 à 90 cm
- **RENDEMENT MOYEN** 1 à 1,5 kg par plante
- **VARIÉTÉS** *Très précoces :* 'Amandine', 'Belle de Fontenay' ; *précoces :* 'Bernadette', 'Manon', 'Chérie' ; *demi-tardives :* 'Désirée', 'Nicola', 'Pompadour' ; *de garde :* 'Ratte', 'Franceline', 'Carrera'

Pomme de terre

Solanum tuberosum

De culture facile et généreuse en sol bien amendé, les pommes de terre tiennent une place importante dans la plupart des potagers familiaux. Elles peuvent servir également de plantes pionnières en sol pauvre ou inculte. La plupart des jardiniers cultivent des variétés précoces, qu'ils arrachent en mai-juin (pommes de terre « nouvelles »). Les mêmes, installées en mai, donneront les pommes de terre de garde (voir p. 199).

▲ Pomme de terre 'Désirée'

On les cultive en semant des tubercules de petite taille, sélectionnés et certifiés (sans maladies), ou des plants germés, démarrés sous abri. Ce sont des plantes gélives, surtout leurs pousses. Il existe des centaines de variétés avec des couleurs et saveurs distinctes. Les plus récentes sont sélectionnées pour leur résistance aux maladies et parasites ou à la sécheresse.

MODE DE CULTURE. Achetez les plants tôt et faites-les germer (voir p. 135) pendant 6 semaines environ avant de les planter, en mars pour les primeurs, en mai pour les demi-tardives et la garde. Donnez-leur un endroit dégagé, ensoleillé, en sol bien drainé qui n'a pas été chaulé récemment ; évitez les emplacements où elles ont été cultivées il y a moins de 3 ans. (La culture en bacs ou en sacs est possible, voir p. 199.)

Installez les tubercules, pousses vers le haut, à 10-15 cm de profondeur, voire plus profond en sol léger, en rangs ou en trous individuels (voir le plantoir p. 184). Recouvrez de terre en formant une butte légère. Les primeurs gagnent à être abritées d'une cloche continue, qui accélérera la végétation. Toutes peuvent être couvertes de film plastique noir, ou autre paillis inerte, pour éviter les buttages par la suite.

Protégez les pointes des gelées à l'aide de terre ou de journaux, et buttez les tiges quand elles atteignent 10-15 cm de haut, en rapportant de la terre, jusqu'à mi-hauteur. Ceci, pour éviter que les tubercules ne verdissent à la lumière. Une fois suffit pour les primeurs, mais il faut recommencer avec les autres toutes les 2 ou 3 semaines, jusqu'à la mise à fleurs. Arrosez les primeurs régulièrement, et les formes de garde 1 ou 2 fois à partir de la floraison.

Commencez la récolte des primeurs quand elles sont pleinement épanouies ; un sondage vous montrera celles qui sont à point. Arrachez-les à la fourche et poursuivez la récolte suivant les besoins. Récoltez les formes de garde quand leur feuillage brunit : fauchez ce dernier et attendez 15 jours avant de tout arracher pour l'entreposer (voir p. 206).

Carotte

Daucus carota

Les très nombreuses variétés – essentiellement orange ou rouges, mais parfois violettes, jaunes ou blanches – sont divisées en deux groupes principaux. Les plus courtes, à maturation rapide («primeurs» ou «grelot»), sont utilisées pour des récoltes précoces, tardives (voir p. 200) ou échelonnées. Les formes de garde sont plus grandes, demandent plus de temps de culture.

- **QUAND SEMER** De la fin d'hiver à septembre
- **GERMINATION** 2 à 3 semaines à 7 °C au minimum
- **ÉCARTEMENT** *Précoces :* 8 à 10 cm ; *de garde :* 5 à 8 cm ; *toutes :* en rangs distants de 15 cm
- **DURÉE DE CULTURE** *Précoces :* 7 à 10 semaines ; *de garde :* 10 à 16 semaines
- **HAUTEUR** 25 à 40 cm
- **RENDEMENT MOYEN** 0,5 à 1 kg pour 60 cm de rang
- **VARIÉTÉS** *Précoces :* 'Amsterdam Amrola', 'Nantaise Précoce', 'Flyaway', 'Laguna', 'Mignon', 'Parmex' ; *de garde :* 'De Colmar', 'Carson', 'Ingot'

MODE DE CULTURE. Choisissez un coin chaud et abrité pour les semis précoces, un endroit dégagé et ensoleillé pour les autres. La terre doit être légère et friable, bien drainée et nettoyée des grosses pierres, et largement amendée. Semez clair en sillons de 1-2 cm de profondeur, sur un sol bien émietté ; installez les semis précoces et tardifs en châssis ou sous tunnel. Si la mouche de la carotte est très active, semez hors de période de ponte ou prenez les précautions utiles (voir p. 190). Maintenez la terre bien fraîche jusqu'à la levée et arrosez toutes les 2 ou 3 semaines.

Éclaircissez en pinçant les plantules au ras du sol (éliminez les déchets pour ne pas attirer les parasites) ; désherbez, puis paillez quand les plantes ont 2 ou 3 vraies feuilles. Tirez ou relevez les racines quand elles ont la bonne taille, puis tassez ou arrosez la terre remuée ; enlevez toutes les formes de garde, à partir d'octobre, pour les entreposer.

Semis en alvéoles. Pour les primeurs, semez une variété ronde, comme 'Mignon' ou 'Parmex', en pots, en cubes de terreau ou en alvéoles, en fin d'hiver. Semez 5 ou 6 graines par alvéole et n'éclaircissez pas. Plantez ces bouquets serrés à 25 cm d'écart sous châssis, ou en vieux sacs de culture, à l'intérieur, ou bien dehors, en avril, après endurcissement (voir p. 139).

▲ Carotte 'Carson'

Betterave

Beta vulgaris

C'est un légume facile, à racines rondes, allongées ou aplaties, d'ordinaire rouges, mais aussi jaunes, blanches ou bicolores. Excepté les variétés « monogermes », les graines sont des capsules produisant plusieurs plants, qui nécessitent un éclaircissage. Prenez une variété résistant à la montaison pour les semis précoces. Pour des formes « mini », réduisez de moitié l'écartement normal, ou récoltez-en avant terme une sur deux dans les cultures de garde, et laissez mûrir le reste.

MODE DE CULTURE. Semez dehors, en plein soleil, pour avoir de plus belles racines et moins de feuilles. Faites un semis tous les mois, à partir de 4 semaines avant la fin des gelées. Les primeurs peuvent être semées en alvéoles sous abri. Semez les formes de garde au moins 12 à 14 semaines avant les gelées d'automne. Éclaircissez plusieurs fois, désherbez jusqu'à ce que leur taille permette le paillage et arrosez toutes les 2 ou 3 semaines par temps sec. Commencez l'arrachage d'une racine sur deux quand elles ont 5 cm de diamètre, environ 2 mois après le semis. Arrachez les récoltes et stockez-les comme les carottes, après avoir arraché le feuillage (ne le coupez pas).

▲ Betterave 'Alto'

- **QUAND SEMER** Du printemps à l'automne ; en fin d'hiver sous abri
- **GERMINATION** 2 semaines à 7 °C au minimum
- **ÉCARTEMENT** 10 cm sur le rang, 25 à 30 cm entre les rangs, ou 15 cm en tous sens
- **DURÉE DE CULTURE** 8 à 16 semaines
- **HAUTEUR** 15 à 30 cm
- **RENDEMENT MOYEN** 0,5 kg pour 30 cm de rang
- **VARIÉTÉS** 'Alto', 'Burpees Golden', 'Chioggia', 'Crapaudine', 'Moneta', 'Albina Vereduna', 'Bull's Blood'

▲ Panais 'Gladiator'

Panais

Pastinaca sativa

Cet excellent légume d'hiver, aux racines finement parfumées, peut atteindre d'énormes dimensions en terre bien ameublie et non pierreuse, les variétés courtes se prêtant mieux aux sols maigres ou lourds. Les panais souffrent parfois du chancre, surtout après une blessure de binette, ou en sol caillouteux, mais on trouve des variétés résistantes. Les semis précoces sont parfois lents à germer. Semez en poquets et marquez les rangs avec des radis ou une autre culture rapide (voir p. 142). Le froid développe leur parfum.

- **QUAND SEMER** En fin d'hiver pour les *variétés longues*, sinon jusqu'en mai
- **GERMINATION** 2 à 4 semaines à 7 °C au minimum
- **ÉCARTEMENT** 10 à 15 cm sur des rangs espacés de 20 à 30 cm, ou en poquets espacés de 15 à 20 cm
- **DURÉE DE CULTURE** 20 à 35 semaines
- **HAUTEUR** 40 à 45 cm
- **RENDEMENT MOYEN** 0,5 kg ou plus pour 30 cm de rang
- **VARIÉTÉS** 'Javelin', 'Gladiator', 'Demi-Long de Guernesey', 'Tender & True', 'White King'

MODE DE CULTURE. Choisissez un jour calme, entre la fin de l'hiver et avril-mai (voire plus tard pour les formes courtes), pour semer les graines scarieuses et légères à 2 cm de profondeur, soit en rangs continus, soit en poquets (voir p. 130). Éclaircissez, désherbez et arrosez comme avec les carottes. Quand les panais ont la bonne taille (environ 4 mois après le semis), arrachez-les à la fourche ; les racines restantes passeront tranquillement l'hiver en terre, mais marquez les rangs avec des tuteurs. Nettoyez tout (voir p. 141) en fin d'hiver. Les excédents servent parfois à confectionner une sorte de cidre.

- **QUAND SEMER** De la fin d'hiver à la fin d'été ; de mai à septembre pour les *radis d'hiver*
- **GERMINATION** 3 à 7 jours à 5 °C au minimum
- **ÉCARTEMENT** 2 à 5 cm en rangs espacés de 15 cm ; *radis d'hiver :* 20 cm en tous sens
- **DURÉE DE CULTURE** 3 à 4 semaines ; *radis d'hiver :* 10 à 12 semaines
- **HAUTEUR** 10 à 15 cm ; *radis d'hiver :* 60 cm
- **RENDEMENT MOYEN** 0,5 kg pour 60 cm de rang ; le double pour les *radis d'hiver*
- **VARIÉTÉS** 'Cherry Belle', 'Gaudry 2', 'Topsi', 'Blanc(he) Transparent(e)', 'Flambeau' ; *radis d'hiver :* 'Rose de Chine', 'Mantanghong', 'München Bier'

▲ Radis 'Mantanghong'

Radis

Raphanus sativus

C'est l'une des cultures de semis les plus rapides. Les radis ont des racines rouges, blanches ou bicolores, dans toute une gamme de formes et de tailles.

Les espèces d'été, courtes et douces, sont semées en série sur une longue période, souvent en culture intercalaire ou dérobée (voir p. 142) ; les formes de saison fraîche, comme 'Gaudry 2' et 'Topsi', se prêtent aux semis hâtif ou tardif sous abri. Les radis d'hiver, rustiques (voir p. 190), et les radis de Chine sont semés en été et peuvent produire de très grosses racines. Les variétés d'été sont vite cueillies et s'adaptent partout, mais les longs gagneront à rejoindre les autres membres de la famille des choux, dont les radis font partie.

MODE DE CULTURE. Faites un semis léger à 1 cm de profondeur, tous les 15 jours, pour échelonner la récolte. Éclaircissez dès que possible et arrosez régulièrement pour avoir des racines tendres et douces. Ajoutez vos surplus de graines à un semis de mesclun pour les cueillir jeunes. Arrachez-les quand ils ont la bonne taille et videz toujours la planche avant qu'ils ne deviennent creux ou fibreux. Les radis de Chine demandent environ 10 semaines de culture. Utilisez les radis d'hiver à la demande (vous pouvez les laisser en terre ou les stocker au cellier, comme des carottes). Les gousses encore vertes sont croquantes et agréablement piquantes : 'München Bier', aux grandes gousses abondantes, est parfait pour cet emploi.

▲ Radis 'Cherry Belle'

Navet

Brassica campestris

Groupe Rapifera

Les variétés vont du petit 'Tokyo Top', précoce, parfois à point en 35 jours, aux gros sujets de garde, pour l'hiver ; les formes et les couleurs de peau sont variables, avec une chair blanche ou jaune. Pour avoir de bonnes racines, il faut un sol légèrement humide, riche et chaud. Ce légume doit être cultivé avec ses parents, les choux.

MODE DE CULTURE. Semez clair à 2 cm de profondeur, en sillons, toutes les 3 ou 4 semaines, entre mars et septembre. Vous pouvez allonger la saison sous abri. Semez les formes rustiques, à feuillage, en septembre. Éclaircissez plusieurs fois et maintenez une fraîcheur régulière (le manque d'eau provoque l'éclatement).

- **QUAND SEMER** De mars à septembre
- **GERMINATION** 6 à 10 jours à 5 °C au minimum
- **ÉCARTEMENT** 15 à 25 cm en tous sens
- **DURÉE DE CULTURE** 6 à 12 semaines
- **HAUTEUR** 30 à 40 cm
- **RENDEMENT MOYEN** 0,5 à 1 kg pour 30 cm de rang
- **VARIÉTÉS** 'Demi-Long de Croissy', 'De Nancy', 'Royal Crown', 'Tokyo Top'

▲ Navet 'De Nancy'

Commencez la récolte quand les premiers navets ont la taille d'une grosse noix. Les plantes de garde sont laissées en place ou, en sols froids ou mouillés, arrachées en fin d'automne et mises en cave, comme les carottes. Navets et rutabagas, qui passent l'hiver en terre, peuvent être buttés sous 15 cm de terre en février, pour faire blanchir la récolte précoce de feuilles.

Rutabaga

Brassica napus

Groupe Napobrassica

Plus rustiques et productifs que les navets de garde, et plus doux au goût, les rutabagas sont des légumes d'automne et d'hiver appréciables. Ils demandent des sols frais, riches, ne desséchant pas en été. Les variétés actuelles sont plus solides et résistantes à la chaleur et aux maladies que les anciennes. Ils sont de la famille des choux, à pousse lente, à cultiver avec leurs parents.

MODE DE CULTURE. Semez avant mai, à 2 cm de profondeur, en sillons, avec éclaircissage jusqu'au bon écartement, ou en poquets (voir p. 130), en ne conservant que le meilleur plant par poquet. Maintenez humide, surtout au début, pour éloigner les altises.

Commencez la récolte quand les racines sont fermes mais encore tendres. Gardez-les en terre pour l'hiver, sous de la paille ou des feuilles, ou arrachez-les pour les conserver en cave, comme les carottes. Supprimez les feuilles d'une torsion, sans les couper.

- **QUAND SEMER** De la fin d'hiver au début du printemps
- **GERMINATION** 6 à 10 jours à 5 °C au minimum
- **ÉCARTEMENT** 25 cm sur des rangs espacés de 40 cm
- **DURÉE DE CULTURE** 20 à 26 semaines
- **HAUTEUR** 25 à 30 cm
- **RENDEMENT MOYEN** 1 à 1,5 kg pour 30 cm de rang
- **VARIÉTÉS** 'Helenor', 'Jaune à Collet Vert', 'Thomson'

le bon choix

Légumineuses

Les pois et leurs alliés, comme les haricots, sont des légumes généreux, vantés par les nutritionnistes pour leur haute teneur en protéines et par les jardiniers éclairés pour leur capacité à fixer l'azote atmosphérique. Ce phénomène est accompli par des bactéries particulières, regroupées dans des renflements des racines. C'est pourquoi on fauche toujours les plantes après récolte, pour que leurs racines restent en terre et l'enrichissent en s'y décomposant. Pour proliférer, les bactéries ont besoin d'un milieu légèrement alcalin, et les sols acides doivent être chaulés avant la mise en culture.
Les légumineuses apprécient les sols drainés, travaillés, très amendés en humus gardant les racines au frais et les empêchant de sécher.

- **QUAND SEMER** De la fin d'hiver et la fin du printemps, puis en automne
- **GERMINATION** 2 à 3 semaines à 10 °C au minimum
- **ÉCARTEMENT** 8 à 10 cm sur le rang et 20 à 25 cm entre les rangs
- **DURÉE DE CULTURE** 12 à 16 semaines ; 30 à 34 semaines pour les semis d'automne
- **HAUTEUR** 30 à 150 cm
- **RENDEMENT MOYEN** 0,5 à 1 kg pour 30 cm de rang
- **VARIÉTÉS** 'Douce Provence', 'Serpette Nain', 'Caractacus', 'Merveille de Kelvédon', 'Lynx', 'Téléphone'

Pois

Pisum sativum

Il existe des centaines de variétés de pois, à gousses vertes ou pourpres, et de toutes les hauteurs, depuis les nains ('Meteor', 'Little Marvel') jusqu'aux très grands ('Alderman'). On les divise en deux groupes : à grains lisses, ils sont rustiques et adaptés aux semis précoces, ou hivernaux (sous tunnel) ; à grains ridés, ils sont plus sucrés et constituent l'essentiel de la production, en plusieurs séries. Toutes les espèces s'accrochent au moyen de vrilles ; chez les formes peu ou pas feuillues, ce sont elles qui remplacent en partie le feuillage. Elles gagnent à être tuteurées, les plus courtes sur des rames ou des grillages, les plus hautes, qui rentabilisent au mieux l'espace, sur des piquets ou des tipis drapés de filet.

▲ **Pois 'Téléphone'**

MODE DE CULTURE. Choisissez les variétés et le calendrier de semis en fonction de vos besoins (voir p. 179) ; pour mieux estimer les quantités, sachez que 50 g permettent d'ensemencer un rang de 3 m sur 25 cm. Retenez un coin ensoleillé ou, pour les cultures d'été, légèrement ombragé. Installez des grains lisses en fin d'hiver, puis, un mois plus tard, une variété à grains ridés, que vous ressèmerez toutes les 3 ou 4 semaines jusqu'en juin, en terminant avec un cultivar résistant à l'oïdium comme 'Merveille de Kelvédon'. Reprenez en fin d'automne les semis de grains ridés, que vous couvrirez d'un tunnel pour l'hiver ; en région froide, semez plutôt sous abri, en pots dégradables ou en gouttières (voir p. 179).

Espacez régulièrement les grains en rangs ou en planches, et protégez-les des oiseaux par un grillage. Posez un tuteurage dès qu'apparaissent les premières vrilles, et paillez quand les plants atteignent 15 cm de haut. Arrosez par temps sec, une fois par semaine à partir de la floraison. Commencez la cueillette quand les gousses sont bien pleines, mais avant qu'elles ne perdent leur pruine. Ramassez-les régulièrement pour encourager de nouvelles floraisons. Pour les pois secs, attendez que les gousses mûrissent (voir p. 204).

Le ver du pois peut parfois ruiner toute une récolte. Prémunissez-vous-en en couvrant les plantes en fleur d'un voile de forçage en mai-juin, au moment où les parasites volent. Les semis de début et de fin de saison y échappent d'ordinaire. Pour empêcher les souris de déterrer les graines, couvrez le semis de feuilles de houx.

AUTRES TYPES DE POIS

- **Pois mangetout, pois gourmand.** On cultive pour leurs gousses encore plates des variétés comme 'Carouby de Maussanne', et 'Sugar Snap', pour ses gousses rondes et croquantes. Il en existe, comme 'Delikata', qu'on peut manger quand les grains sont déjà formés (pois croquants). Semis et culture sont comparables à ceux des pois classiques, mais la cueillette a lieu quand les grains sont à peine visibles, et pour les pois gourmands, tant que la gousse est cassante (les gousses de 'Norli', ci-dessous, sont juste à point). Les vrais mangetout sont assez rustiques pour être semés en automne et passer l'hiver en terre.
- **Pois carré.** Cette annuelle de petite taille produit des fleurs rouge profond et de petites gousses ailées qu'on cueille encore tendres, quand elles ont environ 4 cm de long, pour les cuire à la vapeur. C'est une curiosité, utile comme couvre-sol.
- **Lentille et pois chiche.** Ces « pois » demandent de grandes surfaces pour être rentables, mais sont faciles de culture. Semez-les après les gelées. Ils font d'excellents engrais verts d'été.
- **Pois industriels.** Ces variétés de grande culture sont parfois semées pour leurs grains secs ou comme engrais vert.

▲ **Haricot vert 'Delinel'**

Haricot vert

Phaseolus vulgaris

C'est peut-être le grain le plus cultivé au monde, bien qu'historiquement le dernier apparu. Il en existe des formes à gousses vertes, jaunes, pourpres ou tachetées, aplaties ou arrondies. Si certaines donnent les haricots secs (voir p. 204), d'autres, cueillies immatures, donnent les filets, ou haricots verts. Des semis successifs à 3 ou 4 semaines d'intervalle assureront une production continue durant toute la saison. Les plantes, frileuses, au feuillage fragile, demandent une position abritée et ensoleillée. Elles préfèrent un sol léger et riche. Ces haricots supportent mieux la sécheresse et les sols maigres que les haricots à grains.

MODE DE CULTURE. Les formes grimpantes demandent les mêmes soins que les haricots à grains (voir p. 72). Semez les formes naines à 4-5 cm de profondeur, sous abri, en pots, 3 ou 4 semaines avant les derniers gels, ou en pleine terre, sous tunnel (en avril), ou en plein air jusqu'en juin. Paillez les plants après buttage, pour les asseoir. Posez des branchages pour maintenir la végétation. Arrosez régulièrement, surtout à partir de la floraison. Cueillez les haricots encore jeunes – ils doivent se détacher facilement ; la récolte s'étale sur 6 à 8 semaines.

- **QUAND SEMER** D'avril à juillet ; plus tôt sous abri
- **GERMINATION** 10 à 14 jours à 12 °C au minimum
- **ÉCARTEMENT** 10 cm sur le rang et 45 cm entre les rangs ; *grimpants :* comme les haricots à grains
- **DURÉE DE CULTURE** 8 à 12 semaines
- **HAUTEUR** *Nains :* 30 à 45 cm ; *grimpants :* 3 m
- **RENDEMENT MOYEN** 100 à 250 g par plante ; le double pour les *grimpants*
- **VARIÉTÉS** 'Blue Lake', 'Caruso', 'Cobra', 'Delinel', 'Golden Teepee', 'Talisman', 'Purple Tepee'

Haricot d'Espagne

Phaseolus coccineus

Vivace populaire, ornementale, cultivée comme annuelle, à fleurs rouges, roses, blanches ou bicolores et à gousses aplaties atteignant 60 cm de long ; certaines variétés, cueillies jeunes, sont sans fil. Les plus grandes, grimpantes, sont également les plus prolifiques, mais les plus courtes produisent plus vite. Ce sont des plantes aux racines profondes pour sols bien travaillés et fumés, dans un coin chaud et abrité. Il faut un support robuste pour leur végétation luxuriante et lourde. Les haricots verts grimpants demandent les mêmes soins (voir p. 71).

MODE DE CULTURE. Semez-les à 5 cm de profondeur, sous abri, en pots, un mois avant la fin des gelées, ou bien en place en mai. Montez de solides tuteurs rassemblés en tipis, ou en doubles rangs parallèles avant le semis ou la mise en place. Paillez les plants encore jeunes et arrosez régulièrement, surtout dès la mise à fleurs. Pincez les pousses dépassant des tuteurs. Pour une récolte très abondante, doublez l'écartement entre les tuteurs, qui recevront chacun deux plants. Pincez ceux-ci quand ils atteignent 60 cm de haut, et recommencez quand ils ont 1,2 m, pour provoquer l'apparition de nombreuses pousses latérales fructifères.

Les variétés naines sont denses par nature, mais vous pouvez pincer les plus grandes à 30 cm, puis les pousses latérales tous les 8 jours. Évitez le contact des gousses avec la terre en tuteurant les plants à l'aide de branchages.

▲ Haricot d'Espagne 'Emergo'

▲ Haricot d'Espagne 'Scarlet Emperor'

Cueillez les gousses quand elles ont 15-20 cm de long et repassez tous les 2 ou 3 jours (les gousses qu'on laisse mûrir stoppent la floraison). Les excédents peuvent être congelés, et les grains secs se prêtent aux soupes. Les semis précoces ont parfois des difficultés à fleurir (voir p. 198-199) et produisent moins que les semis de mai.

- **QUAND SEMER** En mai et juin
- **GERMINATION** 7 à 10 jours à 12 °C au minimum
- **ÉCARTEMENT** 15 cm sur des rangs distants de 60 cm
- **DURÉE DE CULTURE** 12 à 16 semaines
- **HAUTEUR** Jusqu'à 3 m et plus
- **RENDEMENT MOYEN** 1 à 1,3 kg par plante
- **VARIÉTÉS** 'Désirée', 'Goliath', 'Lady Di', 'Emergo', 'Mergoles', 'Scarlet Emperor'

Fève

Vicia faba

Prolifique légume de saison fraîche, à longues gousses (comestibles quand elles sont jeunes) et grains très nourrissants plus ou moins nombreux suivant les types. Un peu moins rustiques, mais très savoureux, les types Windsor donnent 2 à 5 grains par gousse, alors que les Longues fournissent jusqu'à 11 fèves plus petites. Les racines, typiques, sont une excellente source d'azote, après la récolte, et les excédents de grains mûrs peuvent être semés en automne ou au printemps, comme engrais verts. Les fleurs dégagent un parfum entêtant (on considérait autrefois comme dangereux de dormir dans un champ de fèves).

- **QUAND SEMER** Tout le printemps (plus tôt sous abri) ou en fin d'automne
- **GERMINATION** 10 à 14 jours en dessous de 15 °C
- **ÉCARTEMENT** 25 cm en tous sens
- **DURÉE DE CULTURE** 12 à 15 semaines ; 25 à 30 semaines pour les semis d'automne
- **HAUTEUR** 60 à 120 cm
- **RENDEMENT MOYEN** 250 à 450 g de grains par plante, plus si on utilise les gousses
- **VARIÉTÉS** 'A Grano Violetto', 'Aguadulce', 'De Séville', 'Express', 'Giant Exhibition Longpod', 'Red Epicure', 'The Sutton'

▲ Fève 'Express'

MODE DE CULTURE. Semez au printemps en plein soleil, en automne dans un coin abrité et bien drainé. Commencez le semis en février-mars et recommencez 2 fois à un mois d'intervalle. Vous pouvez semer en novembre une variété rustique comme 'Aguadulce' ; elle passera l'hiver et donnera au printemps. Semez en place à 5 cm de profondeur, ou en pots, sous châssis, en régions froides. Posez un voile d'hivernage ou un tunnel si l'hiver est rude ou prolongé. Buttez les formes élevées et soutenez-les à l'aide de solides bambous, ou enfermez-les dans un corset de tuteurs et de ficelles. Paillez le sol une fois réchauffé, au printemps, et arrosez par temps sec – les plantes supportent mal la sécheresse comme la chaleur. Pincez-les quand elles sont bien fleuries et que les premières gousses sont formées, pour hâter la maturation et éloigner les pucerons. Les gousses de 5 à 8 cm peuvent être cuisinées entières ; les grains sont récoltés bien gonflés, mais encore sans parchemin. Congelez les surplus ou laissez les derniers grains mûrir.

AUTRES GRAINS

- **Haricot de Lima.** Légume amateur de chaleur, qui demande au moins 80 jours à plus de 18 °C. Les formes naines et grimpantes réussissent bien sous tunnel.
- **Haricot à œil.** Un peu plus rapide de rendement, pour régions chaudes et sols légers. La plupart des variétés sont buissonnantes.
- **Coco.** Haricot surtout grimpant, à grains bicolores. On peut les utiliser en haricots verts, en demi-secs ou surtout en secs.
- **Haricot-kilomètre.** Parent grimpant du haricot, aux grains à œil noir et gousses fines pouvant atteindre 1 m de long. Semez-le tôt en pots et cultivez-le sous abri, sur filets.
- **Dolique.** Vigoureuse vivace volubile, cultivée comme annuelle, sous abri ou non. Feuilles, gousses, grains demi-secs ou secs sont comestibles. Exigeante en chaleur.
- **Soja.** Il lui faut de la place pour bien donner ses grains, mais une variété buissonnante hâtive, comme 'Envy', donne d'abondantes gousses valables comme « filets ».
- **Borlotto.** Belle forme italienne de haricot coco, aux grains panachés de crème et de rouge, mûrs en demi-saison. Savoureuse en haricots verts ou en grains secs.

▼ Borlotto 'Rob Roy'

le bon choix

Choux et compagnie

Les choux forment une famille nombreuse (les brassicacées), depuis le cresson jusqu'au chou-fleur. Une simple espèce, « Brassica oleracea », à l'origine une mauvaise herbe, s'est transformée au cours de milliers d'années pour donner le chou de Bruxelles, le chou-rave, le brocoli, le chou-fleur et toutes les formes modernes de choux verts ! Leur parenté entraîne des conditions de culture comparables, dans une même parcelle, au cours de la rotation (voir p. 32-35).
Ce sont des légumes de saison froide, montant facilement à fleur par temps chaud. Ils aiment des sols consistants, riches, frais et alcalins. On les sème généralement en pépinière pour les repiquer. Les espèces à racines, comme les navets, rutabagas et radis (voir p. 68-69) et les séries estivales de brocolis à jets sont cependant semées en place, pour éviter le choc de la transplantation, qui favorise la montaison. Toutes apprécient de bons arrosages, tous les 8 à 10 jours, et souffrent des mêmes maladies (voir p. 185).
Divers parasites répandus ont un faible pour ces plantes. Entourez les tiges des jeunes plants de bandes goudronnées ou de kraft pour éloigner la mouche. Un voile de forçage décourage les piérides du chou ; sinon, éliminez les chenilles sitôt apparues. Prenez vos précautions contre les limaces et les escargots (voir p. 154-155 et 178). Les pucerons et aleurodes seront traités au savon insecticide toutes les 3 ou 4 semaines. Dans certaines régions, la pose d'un filet contre les pigeons est utile.

▲ Chou d'été 'Nantais Hâtif'

Chou cabus

Brassica oleracea
Groupe Capitata

Vous pouvez récolter des choux cabus toute l'année si vous le souhaitez, qu'ils soient verts ou de Milan, pommés ou non, en vert, rouge ou blanc. Leurs nombreuses variétés sont classées en divers types suivant leurs saisons d'emploi, qui se chevauchent souvent. Si la place est comptée, il est sage de choisir des variétés compactes, qui se tiennent bien une fois à point. Les hybrides F1 sont plus réguliers en forme et production, et souvent dotés d'une bonne résistance aux maladies et aux parasites. Les variétés anciennes méritent d'être connues pour leur saveur, leur rusticité et autres qualités irremplaçables.

MODE DE CULTURE. Semez à 2-2,5 cm de profondeur, en place ou, plus souvent, en pépinière. On éclaircit alors ou on transplante à 8 cm d'écart. Le repiquage a lieu à 6-8 semaines (voir p. 190), au stade de 4 ou 6 feuilles. On peut hâter les semis sous abri, avant de transplanter en godets ou alvéoles. Endurcissez bien les plants auparavant. Choisissez un coin dégagé, ensoleillé et abrité, et préparez le sol en y enfouissant de bonnes quantités de compost ou de fumier mûr, tant pour l'enrichir que pour retenir la fraîcheur. Laissez les plants s'installer durant plusieurs semaines ou tassez légèrement la terre au moment de planter. Chaulez au pied ou la planche entière, au moins 6 semaines avant ou après l'amendement.

CHOUX DE PRINTEMPS. Ces variétés populaires sont bienvenues, car elles passent l'hiver pour être disponibles quand il n'y a plus grand-chose d'autre, soit comme savoureuses verdures durant tout le printemps, soit comme choux pommés à partir d'avril.

- **QUAND SEMER** De mai à juillet
- **GERMINATION** 1 à 2 semaines à 5 °C au minimum
- **ÉCARTEMENT** *À feuillage :* 10 à 15 cm, *pommes :* 30 cm, en rangs espacés de 30 cm
- **DURÉE DE CULTURE** 20 à 35 semaines
- **HAUTEUR** 25 à 40 cm
- **RENDEMENT MOYEN** 0,5 à 1,5 kg par plant
- **VARIÉTÉS** 'De Pontoise', 'Duncan', 'Durham Early', 'Stanton', 'Winterkönig' ; *à feuillage seulement :* 'Wintergreen'

Choisissez bien les variétés : la plupart produisent soit des feuilles, soit des têtes, quelques-unes seulement étant polyvalentes. Certaines peuvent être semées au printemps pour produire en été ; d'autres, comme 'Duncan', sont valables toute l'année. Les choux de pleine saison sont semés en deux séries à un mois d'intervalle et transplantés dans le courant de l'automne. Plantez les variétés polyvalentes aussi serré que possible et éclaircissez-les en cueillant les feuilles de deux plantes sur trois, et en laissant pommer la dernière. Posez des filets contre les oiseaux en hiver et au début du printemps.

Pour une récolte d'arrière-printemps, semez en début d'automne sous châssis froid et plantez en fin d'hiver. Semez les plantes de toute saison en début de printemps pour une récolte en été, en juin pour l'automne, et en octobre pour l'hiver et le printemps. Pour les autres « verdures » printanières, reportez-vous p. 214.

CHOUX D'ÉTÉ. Plantes non rustiques à pousse rapide, aux petites têtes juteuses ; les variétés précoces sont d'ordinaire pointues et feuillues, les tardives, rondes et serrées. Ce sont les plus tendres et les plus doux des choux, mais ils arrivent presque tous dans le même temps que les pois, fèves et autres légumes de début d'été. N'en cultivez donc pas trop, à moins que vous n'en raffoliez. Récoltez les premières têtes quand elles vous semblent fermes et pleines, ou laissez un tronçon de 5-8 cm qui rejettera si vous incisez la coupe sur 1 cm de profondeur.

- **QUAND SEMER** En mars ; en février sous abri
- **GERMINATION** 1 à 2 semaines à 5 °C au minimum
- **ÉCARTEMENT** 35 à 45 cm en tous sens
- **DURÉE DE CULTURE** 20 semaines
- **HAUTEUR** 25 à 40 cm
- **RENDEMENT MOYEN** 0,5 à 1,5 kg par plant
- **VARIÉTÉS** 'Express', 'Nozomi', 'Nantais Hâtif', 'Extra-Hâtif de Rennes', 'Cape Horn', 'Kingspi', 'Minicote'

▲ **Chou d'automne 'Marner Frührotkohl'**

CHOUX D'AUTOMNE. Les choux d'automne comprennent des variétés estivales à pousse lente, comme 'Tête de Pierre', ou précoces, semées en séries ; de vraies formes automnales, telles que 'Gros des Vertus' ; des choux rouges ; des Milan et les variétés d'hiver précoces, comme 'Vorbote 3'. Les choux d'automne sont généralement semés et transplantés 4 semaines plus tard que ceux d'été, et cultivés de même.

Veillez particulièrement aux arrosages en cours d'été. Récoltez toutes les têtes restantes en fin d'automne et stockez-les au frais et au sec en caisses de paille, pour les utiliser en hiver. Semez une variété rouge rustique en septembre-octobre, sous châssis froid, et repiquez en fin d'hiver pour une cueillette en début d'été.

- **QUAND SEMER** De la fin d'hiver au début du printemps
- **GERMINATION** 1 à 2 semaines à 5 °C au minimum
- **ÉCARTEMENT** 45 cm en tous sens
- **DURÉE DE CULTURE** 26 à 30 semaines
- **HAUTEUR** 25 à 40 cm
- **RENDEMENT MOYEN** 0,5 à 1,5 kg par plant
- **VARIÉTÉS** 'Minicole', 'Tête de Pierre', 'Stanton' ; *Milan :* 'Gros des Vertus' ; *rouge :* 'Primero', 'Marner Frührotkohl', 'Rookie'

CHOUX D'HIVER. Ce sont de grosses variétés robustes, rustiques, qui durent des semaines. On y trouve des formes Milan et des hybrides Milan/blanc (cabus), des choux rouges de pleine saison comme 'Tardif de Landedijk' et 'Autoro', aussi bien que des blancs à cœur plein qu'on garde facilement dans un abri, sur des étagères ou dans un filet. Plantez-les profond pour éviter tout déchaussement par les tempêtes ou le gel et, en région ventée, buttez-les pour mieux les asseoir. Arrachez-les à la demande, sans laisser de racines en terre.

- **QUAND SEMER** En fin de printemps
- **GERMINATION** 1 à 2 semaines à 5 °C au minimum
- **ÉCARTEMENT** 50 à 60 cm en tous sens
- **DURÉE DE CULTURE** 30 à 35 semaines
- **HAUTEUR** 25 à 40 cm
- **RENDEMENT MOYEN** 0,5 à 1,5 kg par plant
- **VARIÉTÉS** 'Stanton', 'Marner Lagerweiss', 'De Brunswick', 'Lennox' ; *Milan :* 'D'Hiver de Pontoise', 'Wintessa'

Chou-fleur

Brassica oleracea

Groupe Botrytis

Ce légume difficile, gourmand, peut être une merveille en sol consistant, à condition de le gaver de fumier, mais c'est une bête à chagrin en terre légère ou maigre. Les formes estivales sont les plus satisfaisantes – surtout semées fréquemment et en petites quantités, avec démarrage précoce sous abri. Les formes hivernales (brocolis) demandent de la place et une culture plus longue, et ne donnent bien qu'en climat doux (ailleurs, ils s'arrêtent de pousser et attendent le printemps pour pommer). Les têtes denses sont le plus souvent blanches, parfois pourpres, crème ou vertes (dans le type Romanesco).

MODE DE CULTURE. Démarrez les formes estivales en février, sous abri, repiquez-les en godets et mettez-les en place en avril. Semez les formes de plein été tous les 15 jours entre mars et mai ; semez les formes hivernales en mai-juin. Ces semis de plein air ont lieu en pépinière, pour être repiqués, alors que les tiges sont encore vertes et souples. Plantez-les profond, arrosez copieusement tous les 10 à 15 jours et paillez. Quand les têtes se forment, coiffez-les de 1 ou 2 feuilles externes, cassées, pour les abriter du froid et du soleil. Les cultures arrivent souvent à point d'un coup ; coupez les têtes encore petites et serrées et congelez celles qui se cassent ou commencent à s'abîmer.

▲ Chou-fleur 'Violetta Italia'

▲ Chou-fleur 'Romanesco'

- **QUAND SEMER** Tout le printemps et en automne pour récolter en juin
- **GERMINATION** 1 à 2 semaines à 5 °C au minimum
- **ÉCARTEMENT** 50 à 60 cm en tous sens
- **DURÉE DE CULTURE** *Estivales :* 16 à 20 semaines ; *hivernales :* 40 à 50 semaines
- **HAUTEUR** 25 à 40 cm
- **RENDEMENT MOYEN** 0,5 à 1,5 kg par plant
- **VARIÉTÉS** *Estivales :* 'Plessi', 'Snow Crown', 'Romanesco', 'Violetta Italia' ; *hivernales :* 'Extra-Hâtif d'Angers', 'Purple Cape', 'Belot', 'Vilna'

VERDURES ORIENTALES

Il reste toute une gamme de légumes verts asiatiques à découvrir, souvent dotés d'un goût plus fin que les choux occidentaux, et que l'on peut braiser, cuire à la vapeur ou manger crus. Ces espèces mûrissent vite, souvent en 5 ou 6 semaines seulement. On les sème d'ordinaire après le mois de juin, en place, pour les éclaircir à 15 cm en tous sens.

- **Brocoli chinois.** Les tiges et les fleurs sont comestibles, comme les brocolis à jets, 2 mois après le semis. 'Green Lance' peut être semé en mai-juin.
- **Komatsuna.** Chou feuillu ou moutarde-épinard, à cultiver comme salade à couper, ou bien, avec 30 cm d'écart, à laisser former de grosses pommes en 10 semaines.
- **Mizuna.** Feuilles décoratives en salade ou sautées. À semer du printemps à l'automne pour une récolte toute l'année ; à cultiver en châssis pour l'hiver.
- **Moutardes à couper**. Plantes à feuilles lâches, frisées, à semer du printemps à l'automne. Cueillies jeunes, les feuilles sont agréablement piquantes ; plus âgées, elles sont brûlantes.
- **Pak choi.** Moutarde à côtes, non serrée, aux feuilles spatulées et côtes marquées, employées comme les bettes (voir p. 93). 'Joy Choi' est exceptionnelle.

▲ Mizuna

▲ Moutarde à couper

▲ Pak choi

Chou chinois

Brassica rapa var. *pekinensis*

Ce sont surtout des légumes de jours courts, qui montent à graines si on les sème avant le solstice d'été. Ils poussent très vite et donnent de lourdes têtes serrées, à cuire ou manger crues, comme de grosses laitues romaines.

MODE DE CULTURE. Comme ils n'aiment pas être transplantés, semez-les en place avant de les éclaircir, ou en alvéoles et godets dégradables. Un semis de fin d'été, sous châssis, durera facilement tout l'hiver. Coupez-les à la demande et protégez les séries tardives à l'aide d'un tunnel.

- **QUAND SEMER** En juin et septembre
- **GERMINATION** 1 à 2 semaines à 5 °C au minimum
- **ÉCARTEMENT** 30 cm en tous sens
- **DURÉE DE CULTURE** 6 à 10 semaines
- **HAUTEUR** 25 à 40 cm
- **RENDEMENT MOYEN** 0,5 à 1,5 kg par plant
- **VARIÉTÉS** 'Granaat', 'Kasumi', 'China Express', 'Yuki', 'Wong Bok'

▲ Chou chinois 'Wong Bok'

Chou de Bruxelles

Brassica oleracea

Groupe Gemmifera

Avec un choix de variétés, vous pourrez récolter des choux de Bruxelles du début de l'automne (ou plus tôt encore, voir p. 200) jusqu'au printemps, et récupérer la pointe comme légume vert, en prime. Les plants d'une variété classique, pollinisée naturellement, mûrissent inégalement, ce qui peut étaler la récolte ; les hybrides F1 sont plus réguliers et se comportent mieux en sol léger.

Les variétés rouges, comme 'Red Bull' et 'Rubine', sont jolies et d'une saveur subtilement distincte ; elles attirent moins les pigeons, qui choisissent leur nourriture par la vue plutôt que par le goût. Ce légume rustique, robuste, n'aime pas les climats chauds, où ce sont les variétés d'hiver, semées en fin d'été, qui réussissent le mieux.

- **QUAND SEMER** Tout le printemps
- **GERMINATION** 1 à 2 semaines à 5 °C au minimum
- **ÉCARTEMENT** 60 cm en tous sens
- **DURÉE DE CULTURE** 20 à 36 semaines
- **HAUTEUR** 45 à 120 cm
- **RENDEMENT MOYEN** 1 à 1,3 kg par plante
- **VARIÉTÉS** 'Diablo', 'Dominator', 'Igor', 'Sanda', 'Wellington' ; *rouge :* 'Red Bull', 'Rubine'

▲ Chou de Bruxelles 'Dominator'

MODE DE CULTURE. Semez en pépinière, en éclaircissant tôt, les cultures de pleine saison et les plus tardives, à 15 jours d'intervalle environ. Plantez profondément en sol riche (mais pas trop, sinon les rejets ne pommeront pas). Arrosez, si nécessaire, par temps sec. En automne, buttez ou tuteurez les plants en régions ventées. Supprimez les feuilles jaunes et surveillez les attaques d'insectes, qui adorent ce légume. Quand ils sont bien formés, cueillez les jeunes choux, depuis le bas, en les cassant net et en retirant les feuilles au fur et à mesure.

AUTRES TYPES DE CHOUX

- **Chou-rave** (*Brassica oleracea* Groupe Gongylodes). Curieuse forme, dans laquelle la tige verte ou pourpre, renflée comme un navet, porte des feuilles en surface. Elle pousse vite, comme les navets. On la sème entre mars et juin, pour l'éclaircir à 25 cm en tous sens ou 15 cm sur des rangs de gros choux, en culture dérobée. La récolte a lieu 8 à 10 semaines après le semis, quand les tiges ont la taille d'une balle de tennis.
- **Chou cavalier** (*Brassica oleracea* Groupe Acephala). Ce chou vert géant atteint 1,8 m de haut dès la première année, et 3 m dans l'année suivante. Semez-le en mai comme les choux cabus classiques, cueillez les toutes jeunes feuilles en cours de saison et coupez à ras de terre dans le deuxième hiver. Les tiges sèches servent de tuteurs ; poncées et vernies, elles donnent des cannes traditionnelles dans les îles anglo-normandes.

Chou frisé

Brassica oleracea

Groupe Acephala

C'est sans doute le légume vert d'hiver le plus rustique et à coup sûr le meilleur pour les sols pauvres. Les formes à feuilles entières, comme 'Tronchuda', sont cultivées pour leurs jeunes pousses, à point dès la fin de l'hiver, tandis que les jeunes feuilles des variétés frisées sont utilisables à partir de l'automne.

MODE DE CULTURE. Le semis, la plantation et la culture sont les mêmes que pour les brocolis à jets. Les plantes sont rarement victimes de maladies ou de parasites.

▲ Chou frisé 'Redbor'

- **QUAND SEMER** En avril et mai
- **GERMINATION** 1 à 2 semaines à 5 °C au minimum
- **ÉCARTEMENT** 30 à 60 cm
- **DURÉE DE CULTURE** 26 à 40 semaines
- **HAUTEUR** 45 à 120 cm
- **RENDEMENT MOYEN** 1 à 1,3 kg par plante
- **VARIÉTÉS** '(Dwarf) Green Curled', 'Nero di Toscana', 'Red Russian', 'Tronchuda', 'Winterbor' ; *rouge :* 'Redbor'

▲ Brocoli à jets 'Bordeaux'

Brocoli à jets

Brassica oleracea

Groupe Italica

Ce populaire parent rustique du brocoli vert se sème au printemps pour donner l'année suivante, quand la plante, importante, produit des masses de tiges à fleurs, blanches ou pourprées, savoureuses, à un moment où les autres légumes font défaut. Allongez la saison en cultivant au moins deux variétés, et testez les nouveautés : 'Rudolph' et 'Garnet' donnent en début d'hiver, 'Claret' se met en boutons très tard, et 'Bordeaux', semé au printemps, produit tout l'été et l'automne. Rentabilisez l'espace en semant les plantes à leur espacement définitif et en ajoutant une culture intercalaire de choux cabus ou de choux-fleurs d'été.

MODE DE CULTURE. Semez à la volée en pépinière, en commençant par les variétés les plus précoces, puis repiquez profond, jusqu'aux premières feuilles. Arrosez régulièrement, paillez, et buttez ou tuteurez les tiges en automne, en régions ventées ; posez un filet contre les oiseaux en hiver. Cueillez les premières pousses quand elles ont 10-15 cm de long, et apportez un engrais complet : de nouvelles pousses apparaîtront durant 6 à 8 semaines, si vous ne les laissez pas fleurir.

- **QUAND SEMER** De mi-mars à avril
- **GERMINATION** 1 à 2 semaines à 5 °C au minimum
- **ÉCARTEMENT** 60 à 80 cm en tous sens
- **DURÉE DE CULTURE** 40 semaines
- **HAUTEUR** 90 à 120 cm
- **RENDEMENT MOYEN** 0,5 à 1 kg par plante
- **VARIÉTÉS** '(De) Bordeaux', 'Claret', 'Garnet', 'À Jets Pourpre', 'Rudolph', 'Blanc Hâtif'

Brocoli vert

Brassica oleracea

Groupe Italica

Chou brocoli à pousse rapide, non rustique, pour récolte d'été et de début d'automne. Dans les formes à grosses têtes, choisissez un mélange d'hybrides F1 pour allonger la récolte ; les vieilles variétés, et surtout 'Vert Calabrais', donnent longuement des têtes secondaires, plus petites. Ces plantes n'aimant pas être déplacées, semez-les en place avant de les éclaircir, ou démarrez-les sous abri, en alvéoles ou godets. Les semis les plus précoces échappent d'ordinaire aux chenilles, mais mieux vaut couvrir les plus tardifs d'un voile de forçage. 'Trixie' résiste à la hernie.

MODE DE CULTURE. Faites les premiers semis 6 à 8 semaines avant la fin des gelées, repiquez-les en godets et mettez-les en place en avril, sous tunnel ou voile de forçage. Semez ensuite des planches en place jusqu'au début juin ; en fin d'été, semez une forme hâtive, sous châssis, pour une récolte printanière. Le mieux est de placer quelques graines, en poquets (voir p. 130), pour ne conserver que le plus beau plant. Arrosez bien tous les 15 jours et paillez. Cueillez la tête centrale encore dense et serrée, puis apportez de l'engrais pour favoriser les rejets, à couper quand ils ont 10-15 cm de long.

- **QUAND SEMER** Tout le printemps et en fin d'été
- **GERMINATION** 1 à 2 semaines à 5 °C au minimum
- **ÉCARTEMENT** 15 à 25 cm sur des rangs espacés de 30 cm
- **DURÉE DE CULTURE** 10 à 15 semaines
- **HAUTEUR** 40 à 60 cm
- **RENDEMENT MOYEN** 0,5 à 1 kg par plante
- **VARIÉTÉS** 'Green Sprouting', 'Vert Calabrais', 'Belstar', 'Marathon', 'Samson', 'Trixie'

Le bon choix

Oignons et compagnie

Tous les membres de la famille des oignons (les alliacées) possèdent une odeur spécifique, parfois forte, et de hautes tiges portant des fleurs en boule qui attirent les abeilles et tiennent longtemps en vase, fraîches ou sèches. Ils apprécient des terres bien drainées, reposées, raisonnablement fertiles et préfèrent des sols légers, à tendance neutre plutôt qu'argileux et acides.
Bien qu'ils réussissent souvent quand on les cultive toujours au même endroit, il est sage, pour lutter contre les maladies cryptogamiques, de les faire entrer dans l'assolement (voir pages 32-35) comme un groupe à part, ou en compagnie de légumineuses.
Donnez aux oignons un emplacement dégagé et ensoleillé, limitez les apports d'engrais et désherbez soigneusement, leur mince feuillage ne pouvant étouffer les mauvaises herbes.

Oignon vrai

Allium cepa

Ils demandent une longue saison de culture : plus une plante porte de feuilles dans la première moitié de celle-ci, plus gros sera le bulbe. Les formes de garde sont démarrées en mars (février pour les sujets de concours et en régions à étés courts). Ces formes mûrissent en juin pour être récoltées en été et entreposées jusqu'au printemps suivant. Les formes hivernantes sont semées ou plantées en septembre pour être employées durant les 2 ou 3 mois de printemps de l'année suivante. L'écartement jouant sur leur taille, espacez le plus possible les variétés à gros bulbe.

MODE DE CULTURE. Semez-les sous abri et repiquez-les en alvéoles, pour les mettre en place quand ils ont 2 vraies feuilles. Ou bien semez en place, éclaircissez 2 ou 3 fois, en utilisant les surplus en salade. Mieux vaut repiquer les jeunes plants d'oignons encore très jeunes et bouclés – au stade « fil ». Au-delà, en effet, les racines sont souvent longues et malaisées à transplanter sans dommage. Vous pouvez, au lieu de semer, repiquer des grelots (bulbilles d'oignons qui ont plusieurs semaines de végétation), en laissant tout juste apparaître la pointe, pour que les oiseaux ne les déterrent pas. Arrosez et engraissez régulièrement les semis de printemps jusqu'en mai-juin, puis laissez les bulbes mûrir (l'excès d'engrais réduit les capacités de conservation). Engraissez les formes hivernantes

◂ Oignon 'Red Baron'

▲ Oignon 'Sturon'

une fois, en mars. Laissez dessécher le feuillage avant de relever soigneusement les bulbes à la fourche-bêche, pour ne pas les blesser. Laissez-les ressuyer sur place, ou sous abri, jusqu'à ce que les enveloppes deviennent parcheminées (voir p. 196). Vous les entreposerez hors gel, sur des étagères, en filets ou en tresses.

- **QUAND SEMER/PLANTER** De mars à mai et en septembre
- **GERMINATION** 2 à 3 semaines à 7°C
- **ÉCARTEMENT** 5 à 10 cm en rangs distants de 30 cm
- **DURÉE DE CULTURE** *Semis de printemps :* 16 à 22 semaines ; *hivernants :* 40 à 46 semaines
- **HAUTEUR** 45 à 60 cm
- **RENDEMENT MOYEN** 500 g pour 30 cm de rang
- **VARIÉTÉS** 'Jaune Paille des Vertus', 'De Mulhouse', '(The) Kelsae', 'Alabaster', 'Sturon', 'Blanc de Paris'; *rouges :* 'Long de Florence', 'Red Baron' ; *hivernants :* 'Très Hâtif de Vaugirard', 'Olympic'

Échalotes

Allium cepa

Groupe Aggregatum

Ces formes prolifiques d'oignons possèdent une saveur particulière aussi bien fraîches que confites. Elles sont faciles à cultiver. Semées, elles donnent un seul bulbe, comme les oignons ordinaires ; propagées par gousses, elles donnent une masse de caïeux.

MODE DE CULTURE. Les échalotes demandent une culture longue. On les plante d'ordinaire en jours courts pour les récolter en jours longs, ou en fin d'hiver en régions froides ou en sols lourds. La culture est identique à celle des oignons. Récoltez-les quand les feuilles commencent à faner, en les laissant ressuyer sur place durant quelques jours, avant de les trier et de les entreposer. Les bulbes les plus sains peuvent être réservés et semés la saison suivante.

- **QUAND SEMER/PLANTER** De décembre à mars
- **ÉCARTEMENT** 20 cm en tous sens ou 15 cm sur des rangs espacés de 25 cm
- **DURÉE DE CULTURE** 26 semaines
- **HAUTEUR** 40 cm
- **RENDEMENT MOYEN** 8 à 12 gousses par caïeux, 1 bulbe par graine
- **VARIÉTÉS** 'Hâtive de Niort', 'Red Sun' ; *de printemps seulement :* 'Golden Gourmet', 'Santé' ; *de graine :* 'Ambition'

▲ Échalote 'Golden Gourmet'

Poireau

Allium porrum

C'est un légume facile, au goût délicat, qui peut rester en terre en automne et en hiver pour être récolté à la demande. Des variétés minces, à pousse rapide (poireaux « baguette »), permettent des cultures en primeur ; les plus rustiques sont prêtes à partir de novembre. Comme pour les oignons, l'écartement influe sur leur taille et, très serrés, ils donnent des mini-poireaux, rappelant les oignons verts. Ils apprécient les sols frais, très riches en humus, mais un bon drainage est essentiel pour les cultures d'hiver.

MODE DE CULTURE. Semez les variétés d'été sous abri et repiquez-les isolément, ou faites des semis groupés en alvéoles et plantez les touffes telles quelles ; les cultures principales sont semées en pépinière et transplantées au stade « crayon ». Les poireaux primeurs sont semés en place et éclaircis à 2 cm d'écart. Repiquez-les dans des avant-trous de 15 cm de profondeur (voir p. 191), à raison d'une plantule par trou ; arrosez bien, mais ne comblez pas les trous : les tiges des poireaux, en grossissant, s'en chargeront. Arrosez bien par temps sec et paillez pour garder les plants au frais.

- **QUAND SEMER** Au printemps
- **GERMINATION** 2 à 3 semaines à 7 °C au minimum
- **ÉCARTEMENT** 8 à 15 cm en rangs distants de 30 cm
- **DURÉE DE CULTURE** 26 à 40 semaines suivant les variétés
- **HAUTEUR** 30 à 45 cm
- **RENDEMENT MOYEN** 500 g pour 30 cm de rang
- **VARIÉTÉS** *Précoces :* 'Jaune du Poitou', 'Startrack', 'Gros Long d'Été' ; *de fond :* 'Alcazar', 'Mammoth Blanc', 'Monstrueux de Carentan' ; *tardifs :* 'Apollo', 'Malabar', 'De Saint Victor'

▲ Poireau 'Gros Long d'Été'

▲ Oignon vert 'Blanc de Lisbonne'

Oignon vert (de printemps)

Allium cepa

Également connus sous le nom de « cébettes », ces légumes poussent vite et peuvent jouer les cultures intercalaires pour des productions en série tout au long de l'année. Âgées, ces variétés à feuillage peuvent donner de petits bulbes à confire au vinaigre, mais on les cueille avant tout jeunes, pour leurs fines tiges blanches ou rouges. Les vrais oignons à confire sont semés en avril et laissés en terre jusqu'à ce que leur feuillage fane. Le semis des variétés à feuillage a lieu toutes les 3 ou 4 semaines dès mars, pour s'achever en septembre avec des variétés rustiques. Éclaircissez si nécessaire à 2-3 cm et commencez la récolte quand ils ont 15 cm de haut, en prélevant une plante sur deux.

- **QUAND SEMER/PLANTER** De mars à septembre
- **GERMINATION** 2 à 3 semaines à 7 °C
- **ÉCARTEMENT** Tels quels en rangs, ou en planches de 10 cm de large, espacées de 15 cm
- **DURÉE DE CULTURE** 8 à 10 semaines
- **HAUTEUR** 15 à 30 cm
- **VARIÉTÉS** 'Gros de Rebouillon', 'Très Hâtif de la Reine', 'Toga', 'Totem', 'Blanc de Lisbonne', 'Koshigaya'

Ail

Allium sativum

L'ail est un légume facile, pour peu que vous choisissiez une variété adaptée à la longueur des jours et aux températures moyennes de votre région (les bulbes du commerce proviennent souvent de climats chauds ; ils peuvent être vecteurs de viroses). Chaque gousse forme un nouveau bulbe. Pour qu'il soit gros, il faut faire subir à l'ail une période de froid de plusieurs semaines, et c'est pourquoi on le plante souvent en automne, mais quelques variétés préfèrent être installées au printemps. Quatre bulbes donnent assez de gousses pour garnir un rang de 3 m de long.

MODE DE CULTURE. Plantez les gousses, pointe en l'air, sous 5-10 cm de terre, voire plus en terre légère, et cultivez-les comme les jeunes oignons. Récoltez-les quand les pointes des feuilles virent au jaune. Relevez-les soigneusement à la fourche-bêche, puis faites-les sécher pour les entreposer comme les oignons. Les bulbes les plus sains pourront servir de semences durant plusieurs années.

- **QUAND PLANTER** En fin d'automne ; en fin d'hiver et en début de printemps
- **ÉCARTEMENT** 15 cm en tous sens ou 10 cm en rangs espacés de 30 cm
- **DURÉE DE CULTURE** 24 à 36 semaines
- **HAUTEUR** 60 cm
- **VARIÉTÉS** 'Rose du Nord', 'Gayant', 'Baltor' ; *à planter au printemps :* 'Printanor'

▲ Ail 'Gayant'

le bon choix

Courges et compagnie

Les cucurbitacées, comme on désigne officiellement la famille des courges, comprennent les potirons, courgettes, courges, concombres et melons. Ce sont tous des plantes gélives, à fruits charnus, venues de climats tropicaux, qui ont en commun un goût pour la chaleur et nécessitent des soins attentifs.

▲ Courgette 'Parador'

- **QUAND SEMER** D'avril à juin
- **GERMINATION** 5 à 10 jours à 15 °C
- **ÉCARTEMENT** *Non coureuses :* 90 cm en tous sens ; *coureuses :* 2 m en tous sens
- **DURÉE DE CULTURE** 8 à 12 semaines
- **HAUTEUR** *Non coureuses :* 90 cm ; *coureuses :* 2 m
- **RENDEMENT MOYEN** *Courgettes :* 10 à 12 par plante ; *courges :* 3 à 4 par plante
- **VARIÉTÉS** *Courgettes :* 'Black Beauty', 'Parador', 'Gold Bush', 'Top Kapi' ; *courges :* 'Verte des Maraîchers', 'Grisette', 'Long White Bush'

Courgette et courge

Cucurbita pepo

Ces annuelles gélives sont cultivées de la même façon que les citrouilles (voir ci-contre). Les courgettes ne sont que des jeunes fruits d'une courge et doivent être régulièrement cueillies quand elles atteignent 10-15 cm de long. Les courges, quant à elles, sont cueillies dès qu'elles atteignent la taille requise (environ 8 semaines après la plantation). La tige d'une courgette est généralement trop faible pour soutenir la plante, qu'il vaut mieux conduire, pour les formes coureuses, en espalier sur des tuteurs. Cette méthode assure une bonne aération et prévient les attaques d'oïdium.

Citrouille et potiron

***Cucurbita* espèces et hybrides**

On parle parfois de « courges vertes », ou « d'été », pour des fruits immatures, à peau tendre, consommés dès la cueillette, et de « courges d'hiver » pour des fruits à chair plus foncée, plus parfumée et aux peaux épaisses qui assurent leur conservation. Il en existe de non coureuses, de coureuses, et de demi-coureuses. Les formes coureuses peuvent jouer de couvre-sol entre des légumes de grande taille, ou être en couverture des tas de compost ; elles font également bel effet sur des treillages, tipis et pergolas.

MODE DE CULTURE. Préparez des emplacements individuels en creusant des trous de 45 cm de côté et de profondeur. Mélangez la terre extraite à un bon seau de fumier mûr ou de compost. Rebouchez les trous, en laissant un léger monticule qui aidera au drainage.

▲ Courge 'Early Butternut'

Semez les graines en godets de 8, à 1 cm de profondeur, sur tablettes, environ 4 ou 5 semaines avant la fin des gelées. Elles germeront à 15-18 °C. Endurcissez les plants avant de les mettre en place, après les gelées, sans les surenterrer. Posez des cloches s'il fait froid. Pincez les pointes des formes coureuses (opposées aux formes compactes) quand elles ont 35-40 cm de long, pour faciliter la ramification. Paillez les plantes, une fois développées, et arrosez tous les 8 jours par temps sec (voir aussi p. 191-192). Arrachez et détruisez toute plante montrant le jaunissement marbré caractéristique des viroses.

Cueillez les courges d'été quand elles ont la taille requise (environ 8 semaines après la mise en place). Les formes de garde sont coupées quand leurs attaches commencent à sécher et doivent être rentrées avant les premières gelées d'automne ; endurcissez leur écorce (voir p. 204) pour les garder longtemps.

- **QUAND SEMER** Au printemps
- **GERMINATION** 5 à 10 jours à 15 °C au minimum
- **ÉCARTEMENT** *Non coureuses ou palissées :* 1 m ; *couvre-sol :* 2 m
- **DURÉE DE CULTURE** 8 à 12 semaines
- **HAUTEUR** 1 à 2 m
- **RENDEMENT MOYEN** 3 ou 4 fruits par plante
- **VARIÉTÉS** 'Muscade de Provence', 'Early Butternut', 'Crown Prince', 'Jack be Little', 'Atlantic Giant', 'Futtsu Black'

▼ **Courge 'Jack be Little'**

▲ Concombre 'Burpless Tasty Green'

Concombre

Cucumis sativus

À la différence des espèces de serre (voir p. 173), les concombres de jardin se contentent de 15 °C pour bien pousser. Les variétés classiques donnent des fruits courts à peau rugueuse (les cornichons n'en sont que la version plus petite), mais les hybrides modernes, ronds ou longs, ont la peau lisse. On trouve des formes compactes, aussi bien que très coureuses, qu'il faut alors conduire comme les courges.

La fécondation n'augmente pas l'amertume du concombre, et il n'est donc pas nécessaire de supprimer les fleurs mâles.

MODE DE CULTURE. On obtient les concombres comme les courges, mais les graines demandent 21-26 °C pour germer, les plants étant ensuite élevés à 15 °C. Paillez abondamment pour garder les fruits propres. Arrosez régulièrement les plants au pied (jamais par-dessus). Cueillez les fruits quand ils ont la bonne taille et profitez-en pour pincer la pointe des pousses qui se ramifiera. Arrachez en fin d'été les plants montrant des signes de virose ou d'oïdium et nettoyez toute la planche avant les gelées, en récoltant les derniers fruits.

- **QUAND SEMER** Au printemps
- **GERMINATION** 1 semaine à 21 °C
- **ÉCARTEMENT** 75 cm
- **DURÉE DE CULTURE** 12 à 14 semaines
- **HAUTEUR** *Non coureurs :* 60 cm ; *coureurs :* 3 m
- **RENDEMENT MOYEN** *Non coureurs :* 3 ou 4 fruits par plante ; *coureurs :* 8 à 12 fruits par plante
- **VARIÉTÉS** 'Burpless Tasty Green', 'Bush Champion', 'Kyoto', 'Marketer'

Melon

Cucumis melo

C'est un légume amateur de chaleur et de soleil à ne cultiver en pleine terre qu'en climat à étés chauds. Ailleurs, il ira en châssis ou en serre froide, pour les types Cantaloup, en serre chaude pour les melons d'Espagne ou les melons d'eau. La chaleur est indispensable à une bonne germination. Sinon, achetez des plants.

- **QUAND SEMER** Au printemps
- **GERMINATION** 1 semaine à 21 °C
- **ÉCARTEMENT** 90 à 150 cm
- **DURÉE DE CULTURE** 3 à 4 mois
- **HAUTEUR** 3 m et plus
- **RENDEMENT MOYEN** 2 à 4 fruits par plante
- **VARIÉTÉS** 'Picasso', 'Ogen', 'Figaro', 'Tiger'

MODE DE CULTURE. Semez les melons comme les courges (voir p. 86), 6 semaines avant la fin des gelés, et faites-les germer à 21 °C. Rempotez si nécessaire, et pincez les tiges au-delà de la quatrième ou cinquième vraie feuille, pour qu'elles se ramifient. Mettez en place en terrain bien préparé, sous tunnel à l'extérieur ou au milieu d'un châssis, ou en terre ou bac sous serre.

Guidez les pousses latérales, vers chaque coin sous châssis ou à l'opposé l'une de l'autre sous serre ou tunnel. Coupez-les au-delà de la cinquième feuille. Les pousses secondaires, florifères, sont pincées 2 feuilles au-dessus d'un fruit formé (on n'en laisse qu'un par rameau). En serre, palissez les tiges verticalement sur filet ou ficelle, qui serviront à accrocher des hamacs pour les fruits (voir photo ci-contre). Sous abri, vous devrez parfois féconder les fleurs femelles à la main. Arrosez et, tous les 10 ou 15 jours, apportez un engrais complet. Aérez le plus possible. Cueillez les fruits quand ils se craquèlent près du pédoncule et dégagent leur parfum particulier.

▶ Melon 'Picasso'

MELONS D'EAU

- **Ces plantes à grand développement,** aux fruits juteux et rafraîchissants, demandent beaucoup d'eau et de chaleur. Semez-les tôt et plantez-les sous abri, dans un substrat riche mais drainant. La culture et la conduite sont les mêmes que pour les melons vrais. Arrosez dès que le sol est sec et n'ombrez pas : il leur faut la pleine lumière. Couvrez le sol de large dalles, qui accumuleront la chaleur pour la nuit.
- **'Sugar Baby'** est une variété de melon d'eau facile à cultiver, trapue.

le bon choix

Salades et compagnie

La plupart des salades et autres verdures, comme les épinards, prendront place un peu partout, souvent comme culture intercalaire ou dérobée (voir p. 142). Bien que tolérantes et poussant facilement, il ne faut pas les installer au même endroit deux années de suite, pour faire obstacle aux maladies et parasites, et aux carences.

Laitue

Lactuca sativa

C'est « la » salade par excellence pour la plupart des jardiniers. Vous en aurez en toute saison, en choisissant bien les variétés (voir tableau ci-dessous). La différence essentielle est entre les formes à couper, souvent ornementales et cultivables durant une grande partie de l'année, et les formes pommées, qui comprennent les laitues vraies, ou sucrines, les romaines, allongées, puis les batavias, rondes et croquantes. Certaines, supportant les jours courts et les basses températures, peuvent être cultivées sous tunnel en hiver ; les batavias préfèrent la chaleur de l'été, mais toutes demandent des sols bien frais. Les variétés modernes sont souvent résistantes à la montaison, aux maladies et aux parasites, ou à la sécheresse.

◄ **Laitue Iceberg 'Sioux'**

Des laitues toute l'année

Variétés	Époque de semis	Récolte	Conseils
De mai à juin 'Appia', 'Tom Thumb' et les laitues à couper	Fin d'hiver	Tout le printemps	Semis sous abri ou tunnel
D'été 'Feuille de Chêne', 'Cressonnette Marocaine', 'Sioux', 'Kinemontepas'	Toutes les 3 ou 4 semaines de mars à mai	De mai à octobre	Semis en place ; couvrez les semis tardifs d'automne
D'hiver 'Brune d'Hiver', 'Passion Blonde', 'Merveille d'Hiver'	En août et septembre	De novembre au printemps	Semis au chaud ; repiquage sous abri
De printemps 'Rouge d'Hiver', 'Saint Antoine', 'Armonica'	En août et septembre	Tout le printemps	Semis en place ; couvrez tout l'hiver et éclaircissez au printemps

- **QUAND SEMER** Voir tableau p. 90
- **GERMINATION** 1 à 2 semaines au plus à 10-25 °C
- **ÉCARTEMENT** 15 à 30 cm en tous sens
- **DURÉE DE CULTURE** 8 à 12 semaines
- **HAUTEUR** 10 à 25 cm
- **VARIÉTÉS** Voir tableau p. 90

MODE DE CULTURE. Semez-les sous 1 cm de terre, en sillons, pour les éclaircir suivant leur taille, ou en plaquettes, pour les repiquer en touchant le moins possible à leurs racines. En les transplantant, placez les feuilles de la base au ras du sol, une plantation plus profonde engendrant des pourritures. Arrosez bien en cas de sécheresse (moins sous abri, où il faut aérer), désherbez et paillez les cultures d'été en sol léger. Cueillez les premières à peine formées, car elles arrivent souvent à point toutes en même temps ; récoltez quelques feuilles à la fois sur les formes à couper, ou taillez tout en laissant la souche pour qu'elle repousse.

Les graines de laitue entrent en dormance au-dessus de 25 °C (les batavias un peu plus haut), ce qui peut entraver la germination des semis d'été. Remédiez-y, par temps chaud, en semant en fin d'après-midi, quand la température baisse, et couvrez les semis de journal mouillé pendant 24 heures Maintenez les godets de semis à l'ombre et au frais.

▲ Laitue à couper 'Bijou'

MOUTARDE ET CRESSON GERMÉS

- **De plus en plus à la mode,** ces garnitures peuvent se cultiver aisément sous abri, ou sur un rebord de fenêtre. On trouve les graines séparées à cause de leurs rythmes de croissance distincts.
- **Semez le cresson** uniformément en caissettes tapissées de 2 ou 3 épaisseurs de papier absorbant et rajoutez, 2 ou 3 jours plus tard, une même quantité de graines de moutarde. Maintenez humide. Coupez les pousses aux ciseaux quand elles ont 4-5 cm de haut, environ 15 jours après le semis. Vous pouvez également semer les graines séparément, dehors, en terre fine.

◄ Chicorée 'Rouge de Trévise 2'

Chicorée

Cichorium intybus

On trouve deux formes principales de chicorées : celles de pleine terre et les endives.

Chicorées de pleine terre. Elles comprennent les nombreuses formes italiennes et les pains-de-sucre. On les cultive comme les laitues, presque toute l'année, soit pour leurs feuilles craquantes, légèrement amères, soit pour leurs pommes.

Endives. Parfois appelées « chicons », « witloof » ou encore « chicorées de Bruxelles », elles sont semées en rangs espacés de 30 cm, en mai, et éclaircies à 20 cm d'écart. On peut laisser les racines en place, pour les butter en janvier-février et obtenir des chicons blanchis en fin d'hiver, ou on arrache les racines et on les force sous abri durant l'hiver (voir p. 208), pour récolter 4 à 6 semaines plus tard. Les grosses racines, torréfiées et moulues, donnent la chicorée à boire ('Magdebourg' est une sélection adaptée à cet emploi).

- **QUAND SEMER** *Endives :* en fin de printemps ; *pleine terre :* de mars à juin
- **GERMINATION** 1 à 2 semaines à 10 °C
- **ÉCARTEMENT** *Endives :* 20 cm en rangs espacés de 30 cm ; *pleine terre :* 15 à 30 cm en tous sens
- **DURÉE DE CULTURE** *Endives :* 26 semaines + temps de forçage ; *pleine terre :* 8 à 12 semaines
- **HAUTEUR** 15 à 30 cm
- **VARIÉTÉS** *Endives :* 'Opale', 'Rubima', 'Magdebourg', 'Zoom' ; *pleine terre :* 'Catalogna Frastagliata' (de type barbe-de-capucin), 'En Cornet d'Anjou', 'Rouge de Trévise 2'

- **QUAND SEMER** *Frisées :* de mars à septembre ; *scaroles :* en août et septembre, et au-delà sous abri
- **GERMINATION** 1 à 2 semaines à 10 °C
- **ÉCARTEMENT** 30 à 40 cm
- **DURÉE DE CULTURE** 12 à 16 semaines
- **HAUTEUR** 15 à 30 cm
- **VARIÉTÉS** *Frisées :* 'Grosse Pancalière', 'Wallone' ; *scaroles :* 'Blonde à Cœur Plein', 'Grobo'

Frisée et scarole

Cichorium endiva

Comparables en goût et végétation aux chicorées pommées, mais plus grandes, les formes frisées ont des feuilles étroites, fortement laciniées ; les scaroles sont une forme rustique à feuilles entières, mais leur rusticité est variable (à bien vérifier dans les catalogues). L'amertume est fortement adoucie par le blanchiment. Liez au raphia, sans serrer, les feuilles des formes dressées, puis coiffez-les d'un pot ou d'un seau renversés. Posez une assiette sur le cœur des variétés étalées. Laissez tout en place 8 jours avant de récolter.

▲ Frisée 'Grosse Pancalière'

Mâche

***Valerianella* sp.**

Également appelée « doucette », c'est une annuelle à saveur douce, rustique, à semer au printemps et en automne et à cueillir entière sous forme de rosettes avant l'apparition de la tige florale. Elle se ressème abondamment.

- **QUAND SEMER** En août et septembre ; en avril pour les variétés modernes, comme 'Vit'
- **GERMINATION** 15 jours à 10 °C
- **ÉCARTEMENT** 10 à 15 cm
- **HAUTEUR** 8 à 10 cm
- **DURÉE DE CULTURE** 8 à 10 semaines et au-delà
- **VARIÉTÉS** 'Verte de Cambrai', 'Vit'

◄ Mâche 'Vit'

Roquette

Eruca vesicaria* ssp. *sativa

Le goût pour la saveur piquante, avec une pointe de noisette, de la roquette annuelle remonte à des siècles. La roquette sauvage *(Dipsotaxis tenuifolia)* est une vivace plus brûlante, moins sujette à la montaison en terres sèches. Faites des semis à 4 ou 6 semaines d'intervalle, d'avril à septembre, et éclaircissez à 15 cm d'écart. Pour l'hiver, faites un semis tardif sous châssis. Cueillez les feuilles une à une ou coupez toute la plante encore jeune, en laissant la souche pour qu'elle rejette. Elle se ressème bien.

- **QUAND SEMER** D'avril à novembre (sous abri)
- **GERMINATION** 15 jours à 10 °C
- **ÉCARTEMENT** 15 cm en tous sens
- **HAUTEUR** 30 à 45 cm
- **DURÉE DE CULTURE** 6 à 8 semaines
- **VARIÉTÉS** Aucune

Cresson alénois

***Barbarea* sp.**

Légume-feuille piquant, rappelant le vrai cresson par son aspect. Semé au frais, à mi-ombre, au printemps ou en fin de saison (septembre-octobre), il pousse facilement. Cueillez les feuilles une à une ou coupez toute la plante. Laissez quelques pieds fleurir et se ressemer.

- **QUAND SEMER** Au printemps et en début d'automne
- **GERMINATION** 1 à 2 semaines à 10 °C
- **ÉCARTEMENT** 20 cm
- **HAUTEUR** 20 cm
- **DURÉE DE CULTURE** 8 semaines
- **VARIÉTÉS** Aucune

- **QUAND SEMER/PLANTER** De mars à octobre
- **GERMINATION** 10 à 15 jours à 10 °C, après trempage de quelques heures
- **ÉCARTEMENT** 8 à 15 cm en rangs espacés de 30 cm
- **DURÉE DE CULTURE** 10 à 12 semaines
- **HAUTEUR** 15 à 30 cm
- **VARIÉTÉS** 'Emilia', 'Galaxy', 'Géant d'Hiver', 'Monnopa', 'Monstrueux de Viroflay', 'Palco', 'Tetona', 'Veneto'

Épinard

Spinacea oleracea

Diverses plantes peuvent servir de substitut aux épinards (voir ci-après et p. 186). Le vrai épinard est une plante reconnaissable, souvent très colorée. De nombreuses variétés, comme 'Emilia', poussent vite, mais sont réservées aux cultures d'été et d'automne ; d'autres ('Géant d'Hiver', par exemple) sont plus rustiques et gagnent à être cultivées en saison froide. Les formes modernes, telles que 'Emilia', sont polyvalentes, montant lentement et résistantes au mildiou. 'Monnopa' contient peu d'acide oxalique, cause de la légère amertume qui déplaît à certains.

MODE DE CULTURE. Semez les épinards d'été à mi-ombre, sous 2,5 cm de terre, en rangs espacés de 30 cm. Commencez en mars et répétez le semis toutes les 3 ou 4 semaines. Semez les formes rustiques d'août à octobre. Éclaircissez les jeunes plants à 8-10 cm d'écart et retirez un plant sur deux dès qu'ils sont utilisables ; récoltez les autres en coupant les feuilles une à une. Arrosez bien par temps sec, surtout durant les étés chauds qui favorisent la montaison.

Claytone de Cuba

Montia perfoliata

Le pourpier d'hiver est bon à couper toute l'année au bout de 12 semaines, en semant en avril, juin ou septembre. Cueillez les plantes entières, en laissant la souche pour qu'elle rejette, ou détachez les feuilles grasses, ou encore taillez-les aux ciseaux, comme les graines germées.

- **QUAND PLANTER** Du printemps à l'automne
- **GERMINATION** 15 jours à 10 °C
- **ÉCARTEMENT** 15 cm en rangs espacés de 30 cm
- **DURÉE DE CULTURE** 10 à 12 semaines
- **HAUTEUR** 15 à 20 cm
- **VARIÉTÉS** Aucune

▲ 'Épinard Perpétuel'

Épinard perpétuel et poirée

Beta vulgaris Groupe Cicla

Ces betteraves, cultivées pour leurs feuilles et leurs côtes, donnent un excellent succédané des épinards vrais (voir aussi p. 186). L'épinard perpétuel (ou « bette-épinard ») produit de grandes feuilles tendres, utilisables comme les épinards vrais, alors que la poirée donne des feuilles gaufrées, luisantes, et de larges côtes blanches, jaunes ou roses, consommées comme légume à part entière. Les deux formes sont rustiques, solides et de longue durée, même en sols secs.

Un semis de printemps donne encore souvent des récoltes l'année suivante, et une série semée en septembre produira au cœur de l'hiver, surtout si vous en repiquez une partie sous châssis froid.

MODE DE CULTURE. Semez à mi-ombre, en rangs espacés de 45 cm, et éclaircissez à 25 cm.

▲ Poirée 'Ruby Chard'

- **QUAND PLANTER** De mars à juin
- **GERMINATION** 2 à 3 semaines à 7 °C
- **ÉCARTEMENT** 25 cm sur des rangs espacés de 45 cm
- **DURÉE DE CULTURE** 12 semaines
- **HAUTEUR** 45 à 60 cm
- **VARIÉTÉS** 'Épinard Perpétuel' ; *poirées :* 'Blonde à Carde Blanche', 'Bright Lights', 'Charlotte', 'Ruby Chard', 'Verte de Nice'

Le bon choix

Légumes-feuilles et vivaces

Dans l'assolement, les légumes-feuillles (céleri, fenouil, etc) s'installent là où il y a de l'espace, entre les choux ou les légumes-racines. Et les vivaces, naturellement, restent en place !

Céleri

Apium graveolens

Le céleri à côtes classiques est planté en tranchées (voir p. 214) et butté progressivement pour blanchir ses côtes (voir p. 198). Les formes vertes ou blanchissant seules sont cultivées à plat, en groupes serrés pour faciliter le blanchiment (la plantation en châssis est encore plus efficace). Tous les céleris-branche demandent un sol très riche et frais. En terre plus pauvre, c'est le céleri-rave qui donne le mieux, en formant ses racines renflées même par été sec ; bien nourries et arrosées, cependant, celles-ci peuvent devenir énormes, tendres et savoureuses.

MODE DE CULTURE. Tous les céleris sont semés au chaud, environ 10 semaines avant la fin des gelées, repiqués en godets et endurcis avant la mise en place, à 5 ou 6 vraies feuilles. Abritez sous tunnel par temps froid, ou attendez pour repiquer, en taillant les plantes à 8-10 cm afin de ralentir leur végétation. Arrosez tous les 8 jours, paillez avec de la paille ou du compost, et apportez un engrais complet en juin. Récoltez les céleris-branche quand ils sont assez gros (12 semaines après la plantation) et nettoyez la planche avant les gelées. Les plants cultivés en tranchées, plus rustiques, ont un goût plus fin après le passage d'une gelée. Arrachez les céleris-raves à la demande, ou arrachez tout en automne pour les mettre en jauge comme les carottes (voir p. 160).

▲ Céleri-rave 'Prinz'

▲ Céleri-branche 'Celebrity'

- **QUAND SEMER** De février à avril, à chaud
- **GERMINATION** 3 semaines à 10 °C au minimum
- **ÉCARTEMENT** *Céleri-branche :* 25 cm en tous sens ; *céleri-rave :* 30 cm en tous sens
- **DURÉE DE CULTURE** *Blanchissant seules :* 26 semaines ; *à blanchir :* 40 semaines ; *céleri-rave :* 30 semaines
- **HAUTEUR** *Céleri-branche :* 45 à 60 cm ; *céleri-rave :* 30 cm
- **VARIÉTÉS** *Céleri-branche :* 'Celebrity', 'Martine', 'Mammoth White', 'Doré Plein', 'Greensleeves', 'Hopkins', 'Golden Spartan', 'Golden Self-Blanching', 'Victoria' ; *céleri-rave :* 'Diamant', 'Dolvi', 'Marble Ball', 'Monarch', 'Prinz', 'Rowena'

Fenouil de Florence

Foeniculum vulgare* var. *azoricum

Bien que ses feuilles plumeuses possèdent la même saveur doucement anisée que le fenouil vivace ordinaire, il s'en distingue nettement. On cultive le fenouil de Florence pour ses tiges croquantes, renflées à la base comme un bulbe et pouvant peser presque 250 g en sol riche et chaud. Les hybrides modernes peuvent être semés dès avril, mais les formes classiques tendent à monter quand on les sème avant juin. Semez en place, avant

▲ Fenouil de Florence 'Sarno'

d'éclaircir, ou au chaud, en godets ou alvéoles pour ne pas toucher les racines. Mettez en place quand les plantules ont 2 ou 3 feuilles, arrosez régulièrement et paillez. Cueillez le « bulbe » quand il atteint la taille d'une pomme, en laissant un moignon court, qui donnera des pousses utiles comme condiments.

- **QUAND SEMER** D'avril à juin ; en septembre sous abri
- **GERMINATION** 15 jours à 10 °C
- **ÉCARTEMENT** 15 cm en rangs espacés de 30 cm
- **DURÉE DE CULTURE** 10 à 12 semaines
- **HAUTEUR** 40 à 60 cm
- **VARIÉTÉS** 'Argo', 'Perfection', 'Pronto', 'Rudy', 'Sarno', 'Selma', 'Zeva Tardo'

Artichaut

Cynara scolymus

C'est une vivace au beau feuillage sculptural et aux gros « chardons » bleus sur des tiges de 1,5 m de haut. Ce sont les boutons floraux, ou « têtes », que l'on utilise. On peut obtenir des plants de graines, semées au printemps en pépinière, mais les résultats sont inégaux. Choisissez les meilleurs plants et propagez-les par œilletons. Vous pouvez aussi acheter des plants sélectionnés que vous installerez à 1 m d'écart en sol riche, drainé et en plein soleil. Arrosez et paillez si l'été est sec. Cueillez la tête centrale, encore fermée, puis les boutons secondaires. Les formes épineuses, rustiques, supportent les hivers normaux sans aide, mais en régions froides, les sélections comme 'Gros Vert de Laon' doivent être abondamment paillées.

- **QUAND SEMER/PLANTER** En mars et avril
- **GERMINATION** 2 à 3 semaines à 7 °C
- **ÉCARTEMENT** 1 m en tous sens
- **DURÉE DE CULTURE** 18 mois
- **HAUTEUR** 90 à 150 cm
- **VARIÉTÉS** 'Green Globe', 'Gros Vert de Laon', 'Romanesco', 'Roscoff', 'Violetta'

▼ Artichaut 'Green Globe'

Rhubarbe

Rheum x hybridum

Ce légume vivace donne le premier « fruit » de la saison. Bien que rendant en sols pauvres, il réagit aux terres riches, drainées, et à un apport automnal de fumier, en émettant de grosses tiges tendres, aptes au forçage précoce (voir p. 208).

MODE DE CULTURE. Plantez les souches à 1 m d'écart, en enfouissant à peine les bourgeons. Arrosez bien par temps sec. Rabattez les tiges de fleurs crémeuses, hautes de 2,5 m, avant l'apparition des graines, pour ne pas épuiser les souches. Récoltez les feuilles en tirant d'un coup sec. Laissez-en toujours 3 ou 4 par plante et cessez la récolte en juin. Toutes les variétés du marché sont bonnes. 'Timperley Early' et 'Stockbridge Arrow' se prêtent le mieux au forçage.

- **QUAND PLANTER** En automne et en hiver
- **ÉCARTEMENT** 1 m en tous sens
- **DURÉE DE CULTURE** 1 à 2 ans
- **HAUTEUR** 1 m ; jusqu'à 2,5 m pour les tiges florales
- **VARIÉTÉS** 'Glaskin's Perpetual', 'Hawke's Champagne', 'Stockbridge Arrow', 'The Sutton', 'Timperley Early', 'Victoria'

◂ Asperge 'Lucullus'

Asperge

Asparagus officinalis

Vivace plumeuse décorative, qui produit pendant 30 ans et plus, du moins si on élimine les semis.

- **QUAND SEMER** En avril, après trempage de 48 heures
- **GERMINATION** 3 à 4 semaines à 10-15 °C
- **ÉCARTEMENT** 45 cm en tous sens
- **DURÉE DE CULTURE** 2 à 3 ans
- **HAUTEUR** Jusqu'à 1,5 m
- **VARIÉTÉS** 'Cito', 'Connover's Colossal', 'Framklin', 'Grolim', 'Jersey Knight', 'Lucullus', 'Super Argenteuil'

MODE DE CULTURE. Vous pouvez semer les graines d'asperges en pépinière (voir p. 127), ou gagner du temps, en plantant des griffes de 1 ou 2 ans à 45 cm d'écart en tous sens, dans un sol ensoleillé et bien drainé. Désherbez soigneusement la planche, arrosez (les jeunes plants seulement) par temps sec et apportez un engrais complet en mars, puis à la fin de la récolte.

Cueillez les tiges quand elles ont 15-20 cm de haut, en les coupant au couteau environ 5 cm sous la terre. Ne prélevez que 1 ou 2 turions par plante les deux premières saisons et, par la suite, récoltez plus librement, durant 8 semaines, jusqu'à fin juin. Rabattez les tiges jaunies en automne. Les hybrides modernes, comme 'Framklin', 'Grolim' et 'Jersey Knight', sont exclusivement mâles et produisent abondamment d'énormes pousses stériles.

Topinambour

Helianthus tuberosus

On cultive ces parents des tournesols pour leurs masses de tubercules sans féculents. Bien que vivaces, ils peuvent se montrer envahissants si on ne les cultive pas comme annuels.

MODE DE CULTURE. Installez les tubercules en mars, à 10 cm de profondeur et 30 cm d'écart. Servez-vous-en de claustra ou de brise-vent, en tuteurant, dans ce cas, les tiges de 2-3 m de haut. Récoltez les tubercules à la demande, en nettoyant la culture au printemps. Vous sélectionnerez alors les plus petits que vous replanterez aussitôt.

- **QUAND PLANTER** En mars
- **ÉCARTEMENT** 30 cm sur des rangs simples
- **DURÉE DE CULTURE** 26 semaines
- **HAUTEUR** 2 à 3 m
- **VARIÉTÉS** 'Rouge', 'Patate', 'Fuseau', 'Violet de Rennes'

le bon choix

Légumes-fruits d'été

De nombreux légumes gélifs rencontrent un franc succès auprès des jardiniers. Ils produisent fort bien, même les mauvais étés, à condition de bien choisir les variétés et de commencer tôt en saison : ce qui implique souvent, en climat tempéré, de semer à chaud pour mettre en place après les dernières gelées, ou sous abri, en régions fraîches. En climat doux, où les gelées sont rares, on peut semer en pleine terre. Fondez-vous sur l'avis de voisins avertis et les données climatiques locales. Les catalogues les plus complets donnent souvent des indications de températures et le nombre de jours de culture exigés par les différentes variétés.

Tomate

Lycopersicon esculentum

Ces plantes poussent et fructifient au mieux à 21 °C au minimum. La culture sous abri s'impose là où les températures estivales s'avèrent insuffisantes (voir p. 172-173). La plupart des variétés sont élevées et doivent être tuteurées ou palissées, en pinçant toutes les pousses latérales (voir aussi p. 188) ; on laisse ces dernières sur les plantes à port indéterminé, où elles remplacent la tige principale ; chacune de ces pousses secondaires en produit à son tour dès l'apparition des boutons à fleurs. Les formes très trapues, comme 'Brione' ou 'Tumbler', se prêtent à la culture en pots. Les tomates accompagnent les légumes-racines dans la rotation, mais éloignez-les des pommes de terre, car elles ont les mêmes ennemis. Leurs fruits possèdent une grande variété de formes, de couleurs et de saveurs, suivant leurs taux de sucres et d'acides. Une bonne saveur dépend autant des techniques culturales que du choix de la variété. Un fort ensoleillement et des arrosages et fertilisations modérés peuvent sensiblement augmenter la qualité des tomates les plus banales. Adoptez les hybrides F1 pour leur fiabilité et leur uniformité, et les variétés anciennes pour le plaisir.

- **QUAND SEMER** En mars et avril
- **GERMINATION** 1 à 2 semaines à 15 °C au minimum
- **ÉCARTEMENT** *Classiques :* 45 cm ; *buissonnantes :* 60 cm
- **DURÉE DE CULTURE** 16 à 20 semaines
- **HAUTEUR** *Classiques :* 1,2 m ; *buissonnantes :* 45 à 60 cm
- **RENDEMENT MOYEN** Jusqu'à 4 à 5 kg par pied
- **VARIÉTÉS** 'Brione', 'Golden Sunrise', 'Cencara', 'Marmande', 'Pyros', 'Summer Sweet', 'Tigerella', 'Tumbler' et des centaines de variétés anciennes

MODE DE CULTURE. Semez à chaud 8 semaines avant la fin des gelées, repiquez en godets de 11 et endurcissez avant la mise en place, autant que possible avant que les premières fleurs montrent leur couleur. Paillez en mai-juin avec du compost (ou de la paille, qui gardera les fruits propres, pour les variétés buissonnantes). Tuteurez, en fixant solidement la tige principale à un piquet solide et en pinçant tous les gourmands. Supprimez la pointe en août pour accélérer la maturation. Arrosez tous les 8 jours par temps sec. Cueillez enfin vos tomates bien colorées et récoltez les fruits restants avant les gelées pour les faire mûrir à l'intérieur (voir p. 202).

▲ Tomate 'Summer Sweet'

▼ Tomate 'Tumbler'

Poivron

***Capsicum* sp.**

Les poivrons et les piments demandent la même culture que les tomates, mais apprécient un peu plus de chaleur et d'humidité, ainsi qu'un sol plus acide. Les poivrons gros et fins et les paprikas sont tous des formes de *C. annuum*, prêts en 12 semaines après plantation. Les piments de Cayenne et piments-oiseau *(C. frutescens)* demandent une semaine de plus pour mûrir, avec plus de 21 °C si possible. Ils réussissent donc mieux sous abri ou en pots rentrés à l'intérieur en septembre.

MODE DE CULTURE. Semez et élevez comme les tomates ; espacez les plants de 45 cm et donnez à chacun, par temps sec, un arrosoir d'eau tous les 15 jours. Apportez régulièrement un engrais riche en potasse. Pincez la pointe des tiges si les pousses latérales n'apparaissent pas, et stoppez celles-ci sitôt que les fruits sont formés. Les poivrons peuvent être cueillis verts ou mûrs, et les piments, à pleine maturité. Arrachez les plantes avant les gelées et suspendez-les pour faire mûrir les derniers fruits.

▲ **Poivron 'Doux Long des Landes'**

◀ **Piment 'Friar's Hat'**

- **QUAND SEMER** De février à avril
- **GERMINATION** 2 à 3 semaines à 15 °C au minimum
- **ÉCARTEMENT** 45 cm en tous sens
- **DURÉE DE CULTURE** 18 à 20 semaines
- **HAUTEUR** 60 à 90 cm
- **RENDEMENT MOYEN** *Poivrons :* 4 à 10 par pied ; *piments :* jusqu'à plusieurs douzaines par pied
- **VARIÉTÉS** 'Doux Long des Landes', 'Gypsy', 'Jéricho', 'Mogador', 'Redskin' ; *piments :* 'Amando', 'Jalapeno', 'Friar's Hat', 'Fuego', 'Habanero' *(C. chinense)*

Aubergine

Solanum melongena

Cette vivace tropicale est cultivée en annuelle et donne des fruits variables, longs ou ronds, usuellement pourpre foncé, mais également blancs, jaunes, vert clair ou panachés. Elle demande beaucoup de chaleur et produit souvent mieux sous abri.

- **QUAND SEMER** De février à avril
- **GERMINATION** 2 à 3 semaines à 15 °C au minimum
- **ÉCARTEMENT** 45 cm en tous sens
- **DURÉE DE CULTURE** 18 à 20 semaines
- **HAUTEUR** 50 à 150 cm
- **RENDEMENT MOYEN** 4 à 6 fruits par pied
- **VARIÉTÉS** 'Baluroy', 'Fabiola', 'Perlina', 'Skoutari', 'Gascona', 'Tango'

▲ **Aubergine 'Perlina'**

MODE DE CULTURE. Semez et élevez comme les tomates, mettez en place à 45 cm d'écart, arrosez et engraissez comme les poivrons. Pincez la pointe quand les plants ont 30 cm de haut et stoppez les pousses latérales des formes à gros fruits quand le pied porte de 4 à 6 aubergines. Cueillez celles-ci parfaitement colorées mais encore luisantes.

Maïs doux

Zea mays

Il vaut mieux produire soi-même ce légume de plus en plus répandu, car son goût s'altère vite après la cueillette, les sucres se transformant en amidon – les épis doivent donc être consommés très frais. La gamme va de variétés à maturité précoce, qui sont déjà prêtes au bout de 50 jours de culture, aux formes classiques qui demandent 16 semaines de chaleur et plus pour mûrir. Les variétés extra-douces possèdent une saveur exceptionnelle, mais doivent être isolées pour éviter la pollinisation par des formes classiques.

MODE DE CULTURE. Semez à chaud, en godets ou alvéoles, 5 ou 6 semaines avant la fin des gelées, et faites endurcir avant la mise en place par groupes, ce qui favorisera la fécondation par le vent. Choisissez un coin chaud, ensoleillé, à l'abri des vents froids, dans une terre bien drainée, riche, mais anciennement fumée. Prenez garde en binant, les racines de maïs étant très près de la surface. Arrosez, s'il fait sec, quand les fleurs apparaissent, et de nouveau quand les épis gonflent.

Récoltez-les quand les « cheveux » commencent à faner. Faites un essai en ouvrant l'enveloppe et en enfonçant l'ongle dans un grain : une sève laiteuse doit apparaître, signe de parfaite maturité.

▶ **Maïs doux 'Golda'**

- **QUAND SEMER** En avril
- **GERMINATION** 10 à 15 jours à 10 °C au minimum
- **ÉCARTEMENT** 30 à 45 cm
- **DURÉE DE CULTURE** Jusqu'à 18 semaines
- **HAUTEUR** 1 à 2,5 m
- **VARIÉTÉS** 'Double Standard', 'Golda', 'Sundance', 'Honey Bantam', 'Sweet Scarlet'

MINI-MAÏS

- **'Micro' et 'Minisweet'** (ci-contre) sont des variétés qui produisent plusieurs épis en miniature. Donnez-leur les mêmes soins qu'au maïs ordinaire, mais plantez-les à 15 cm d'écart en tous sens.
- **Cueillez les épis** quand ils atteignent 10-15 cm de long et dès que leurs soies brunissent.

le bon choix

Condimentaires

Les condimentaires sont les compléments obligés de vos légumes, et la plupart des cuisiniers s'accordent à dire qu'elles n'ont jamais autant de parfum que fraîchement cueillies. Le choix est vaste – surtout si vous y ajoutez les cosmétiques, médicinales et tinctoriales – et leurs besoins varient, depuis les amateurs de sols secs et brûlants, tels que thym et romarin, jusqu'à ceux de mi-ombre fraîche, comme le persil. Mais il y a toujours place, dans le plus peuplé des potagers, pour une gamme classique.

Que vous leur consacriez un coin précis ou que vous les dispersiez çà et là – les vivaces en bordure et les annuelles en culture intercalaire –, assurez-vous de satisfaire à leurs besoins. Peu d'entre elles vivent longtemps en sol acide, à l'ombre dense ou en sol lourd et asphyxié. Une banquette (ou planche surélévée) est la meilleure solution dans un terrain très humide. Pour les plantes à feuillage tendre, apportez des matières organiques tranquilles, telles que compost, fumier de champignonnière ou terreau de feuilles (jamais de fumier frais) et désherbez soigneusement l'emplacement des espèces vivaces.

Leur entretien est des plus réduits. Les feuillages tendres comme le persil apprécient un paillis de compost et des arrosages par temps sec. Les espèces balsamiques, ligneuses, méditerranéennes peuvent être paillées avec du gravier pour améliorer le drainage. Rabattez les vivaces après la floraison. Une cueillette régulière des feuilles et des pousses tiendra lieu de taille. Pour la conservation, passez les plantes à la cisaille juste avant ou pendant la floraison, quand les parfums sont à leur sommet (pour rajeunir les condimentaires vivaces, voir p. 184).

Laurier
Laurus nobilis

Les feuilles luisantes de cet arbuste ou arbre persistant sont cueillies à la demande tout au long de l'année ou collectées lors de la taille et mises à sécher à l'ombre. C'est une plante frileuse dans son jeune âge, qu'il faut protéger du vent. Elle devient plus rustique avec le temps. Mettez-la en place en automne ou au printemps, et taillez-la (une topiaire simple fera l'affaire) en mai. En régions froides, cultivez-la en bacs que vous rentrerez à l'abri ou entourerez de protections en hiver.

▲ **Laurier**

▲ **Ciboulette**

Ciboulette
***Allium* sp.**

La ciboulette commune, à fin feuillage et fleurs mauves, apporte aux plats une saveur d'oignon ou d'ail. On trouve également la ciboulette chinoise, la ciboule et l'oignon perpétuel, plus inattendus. Tous sont disponibles en plants ou en bulbilles, ou en alvéoles à semer au printemps. Plantez-les à 25 cm d'écart en sol frais et riche, au soleil ou à mi-ombre. Utilisez fleurs et feuilles à la demande, ou congelez ces dernières juste avant la floraison. Divisez tous les 4 ou 5 ans et mettez des éclats en pots, en automne, pour poursuivre la culture sous abri.

Coriandre

Coriandrum sativum

On trouve diverses sélections de cette annuelle répandue : les unes, telle la traditionnelle ou la coriandre arabe, fournissent surtout des graines, les autres, comme 'Chechnya' et 'Leisure', produisent plusieurs coupes de feuilles avant de fleurir et grainer. Les premiers et tout derniers semis sont moins sujets à la montaison.

Semez les deux formes en place en avril et éclaircissez à 5 cm pour la graine, 25 cm pour le feuillage. Refaites des semis de plantes à feuillage toutes les 5 ou 6 semaines jusqu'en septembre. Couvrez les derniers d'un tunnel pour en avoir jusqu'en mars. Récoltez les premières et dernières séries quand elles ont 15 cm de haut et laissez-les repousser. Arrachez les plantes de pleine saison, qui fleurissent souvent quand on les coupe. Récoltez les graines en août, juste avant leur maturité et faites sécher les têtes dans des sacs de papier.

▲ **Coriandre**

▲ **Basilic**

Basilic

Ocimum basilicum

Annuelle touffue, gélive, au feuillage aromatique et aux subtiles nuances de goût, de forme et de couleur, suivant les variétés. Il lui faut un bon drainage et un coin ensoleillé, abrité des vents froids. Semez-la au printemps, rempotez les plantules isolément et mettez en place à 15-20 cm d'écart. Pour en avoir tard, refaites un semis en juin.

En climats froids, gardez le basilic en pots ou sous tunnel. Évitez de mouiller les feuilles en arrosant. Enfin, récoltez les pointes régulièrement pour favoriser leur ramification et retarder la floraison.

Menthe

***Mentha* sp.**

Il existe de très nombreuses espèces et plus encore de cultivars de cette vivace traçante, mais la menthe verte, la menthe pouillot *(M. suaveolens)*, la menthe poivrée *(M. x piperita)* ou la menthe crépue restent les plus usitées en cuisine. Installez des godets ou des éclats, à 30 cm d'écart, en sol frais et riche, là où vous ne craignez pas l'invasion, ou plantez-les en conteneurs, pour juguler les stolons. Cueillez les feuilles et les pointes à la demande ou, pour les faire sécher, juste avant la floraison. Rabattez-en une partie en juin pour obtenir une repousse fraîche en automne. Arrosez bien par temps sec et divisez les touffes tous les 3 ou 4 ans.

▲ **Menthe *(Mentha* x *villosa)***

▲ **Marjolaine vivace *(Origanum vulgare)***

Marjolaine

***Origanum* sp.**

Les formes les plus populaires de ce genre multiforme, odoriférant, sont la marjolaine annuelle (*O. majorana)*, l'origan italien (*O. onites)* et la marjolaine vivace (*O. vulgare)*, la plus puissante de toutes. La première est d'ordinaire cultivée comme annuelle, mais les autres sont raisonnablement vivaces. Toutes demandent le plein soleil et un sol bien drainé. Achetez des plants ou semez au chaud en mars, en alvéoles, pour une mise en place à 45 cm d'écart. Utilisez les feuilles à la demande, en cueillant juste avant la floraison, si vous voulez les faire sécher. Placée sous tunnel et paillée, la marjolaine annuelle peut résister à l'hiver.

Fenouil

Foeniculum vulgare

Cette grande (1,8 m) vivace élégante a des formes vertes ou bronze, toutes décoratives, appréciées pour leur douce saveur anisée et attirant les insectes utiles. Un seul pied suffit d'ordinaire. Il formera une forte touffe, qu'il est préférable de diviser tous les 3 ou 4 ans. Plantez des jeunes sujets en sol drainé, au soleil, ou semez des pincées de graines, au printemps, en godets. Vous planterez les godets entiers, à 60 cm d'écart. Cueillez jeunes pousses et feuilles à la demande. Supprimez les tiges florales pour prolonger la production de feuilles ou laissez-les et récoltez les graines aromatiques en été (pour le fenouil de Florence, voir p. 94-95).

Persil

Petroselinum crispum

Avec deux semis, en mars et en septembre, vous aurez du persil frais toute l'année (voir aussi p. 204). Semez-le en place, en sol frais et riche, au soleil ou à mi-ombre, et éclaircissez les plants à 15 cm. Vous pouvez aussi le démarrer en alvéoles et le repiquer. Arrosez par temps sec. Les formes frisées sont parfaites comme garnitures ; le persil plat, plus parfumé, convient à la cuisine. Cueillez les tiges entières à la demande. Pour l'hiver, plantez des pieds en pots ou sous châssis et laissez-en quelques-uns fleurir et fructifier pour se ressemer.

▲ **Persil frisé *(Petroselinum crispum* 'Favourite'*)***

Aneth

Anethum graveolens

Annuelle à double usage, pour terrains ensoleillés et légers. Les variétés comme la naine 'Fernleaf', 'Tetra' et la robuste 'Vierling' produisent du feuillage, alors que 'Mammoth' et les graines d'épicerie donnent des plantes qui fleurissent vite et fructifient abondamment. Cultivez l'aneth comme la coriandre (voir p. 101). En zone ventée, tuteurez les tiges faibles avec des branchettes et arrosez abondamment les formes à feuillage par temps sec.

Mélisse

Melissa officinalis

Vivace méditerranéenne au doux parfum, parfois dorée ou panachée. Il est plus simple d'acheter des plants que de les semer ou bouturer, ou demandez-en un éclat à un ami, les plantes s'étendant fortement et réclamant de fréquentes divisions. Installez-les en plein soleil et cueillez jeunes les feuilles rafraîchissantes, très parfumées au citron. Tondez les plants à ras avant la floraison pour susciter une repousse et limiter l'invasion.

▲ **Sauge**

Sauge

Salvia officinalis

La forme commune de cette persistante aromatique est plus rustique et parfumée que ses variantes ornementales, mais la sauge-ananas *(S. rutilans)* est sans pareille en potée sous abri. Semez-en en pots au printemps ou bouturez-en sur du bois tendre en été. Vous les planterez à 60 cm d'écart, dans un coin abrité et ensoleillé. Pour des plants touffus, pincez les pousses terminales et rabattez-les une fois fanées. Utilisez les feuilles en toute saison et récoltez-les, pour les sécher, juste avant la floraison. Propagez et remplacez les plantes dégingandées tous les 4 ou 5 ans.

Sarriette

***Satureja* sp.**

Les feuilles de sarriette, au goût de thym en plus amer, facilitent la digestion et évitent les flatulences ; ce sont des compagnes des pois et des haricots. La sarriette d'été *(S. hortensis)* est une annuelle frileuse de 30 cm de haut, à semer superficiellement en pots en février-mars. Repiquez-la et mettez-la en place à 15 cm d'écart après les dernières gelées. La sarriette vivace (*S. montana*), plus touffue, est rustique et utilisable une grande partie de l'année. Semez-la comme l'espèce annuelle ou achetez des jeunes plants. Toutes deux apprécient le plein soleil et un sol drainé. Utilisez les feuilles fraîches ou séchées.

Thym

***Thymus* sp.**

On trouve de très jolis cultivars, dont certains à feuillage panaché, d'autres aux parfums variés, mais c'est le thym commun *(T. vulgaris)* qui est le plus employé en cuisine. Tous sont des vivaces ligneuses à vie courte, à acheter en jeunes plants, qu'on renouvelle par marcottage ou boutures de têtes estivales, quand ils ont 4 ou 5 ans. Plantez-les à 25 cm d'écart en sol sec, au soleil, ou rassemblez-en diverses sortes dans un pot à fraisiers. Prélevez les pointes à la demande, ou pendant la floraison si vous voulez les sécher, et rabattez les plants fanés à la cisaille.

Estragon

Artemisia dracunculus

C'est l'estragon vrai, demi-rustique, qu'il faut cultiver, et non la sous-espèce russe, sans saveur. Les racines assez traçantes de cette grande vivace peuvent être envahissantes, et mieux vaut la cultiver comme la menthe, dans une plate-bande spéciale, en conteneurs sans fond, en pots ou dans un coin à part. Plantez-en de petits groupes espacés de 30 cm, en sol chaud et sec, et paillez-les une fois les tiges sèches, en automne. Prélevez-en à la demande, en cueillant les pointes pour les inciter à se ramifier. Divisez-les et replantez-les en terre neuve tous les 3 ou 4 ans.

CONDIMENTAIRES FRILEUSES

Excepté les plus grandes, les condimentaires peuvent être cultivées en pots, en serre ou sur un rebord de fenêtre, et récoltées hors saison. Quelques-unes, toutefois, sont traditionnellement élevées sous abri, soit parce qu'elles donnent de belles plantes d'intérieur, soit parce qu'elles sont trop fragiles pour la culture en plein air.

- **Citronnelle de Madagascar** *(Cymbopogon citratus)* Cette herbe tropicale peut former de très grosses touffes dans un grand pot de terre consistante. Il lui faut plus de 7 °C et la quasi-sécheresse en hiver. Achetez des tiges avec un collet en bon état et faites-les enraciner dans un peu d'eau. Après 1 ou 2 semaines, empotez-les en enterrant la base sous 2-3 cm de substrat et gardez le tour au chaud. La récolte a lieu en tirant les rejets ou en les coupant sur une plante établie. Rempotez-les chaque année et divisez-les au printemps.
- **Gingembre** *(Zingiber officinale)* Les feuilles rubanées et les occasionnels épis de fleurs pourpres et blancs sont issus de rhizomes charnus et divisés. Plantez-les en pots de 30 cm, à plus de 30 °C, avec une hygrométrie soutenue en été. En hiver, maintenez les rhizomes dormant presque au sec, pour éviter la pourriture. Achetez un beau rhizome doté de plusieurs bourgeons renflés et enterrez-le à peine, horizontalement. Divisez au printemps, rempotez les jeunes éclats et utilisez le reste en cuisine.

- **Verveine citronnelle** *(Aloysia triphylla)* Cet élégant arbuste caduc (ci-dessus) possède sans doute le parfum citronné le plus marqué et le plus rafraîchissant de toutes les condimentaires. On le distille régulièrement pour la parfumerie. Plantez-le dans un pot de 20 cm de diamètre, dans un coin ensoleillé et aéré. Arrosez-le bien et donnez-lui un engrais pour plantes d'intérieur tous les mois en été. Rabattez-le à la cisaille après la floraison et de nouveau en automne. Gardez-le presque au sec, à plus de 4 °C en hiver. Cueillez les feuilles à la demande et consommez-les aussitôt.

Le bon choix

Fruitiers

Pommiers, poiriers, pruniers, pêchers et abricotiers sont des arbres fruitiers qui développent des sujets importants, vivant longtemps. On les trouve sous diverses formes, depuis les plein-vent jusqu'aux cordons filiformes ou aux buissons nanifiés. Certains, comme les pommiers, poiriers et cerisiers, sont greffés sur des plants qui modifient leur taille et leur vigueur. Ces formes réduites demandent une conduite et une taille particulières, mais peu compliquées.
Les petits fruits, qui comprennent diverses baies et assimilées, sont des plantes pérennes, mais à vie assez courte : les fraisiers doivent être renouvelés tous les 3 ou 4 ans, et les framboisiers et cassissiers, tous les 7 ans, pour contrer les baisses de rendement dues aux virus et autres maladies. La plupart peuvent être palissés dans le but de gagner de la place et augmenter les rendements : les groseilliers et groseilliers à maquereau en demi-tige ou en cordon et les mûres et framboisiers sur espaliers ou pylônes.

EXIGENCES CULTURALES. Les divers fruitiers sont si adaptables que même une plantation réduite peut fournir une belle récolte. Ils sont également aisés à satisfaire. Pour donner des fruits, la floraison doit bien se passer. Il faut protéger les fleurs du gel et des vents froids, éviter les poches de froid, poser d'éventuels brise-vent et retenir des variétés à floraison tardive et à maturité précoce si la belle saison est courte. Bien que certaines espèces, comme les groseilliers, supportent un peu d'ombre, la plupart ont besoin de soleil pour mûrir leurs fruits ainsi que leurs bois, porteurs de boutons floraux. Alignez vos arbres autant que possible, suivant un axe nord-sud, et veillez à ce que brise-vent, haies et claustras ne leur portent pas ombrage.
Un sol bien drainé est le mieux accepté par les fruitiers, mais la fraîcheur est importante pour les fleurs et les jeunes fruits ; aussi, ajoutez de bonnes quantités de matière organique, en préparant le terrain, et paillez abondamment pour éviter le dessèchement en été (les tontes de gazon sont parfaites, car elles apportent la légère acidité appréciée par la plupart des espèces, fruits à noyau exceptés, prunes, cerises, par exemple). Des bandes graisseuses posées sur les troncs limitent les parasites (voir p. 204).
À la différence de la plupart des légumes, les fruitiers sont pérennes et souvent de longue durée. Choisissez donc bien leur emplacement et prenez les variétés que vous aimez. Certaines possèdent des qualités de culture particulières : par exemple, le pommier 'Sunset' résiste à la gale, le groseillier à maquereau 'Invicta' est insensible à l'oïdium, le cassissier 'Ben Sarek' est peu encombrant. Mais c'est le goût qui compte avant tout. L'éclaircissage des fruits (voir p. 192) est également souhaitable. Certaines espèces réussissent sous abri (voir p. 175).

▲ Myrtille 'Bluecrop'

LA TAILLE. Elle réduit l'encombrement et permet, en outre, de gérer le développement de vos plantes : c'est le bourgeon terminal d'une tige qui croît d'abord et généralement dans la direction vers laquelle il pointe. Vous pouvez donc guider où bon vous semble les nouvelles pousses.
Les formes palissées, telles que cordons, palmettes et espaliers, subissent une taille partielle en début d'été (voir p. 196) pour stimuler les bourgeons à fruits. On la complète par une taille de formation en hiver (voir p. 212). En gros, taillez les pousses latérales à 5 feuilles, en été, et à 2 yeux, en hiver.
Guidez et attachez les tiges dans leur jeune âge, quand elles sont encore souples et tendres, pour éviter les blessures. Vérifiez régulièrement les liens, qui doivent maintenir les branches sans les étrangler.
Gardez vos outils de taille bien affûtés, coupez toujours au-dessus d'un œil, et éliminez les chutes pour limiter les maladies (ou servez-vous-en comme boutures, voir p. 135). Pour les tailles chirurgicales, contre les maladies, lavez les outils dans un bain stérilisant durant et après le travail.

Pommier

***Malus* sp.**

Tous les jardins familiaux n'acceptent pas les arbres fruitiers ; vérifiez donc le règlement. Les pommiers sont répandus, avec des centaines de sortes disponibles, et ce sont les plus adaptables des fruitiers, grâce à toute une gamme de porte-greffes pour accueillir la variété de votre choix. Une sélection vigoureuse (MM111, par exemple) peut donner un arbre de 6 m de haut et de large en sol pauvre, alors que les porte-greffes très nanifiants M27 et M9 serviront pour des cordons et gobelets de moins de 2 m de haut, mais qui demandent une bonne terre. Les arbres nains commencent à donner 2 ans après plantation, les grands attendent 4 à 6 ans. Il faut éclaircir les fortes productions (voir p. 192).

Il y a, dans les collections, des centaines de variétés classiques de pommiers, qui peuvent souvent être propagées à la demande. Certaines sont adaptées à des régions précises, d'autres à une forte humidité ou un climat froid. Toutes possèdent des qualités particulières et méritent d'être essayées, chaque fois que cela est possible. Les variétés citées ici conviennent à la plupart des situations.

L'EMPLACEMENT. Consultez un bon catalogue ou un guide du verger pour choisir l'emplacement et la forme de votre pommier : un seul arbre demi-tige apportera ombrage et structure, et pourra donner jusqu'à 90 kg de pommes ; les cordons peuvent être plantés en ligne à 75 cm d'écart, avec le même encombrement qu'un rang de haricots grimpants, ce qui permet de grouper diverses variétés, chaque pied donnant environ 3 kg.

Il vous faut également tenir compte des qualités des variétés : leur époque de floraison et de fructification, leur résistance aux maladies, leur adaptation à votre sol et votre climat, leur besoin d'un ou plusieurs pommiers pour une bonne pollinisation ; enfin, s'il s'agit de pommes à cuire ou de table, si elles se gardent ou doivent être mangées dès la cueillette.

▲ **Pomme 'Lord Lamborne'**

QUAND PLANTER. Les arbres à racines nues sont plantés durant leur repos, de préférence en automne ; les sujets en conteneurs peuvent être installés toute l'année, mais, en saison chaude et sèche, ils demanderont des arrosages plus attentifs. Préparez minutieusement l'emplacement : labourez le sol à deux fers de bêche, supprimez bien les mauvaises herbes et apportez des quantités de compost ou de fumier bien mûr. Placez les supports avant la plantation : des pieux courts pour les arbres de plein vent, des fils de fer horizontaux pour les cordons, palmettes et espaliers. Plantez soigneusement et empêchez la concurrence des mauvaises herbes durant quelques années. Arrosez les jeunes arbres par temps sec, à raison d'une vingtaine de litres par mètre carré et par semaine. Au printemps, apportez un paillis de compost ou de fumier mûr sur 5 cm d'épaisseur.

• **VARIÉTÉS** ***De table :*** **'Astrakan Rouge', 'Belchard', 'Boskoop Rouge', 'Melrose', 'Cox's Orange Pippin', 'Richared', 'Lord Lamborne', 'Pearmain d'Adam', 'Spartan' ; *à cuire :* 'Reinette Grise du Canada', 'Calville Blanc', 'Transparente de Croncels', 'Newton Wonder'**

▲ Poire 'Conférence'

Poirier et cognassier

Pyrus communis* et *Cydonia oblonga

Leur culture est comparable à celle des pommiers, mais ils fleurissent plus tôt et demandent plus de chaleur pour bien fructifier : ils s'avèrent inégaux en climat à étés froids et humides, ainsi qu'en sols très légers. Bien qu'ils n'aient pas de porte-greffe très nanifiant, on peut les conduire de la même façon. L'époque de récolte est capitale, nombre de variétés étant ramassées tôt pour mûrir au fruitier. Vérifiez souvent l'état de vos fruits, à partir du moment où ils changent de couleur, pour voir s'ils se détachent facilement ; vous les rangerez alors en cageots ou sur clayettes, dans un lieu frais, jusqu'à la quasi-maturité (isolez les coings, au parfum envahissant). Quand ils sont pleinement colorés ou cèdent à une légère pression près du pédoncule, rentrez-les au chaud, à la maison. Les coings, consommés cuits, peuvent être employés encore fermes. Presque tous les poiriers demandent une fécondation croisée (comme les pommiers) ; les cognassiers sont autofertiles.

• VARIÉTÉS *Poiriers :* **'Beurré Hardy', 'Beurré Superfin', 'Concorde', 'Conférence', 'Delbard précoce', 'William's', 'Doyenné du Comice' ;** *cognassiers :* **'Champion', 'Du Portugal', 'Monstrueux de Vranja'**

Pêcher, nectarinier et abricotier

Prunus persica, P. persica* var. *nectarina, P. armeniaca

Plus faciles à cultiver qu'on ne croit souvent, ces fruits savoureux demandent seulement de la chaleur pour bien fleurir, puis mûrir en plein air. En climat froid, mieux vaut les cultiver sous abri, en bacs ou en plates-bandes. On les palisse alors jusqu'au faîte et ils apportent un peu d'ombrage en été. Les formes naturellement naines ne dépassent guère 1,5-2 m et prospèrent en bacs, à l'extérieur ou sous abri. Toutes les variétés sont autofertiles, et un exemplaire isolé fructifiera très bien. Vous devrez peut-être, cependant, polliniser au pinceau les fleurs très précoces des sujets sous abri ; s'il fait doux, ouvrez portes et fenêtres pour laisser les premières abeilles faire le travail à votre place.

Plantation et entretien sont les mêmes que pour les pommiers ; arrosez bien durant la végétation et paillez abondamment. Éclaircissez les fruits pour n'en laisser qu'un tous les 10-15 cm.

• VARIÉTÉS *Pêchers :* **'De Bellegarde', 'Bonanza' (nain), 'Grosse Mignonne', 'Amsden', 'Redhaven', 'Nerine', 'Saturne' (pêche chinoise) ;** *nectariniers :* **'Snowqueen', 'Armking', 'Galopin', 'Lord Napier', 'Nectarella' (nain), 'Nectared 6' ;** *abricotiers :* **'Aprigold' (nain), 'Luizet', 'Stark Early Orange', 'Amal'**

Tâtez les fruits mûrissants, qui deviennent souples près de l'attache, pour voir s'ils se détachent, et cueillez-les très délicatement sans abîmer la peau fragile. La taille est celle des cerises acides (voir ci-contre) pour rajeunir les tiges fructifères après la cueillette.

Cerisier

Prunus avium* et *P. cerasus

Ce fruitier est très apprécié des oiseaux, et mieux vaut choisir un sujet greffé sur nanifiant pour avoir un arbre facile à couvrir d'un filet. Il demande les mêmes conditions que le prunier, mais supporte des sols plus légers ; les cerises aigres (à confire) fructifient aussi bien au frais et à mi-ombre qu'en plein soleil. Toutes les variétés peuvent être palissées, ce qui les rend plus aisées à protéger du froid et des oiseaux qu'en plein vent.

▲ Bigarreau 'Moreau'

Plantation et entretien sont les mêmes que pour les pommiers (voir p. 105). En sol sec, arrosez abondamment quand les fruits se forment, pour éviter l'éclatement. Cueillez les fruits dès la maturité. Les cerisiers doux demandent une taille au printemps et en été, identique à celle des pruniers (voir p. 196). Les cerisiers acides fructifiant sur le bois jeune, taillez les tiges fructifères après la récolte ; éclaircissez les repousses au printemps suivant, en laissant ce qu'il faut de remplacements. Seules quelques variétés sont autofertiles, et la plupart demandent des cerisiers spécifiques.

• VARIÉTÉS *Douces :* **'Moreau', 'Early Rivers', 'Napoléon', 'Hâtif Burlat', 'Reverchon', 'Géant de Hedelfingen' ;** *aigres :* **'Anglaise Hâtive', 'Belle Magnifique'**

Prunier

Prunus domestica et *P. insititia*

C'est un fruitier excellent, facile à cultiver en sols profonds et régulièrement frais ; il préfère l'argile aux terres sableuses et, comme tous les fruits à noyau, fructifie mieux en milieu alcalin. Donnez-lui du soleil, évitez les poches froides et les coins exposés au froid, ainsi que le vent au moment de la floraison, précoce. Les quetsches sont les plus rustiques ; les reines-claudes, les plus frileuses (elles apprécient l'abri d'une clôture ou d'un mur ensoleillé). Les porte-greffes permettent d'obtenir des demi-nanifiants, formant des buissons pyramides ou à palisser, aussi bien que de vigoureux arbres de plein vent.

Plantation et entretien sont les mêmes que pour les pommiers. Suivant les variétés et l'année, les arbres croulent sous les fruits ou ne donnent rien. Les bonnes années, éclaircissez fortement pour éviter la casse. Taillez légèrement pour limiter hauteur et largeur, au printemps et en été, quand la sève est active et que les blessures se cicatrisent rapidement.

Cueillez les fruits destinés à la conserve lorsqu'ils se couvrent de pruine. Ceux qui vont à table sont cueillis à pleine maturité, quand ils sont tendres. Inspectez-les souvent, car ils ne mûrissent pas tous à la fois. Quelques variétés sont autofertiles, mais la plupart apprécient une pollinisation croisée avec des arbres adaptés.

▶ **Prune 'Victoria'**

• **VARIÉTÉS** *Prunes vraies :* 'Czar', 'Early Laxton', 'Coe's Golden Drop', 'President', 'Monsieur Jaune', 'Victoria' ; *quetsches :* 'D'Alsace', 'Précoce d'Ersinger' ; *croisement prune/quetsche :* 'Stanley' ; *reines-claudes :* 'Althan', 'De Bavay', 'Violette', 'D'Oullins'

Figuier

Ficus carica

Rustiques, sauf en climat très froid, où les tiges peuvent être rabattues par les fortes gelées, les figuiers sont des arbres aristocratiques et vigoureux, qu'on peut cultiver en grands bacs pour limiter leur extension et condenser leur production. Ils acceptent d'être palissés sur un mur ou en serre. Le mariage traditionnel de vignes et de figuiers constitue là une tonnelle idéale où se reposer après une chaude journée de jardinage.

Préparez le sol comme pour les pommiers (voir p. 105) et plantez au printemps. Arrosez par temps sec, au moment de la formation des fruits, mais sans excès, sinon ils éclatent. Récoltez les fruits en fin d'été et en automne, quand leur couleur s'accentue et qu'ils pendent, en portant une goutte de nectar à la pointe. Taillez au printemps, en retirant les pousses abîmées par les gelées, celles qui se croisent ou encombrent les charpentières.

• VARIÉTÉS **'Bellone', 'Blanche de Marseille', 'Noire de Caromb'**

Mûre

***Rubus* sp.**

Les mûres et leurs divers hybrides, tels que les loganberries et les tayberries, sont des plantes sarmenteuses vigoureuses, bien que les hybrides modernes soient plus trapus. On peut les conduire sur piquets ou sur fils de fer pour en faire des barrières et des écrans, ou les laisser courir sur des haies. Les formes sans épines réussissent bien en arceaux et en pylônes.

Paillez les mûres en automne avec du compost ou du fumier mûr. Les tiges poussent une année pour fructifier l'année suivante. Après quoi, il faut les couper pour faire place aux pousses neuves, vertes, en pleine croissance. Des variétés de début, de milieu et de fin de saison permettent d'étaler les récoltes.

• VARIÉTÉS ***Mûres :*** **'Black Diamond', 'Oregon Thornless', 'Waldo' ; *hybrides :* 'Thornless Boysenberry', 'Thornless Longanberry', 'Tayberry'**

Petite baie

Ribes* sp. et *Vaccinium corymbosum

Les groseilliers (rouges ou blancs) et groseilliers à maquereau sont des arbustes productifs sur une charpente permanente qui peut être conduite en buissons, cordons ou demi-tiges. Ils forment alors des haies décoratives autour des planches du potager. Les cassissiers sont de gros mangeurs pour terrains riches et ne peuvent être conduits qu'en buissons à cause de leur besoin de taille. Chaque année, il faut rabattre un tiers des branches âgées pour susciter des repousses, qui donnent le plus de fruits. Les myrtilliers exigent un sol acide ; à défaut, plantez-les en bacs ou en banquettes. Ils ne se prêtent qu'aux buissons (pour tailler les myrtilliers, voir p. 180) et il faut associer deux variétés différentes pour avoir de bonnes récoltes. Tous supportent la mi-ombre et apprécient un apport annuel de compost, au printemps, ainsi que de copieux arrosages (à l'eau de pluie pour les myrtilliers), par temps sec, à la formation des fruits.

• VARIÉTÉS ***Groseilliers :*** **'Junifer', 'Jonkheer van Tets', 'Red Lake' ; *blancs :* 'Versaillaise Blanche', 'White Grape', 'White Pearl' ; *à maquereau :* 'Careless', 'Poorman', 'Whinham's Industry' ; *cassissiers :* 'Black Down', 'Burga', 'Noir de Bourgogne' ; *myrtilliers :* 'Bluecrop', 'Colville', 'Sunshine Blue'**

▲ **Groseille à maquereau 'Winham's Industry'**

◄ **Groseille 'Red Lake'**

▲ Framboise 'Heritage'

Framboisier

Rubus idaeus

On trouve des variétés non remontantes donnant en juin-juillet et des variétés remontantes qui produisent du cœur de l'été jusqu'aux premiers froids. Les fruits sont surtout rouges, mais peuvent être jaunes, noirs ou pourpres. Ces plantes de climat froid apprécient une exposition ensoleillée avec un peu d'ombre et demandent un sol frais. Ajoutez donc du compost à la plantation et paillez généreusement chaque printemps. Les tiges neuves sont espacées de 50 cm environ sur le rang et guidées sur des fils horizontaux. Rabattez les tiges des non-remontants sitôt après la récolte, les remontants en fin d'hiver. En région chaude, des variétés d'arrière-saison comme 'Heritage' donneront également en juin, si on laisse en place les tiges ayant produit en automne. Passez en revue les fruits en train de mûrir tous les 2 ou 3 jours, car ils s'abîment vite une fois à point.

• VARIÉTÉS *Non remontantes :* **'Glen Moy', 'Malling Admiral', 'Meeker' ;** *remontantes :* **'Heritage', 'Lloyd George', 'Zeva'**

Fraisier

***Fragaria* sp.**

Cette espèce populaire est souvent cultivée en planches (voir p. 198), où elle tourne tous les 3 ou 4 ans, quand les plantes, éphémères, commencent à moins produire. Les formes de pleine saison, qui peuvent produire de mai à août, suivant les variétés, sont plantées une année, pour donner à plein l'année suivante (voir p. 179). Après quoi, taille et qualité diminuent peu à peu. Les formes remontantes produisent de juin à septembre, tout comme les fraisiers des bois. Les espèces à gros fruits donnent des stolons (ou filets), qui sont replantés ou mis à forcer (voir p. 196). Les fraisiers des bois sont d'ordinaire non coureurs et forment des plantes denses, propagées par division et souvent employées en bordures. La saveur varie grandement d'une variété à l'autre, et les plus anciennes, telles 'Madame Moutot', de mi-saison, et 'Ostara', remontante, sont réputées plus savoureuses que les modernes, plus fermes, et souvent résistantes aux maladies.

• VARIÉTÉS *De pleine saison :* **'Mara des Bois', 'Gariguette', 'Hummi Grande' ;** *remontantes :* **'Bordurella', 'Hummi Gento', 'Ostara' ;** *des bois :* **'Des Quatre Saisons', 'Reine des Vallées'**

▲ Fraise 'Gariguette'

▲ Raisin 'Muscat de Saint-Vallier'

Vigne

***Vitis* sp.**

C'est l'un des fruitiers les plus appréciés des amateurs, dont les formes de table peuvent pousser en serre et les formes pour le vin en plein air, sur pylônes et fils de fer. Une taille et une conduite soignées sont essentielles pour limiter la végétation exubérante et concentrer l'énergie sur la production de fruits. Il est possible toutefois, avec un régime moins sévère, d'avoir une jolie vigne décorant un arceau ou une pergola, et donnant quelques fruits en prime. Toutes les variétés exigent du soleil et un sol riche et drainé, ainsi qu'un paillis de fumier au printemps pour une bonne fructification. Choisissez des variétés adaptées soit à l'intérieur, soit à l'extérieur (pour la table ou le vin), et plantez en automne ou en hiver. Sous abri, les fleurs doivent être pollinisées à la main ; il faut également bien aérer les fruits et surveiller l'humidité durant leur formation.

• VARIÉTÉS **'Chasselas Doré de Fontainebleau', 'Perle de Csaba', 'Muscat de Hambourg', 'Muscat de Saint-Vallier'**

le bon choix

Fleurs ornementales et comestibles

Les plantes classiques, telles que les glaïeuls et dahlias, sont cultivées pour les bouquets ou le décor. La démarche écologique a conduit à adopter également des plantes compagnes, pour créer un environnement plus sain et plus équilibré. Si votre potager est votre seul jardin, rien ne vous oblige à ne vous cantonner qu'à la culture vivrière. Et qui plus est, de nombreuses fleurs sont comestibles !

Fleurs à couper

On leur a de tout temps accordé une place au potager, où on les cultivait en rangs,aux côtés des légumes. C'est toujours le plus efficace pour les plantes élevées, qui demandent un tuteurage pour se tenir droites ; de même que pour les annuelles semées en séries, qu'il ne faut pas oublier d'éclaircir à 25 cm d'écart environ pour avoir de belles fleurs. Quantité de vivaces donneront tout aussi bien, réparties çà et là, dans le terrain, en groupes décoratifs, qui apporteront aux carrés utilitaires couleurs et charme. Tournez-vous vers les espèces sélectionnées pour la bouquetterie professionnelle, telles que le haut muflier 'Skyrocket', le tournesol 'Sonja', trapu et robuste, ou les sélections japonaises de chrysanthèmes doubles à carène.

HEURES D'OUVERTURE

- **En étudiant leur métabolisme,** les botanistes ont noté que les fleurs s'ouvrent ou se ferment à une heure donnée.
- **Rythmez vos journées** avec les fleurs. Les pissenlits, par exemple, s'ouvrent vers 7 h, le mouron à 9 h ; à midi, les ipomées se ferment, alors que les œnothères s'épanouissent vers 9 h du soir. Bien sûr, il s'agit de l'heure solaire, et non légale !

SUGGESTIONS PAR SAISON

Printemps. Anémones, lunaires, muguets *(Convallaria)*, narcisses, quarantaines *(Matthiola)*, tulipes, giroflées *(Erysimum)*.

Printemps-été. Mufliers, soucis, ancolies *(Aquilegia)*, bleuets *(Centaurea cyanus)*, pyrèthres, pois de senteur *(Lathyrus odoratus)*, œillets de poète *(Dianthus barbatus)*.

Été-automne. Chrysanthèmes, cosmos, dahlias, glaïeuls, héléniums, rudbeckias, tournesols *(Helianthus)*.

Hiver. Jacinthes, narcisses, perce-neige *(Galanthus)* – tous forcés sous abri.

Fleurs à manger

Les anciens Grecs et Romains consommaient quantité de fleurs, ce qui revient à la mode. Certaines se mangent entières, chez d'autres, on ne prend que les pétales. Le plus souvent, on les ajoute aux salades et aux desserts. Cueillez-les tôt par un jour sec, lavez-les à l'eau froide et utilisez-les aussitôt, car elles s'abîment vite. Assurez-vous qu'elles n'ont pas été traitées.

À MANGER ENTIÈRES

(Excepté les tiges et toute partie verte.) Angélique, basilic, cataire *(Nepeta)*, ciboulette, courgette, aneth, sureau, œnothère, menthe, romarin.

PÉTALES SEULS

(Excepté toute partie verte, le pistil, les étamines et la partie blanche des pétales.) Monarde, bourrache, chicorée, chrysanthème, primevère *(Primula)*, fuchsia, rose trémière *(Alcea)*, lavande, capucine *(Tropaeolum)*, œillets divers, souci *(Calendula)*, rose, pélargonium odorant, œillet de poète *(Dianthus barbatus)*, violette *(Viola)*.

Pour attirer la faune

- **Planter des fleurs est un moyen simple et sûr d'attirer chez vous les oiseaux, abeilles et autres insectes utiles. Nombre de fleurs simples ou traditionnelles sont sur ce plan aussi efficaces que les plantes sauvages, et il est toujours aisé de trouver un coin pour quelques pieds d'achillées, de centaurées, d'asters *(Aster novi-belgii)* et de grandes marguerites *(Chrysanthemum x superbum)*, de verges d'or *(Solidago)* ou de fausses valérianes *(Centranthus)*.**
- **Colonisez les haies avec du chèvrefeuille *(Lonicera)*, du buddléia, des ronces sans épines et des sureaux.**
- **Couvrez votre cabane de vigne-vierge *(Parthenocissus)* et de lierre *(Hedera)*, sources de nectar pour les oiseaux et les abeilles. Ajoutez-y, si possible, quelques fleurs sauvages bien choisies, comme le chrysanthème des moissons *(Xanthophtalmum segetum)*, des cardamines et des scabieuses *(Knautia arvensis)*.**
- **Vous pouvez également semer quelques taches de fleurs « pour abeilles » ou « pour papillons ».**
- **Attention : veillez à ce que vos fleurs n'envahissent pas les terrains voisins.**

LES « GRANDES » CLASSIQUES

Il faut beaucoup de place et de soins pour réussir au mieux ces fleurs. Elles s'intègrent mal au jardin d'ornement, alors qu'au potager elles bénéficient de l'entretien intensif donné d'ordinaire aux légumes.

- **Pois de senteur.** Pour un meilleur résultat, on les sème d'ordinaire en automne afin de les mettre en place au printemps, en rangs bien espacés, après les avoir abrités sous châssis pendant l'hiver. Chaque pied est mené comme un cordon, lié à un haut tuteur par des fils de fer. On supprime régulièrement vrilles et latérales pour condenser la sève dans la pousse principale, ainsi que les fleurs, qui sont plus grandes et plus nombreuses, sur des pédoncules très longs.
- **Chrysanthèmes.** La saison commence en fin d'hiver, quand les souches au repos sont relancées pour produire une série de boutures. On empote celles-ci dans de grands conteneurs, placés dehors une fois les gelées passées ; les formes précoces sont souvent plantées en pleine terre. On guide les tiges sur tuteurs, en pinçant les pointes à des stades précis pour créer des latérales fleurissant à des dates données.
- **Dahlias.** Il faut les démarrer tôt, qu'il s'agisse de boutures ou d'éclats. On les met en place après les gelées dans la terre travaillée et enrichie, en les espaçant bien. Comme pour les chrysanthèmes, on ne conserve, par pincement et éclaircissage, qu'un nombre limité de tiges. Un éboutonnage soigné ne laisse qu'une fleur terminale, de très grande taille. Les plantes demandent des engrais et arrosages réguliers.
- **Glaïeuls.** Il existe des quantités de variétés à grandes fleurs, donnant de grosses plantes, peu à leur place au jardin d'ornement, mais superbes en bouquets. Les cormes sont plantés en rangs, souvent par séries pour une production continue. On tuteure les tiges quand elles apparaissent. Apportez des engrais régulièrement dès la formation des boutons et jusqu'à la maturité du feuillage. Vous obtiendrez ainsi de gros cormes, que vous arracherez en automne pour les entreposer.

Les semis et les jeunes plants de légumes sont spontanément dotés d'une vitalité et d'une résistance spécifiques. En leur offrant des conditions de croissance favorables et des soins adaptés, vous mettez toutes les chances de votre côté pour obtenir des récoltes prodigieuses.

Cultiver votre parcelle

Le sol

Caractéristiques du sol

Terre légère	Bonne terre de jardin (limoneuse)	Terre lourde
Grosses particules	Particules moyennes	Petites particules
Sablonneuse ou granulaire	Friable	Onctueuse et malléable
Faible rétention d'eau	Reste constamment fraîche	Facilement détrempée
Drainage rapide	Bien drainée	Drainage lent
Souvent pauvre	Riche	Riche en culture
Facile à travailler	Se travaille quand elle n'est pas humide	Difficile à travailler
Se réchauffe rapidement	Se réchauffe progressivement	Froide, lente à se réchauffer
Poussiéreuse à l'état sec	Stable et friable	Se fissure en séchant

L'importance du sol

La terre est l'une des ressources les plus précieuses à l'échelle de la planète, et certainement le matériau brut le plus important à disposition du jardinier. Rarement parfaite pour la culture et souvent considérée comme quelque chose d'acquis, pouvant être de plus abandonnée, voire maltraitée, la terre reste néanmoins vivante. Il est possible d'améliorer au fil des ans même le sol le plus ingrat, pour y obtenir des rendements élevés et une production de qualité.

Il a fallu des millions d'années pour que, à force d'usure et d'érosion, la roche soit réduite en des résidus minéraux variant des grains de sable grossiers aux particules d'argile les plus fines. Ces fragments comptent parmi les plus gros éléments de chaque type de sol dont ils déterminent la nature. Génération après génération, les plantes se développent puis meurent et se décomposent en donnant l'humus, matériau organique spongieux qui se trouve concentré en quantité variable dans les quelques centimètres superficiels du sol, ou terre arable. Une terre travaillée renferme également de l'eau et de l'air, dont la quantité dépend surtout de la richesse en humus et de la taille des particules minérales. Enfin, le sol fourmille d'organismes innombrables, des taupes et vers de terre aux bactéries, dont la diversité est relative à la qualité du sol.

La nature du sol

Après avoir jaugé le profil du terrain et son exposition, intéressez-vous à la nature du sol. Elle seule détermine ce que vous pouvez en tirer. Examinez les trois critères essentiels : la terre

Analyser le sol en 3 étapes

1 Extirpez toutes les racines de mauvaises herbes à la bêche, puis creusez un cube d'environ 50 cm de côté. La nature du sol vous est révélée : la hauteur de terre arable, friable, foncée, et la qualité du sous-sol, soit lourd et dense (d'où un mauvais drainage), soit composé de cailloux poreux très drainants.

2 Videz deux arrosoirs au fond du trou. Si l'eau disparaît rapidement ou progressivement, aucun problème de drainage, mais si elle met des heures ou des jours à s'en aller, un drainage préliminaire s'impose sur une partie de la parcelle, pour éviter toute inondation par temps humide (voir p. 116).

3 Prélevez une poignée de terre superficielle humide dont vous formez une boule. Si la boule garde sa forme, reste collante et peut être polie avec le pouce, voire moulée en d'autres formes, la terre est lourde avec une forte quantité d'argile. Si la terre n'a aucune adhérence et s'effrite, elle est légère, sablonneuse ou vaseuse.

est-elle lourde ou légère (voir p. 114), bien drainée (voir p. 116), acide ou calcaire (voir p. 125) ? Notez également sa richesse organique, sachant qu'un sol pauvre en humus, d'aspect décoloré, risque d'être stérile, tandis qu'une terre très riche en matières organiques, souvent foncée, friable et fibreuse ou tourbeuse, a des besoins spécifiques en eau et nutriments.

Une bonne préparation

Dans un endroit abandonné, livré à une végétation folle, la première chose à faire est de nettoyer. Si, par chance, vous obtenez une parcelle propre, bien entretenue, sans autre problème majeur qu'un mauvais drainage, vous gagnez un temps précieux. Même si vous désirez ne pas labourer (voir p. 36), mieux vaut commencer par bêcher tout ou partie de la parcelle durant l'automne ou l'hiver : cela permet d'apprendre à manipuler ce type de sol, d'appréhender des éléments cachés, comme la présence de racines ou les variations de texture et de structure. Profitez-en aussi pour incorporer de bonnes doses de fumier ou de compost, indispensables avant de mettre votre planche en culture.

Un labour à un fer de bêche devrait suffire à ce stade, mais optez pour deux fers de bêche en cas de mauvais drainage ou pour disposer de couches profondes. Ayez recours à un motoculteur (voir p. 123), surtout si vous démarrez en été sur un terrain très négligé et si vous avez du temps devant vous : le passage répété de cet engin tous les 15 jours par temps sec peut éradiquer la plupart des racines de mauvaises herbes, à condition de les ramasser au fur et à mesure avec un râteau. Cependant, ce traitement risque de dégrader temporairement la structure du sol et d'engendrer des problèmes de drainage sur un sous-sol argileux. Dès qu'on le travaille, un sol léger se dessèche rapidement ; aussi, à la belle saison, labourez selon vos besoins. Dans une terre lourde, bêchez à grosses mottes en automne, mottes que les précipitations et le gel vont briser tout au long de l'hiver.

VOIR AUSSI ▸ Explorez son domaine, p. 25. Labour à un fer de bêche, p. 124. Labour à deux fers de bêche, p. 124.

Améliorer le sol

Dans les jardins ouvriers, le sol revêt souvent la forme d'une terre limoneuse, mélange de particules de sable léger et d'argile lourde. Selon les proportions de ces éléments minéraux, votre sol est soit un limon sablonneux soit un limon argileux, avec une texture variable.

LA TEXTURE. Voilà un critère important. La dimension des particules du sol détermine, en effet, la quantité d'espaces vides (« pores ») où affluent air et eau, deux éléments essentiels pour une vie microbienne saine et une forte croissance des plantes. Un sol très sablonneux comporte de grosses particules, donc de gros pores, ce qui explique son pouvoir très drainant et très filtrant. À l'inverse, les fines particules d'argile donnent de minuscules pores capables d'absorber d'énormes quantités d'eau, mais qui ne peuvent être libérées que très lentement.

Il faut comprendre ces différences de fonctionnement si l'on veut améliorer le sol. Restant longtemps humide au printemps, l'argile est donc lente à se réchauffer suffisamment pour les premiers semis. Mais le fait d'augmenter la dimension des pores d'une terre argileuse contribue à la drainer et à la réchauffer plus vite (voir p. 118). Un sol sablonneux, du fait de ses gros pores, est bien aéré et s'avère difficile à maintenir frais par temps chaud et sec. Seule l'incorporation de doses copieuses de matières organiques (voir p. 118) favorise un maintien de la fraîcheur et lie les particules lâches en une structure plus stable.

LE DRAINAGE. Dans un sol mal drainé, les pores emplis d'eau sont dépourvus d'air, ce qui entraîne des carences nutritives et une mauvaise croissance des plantes. Dans les cas extrêmes, l'épuisement de l'oxygène

Ce simple tas de compost de jardin résulte de l'empilement des déchets de tonte de gazon et de mauvaises herbes annuelles.

fait mourir les racines des plantes et les organismes vivant dans le sol. Des flaques qui persistent longtemps après la pluie, des ornières pleines d'eau, une terre qui sent l'aigre et le moisi, et la présence de joncs, carex et mousses sont tous des signes d'un sol détrempé qu'il faut améliorer.

Très souvent, un bêchage régulier et l'addition de matières organiques suffisent à résoudre le problème. Sur un terrain plat, une légère surélévation des planches (voir p. 36) assure une profondeur suffisante de terre drainée propice aux cultures. Sur une parcelle pentue, la solution consiste à creuser un canal fin qui descend du point cultivé le plus haut au point le plus bas, menant à un bassin ou une tourbière.

Il est parfois nécessaire d'installer des drains (de 30-50 cm de large, à 60 cm de profondeur), descendant en pente douce vers un puisard (excavation de 1 à 1,5 m de large, aussi profonde que possible). Remplissez celui-ci de cailloux et de gravats, que vous recouvrez d'une couche de graviers. Surmontez le tout d'une couche de gazon ou utilisez l'espace pour une citerne, un fauteuil de jardin, etc.

DU COMPOST MAISON. Transformez les déchets organiques du potager et de la maison en une source d'humus gratuite et renouvelable, renfermant la dose équilibrée de nutriments pour les plantes. Rien n'est plus aisé, les matières organiques mortes se décomposant naturellement.

Un tas de compost, dans un coin du potager, suffit à donner un substrat riche. En outre, dans un espace réduit, pour obtenir plus de chaleur et accélérer le processus, l'idéal est de recourir à un silo à compost, que vous fabriquerez vous-même ou achèterez ; en effet, avec une chaleur suffisante, tous les déchets végétaux et animaux se décomposent. Cependant, dans des conditions d'utilisation normales, mieux vaut éviter les excréments d'animaux, les restes de viandes et les

LOMBRICOMPOST

- **Les lombrics,** des vers de terre géants, fabriquent un excellent compost à partir de déchets végétaux, dans un silo spécifique que vous achèterez ou fabriquerez. Ces vers ne sont efficaces qu'avec des apports faibles mais réguliers de déchets. Ils ne peuvent travailler avec de grosses quantités. Il leur faut un endroit chaud, ombragé.
- **Posez le silo à même le sol** pour une meilleure évacuation de tous les déchets liquides (à moins qu'il soit muni d'une réserve intégrée).
- **Apportez du lombricompost** solide aux légumes gourmands, comme le potiron. Utilisez-le aussi pour recouvrir la surface des potées ou pour fabriquer un substrat riche.
- **Les déchets liquides** servent d'activateur de compost ou, dilués, d'engrais complet.

déchets de plantes malades risquant d'attirer des rongeurs ou de transmettre des parasites.

Un excès de ces déchets a pour effet de retarder la décomposition et de donner un compost déséquilibré. Veillez donc toujours à bien mélanger les ingrédients. Il y a les déchets « verts » (mauvaises herbes, épluchures de légumes, tontes de gazon, déchets de taille), qui apportent de l'azote, et les déchets « bruns » (papier, feuilles d'arbres, paille, coquilles d'œuf), qui fournissent du carbone. On obtient le meilleur compost en mélangeant des quantités identiques de déchets verts et bruns.

Une fois le silo plein, arrosez copieusement le tas que vous couvrez après d'une couche isolante de sacs ou de carpettes usagées et d'un film plastique ou d'un couvercle étanche. Laissez mûrir le tout plusieurs semaines durant l'été, plus longtemps en hiver. En vidant et en mélangeant à nouveau tous les ingrédients 1 ou 2 fois, vous accélérerez la décomposition, tout comme l'ajout d'un activateur, à l'instar du fumier de volaille en hiver. Commencez à utiliser le compost mûr de la base ou du milieu du tas ; avec les déchets non décomposés sur les côtés et au sommet, démarrez un autre tas de compost.

Décomposition rapide. Mélangez des journaux déchirés et du carton fin à un volume identique de déchets de tonte dans un sac en plastique noir. Arrosez le tout d'un activateur, refermez le sac et laissez-le au soleil. Par temps chaud, vous pouvez enfouir ce compost au bout de 3 ou 4 semaines.

VOIR AUSSI ▶ **Bacs à compost,** p. 53. **Apport de matière organique,** p. 118. **Fabriquer du terreau de feuille,** p. 208.

Le compost en tranchée

En 2 mois, des tranchées remplies de déchets compostables, comme les épluchures de légumes, enrichissent grandement la terre pour les cultures gourmandes, comme le pois ou le haricot. Creusez ces tranchées en hiver, afin qu'elles soient fin prêtes au printemps pour les semis et les plantations. Renoncez-y en sol lourd ou mal drainé où elles seraient inondées.

1 Le long ou au cœur d'une planche de culture, jalonnez une bande de 50-60 cm de large.

2 À une extrémité de la bande, commencez à creuser à un fer de bêche en laissant la terre de côté.

3 Ameublissez la base de la tranchée à la fourche avant de répandre les déchets à composter (épluchures de légumes, etc.) sur la moitié de la hauteur.

4 Recouvrez avec la terre extraite de la tranchée suivante et procédez ainsi sur toute la longueur de la bande. Vous remplirez la dernière tranchée avec la terre dégagée de la première tranchée. Laissez le tout se décomposer au moins 2 mois avant de planter ou semer vos cultures gourmandes.

Astuces pour un sol sain

SOL LÉGER

- Enfouissez beaucoup de compost ou de fumier pour éviter un rapide dessèchement et pour donner du corps à la texture légère.
- Bêchez uniquement au dernier moment, car un sol ameubli se dessèche encore plus vite.
- Ne labourez pas par grand vent, sous peine de voir s'envoler la terre arable.
- Piétinez fermement la surface du sol si vous semez ou plantez immédiatement après avoir bêché votre parcelle.
- Ne laissez pas trop longtemps un sol dénudé. Paillez-le en surface ou cultivez un engrais vert, comme la moutarde, le trèfle incarnat ou le lupin.
- Après des précipitations prolongées, qui risquent de former une croûte à la surface du sol, décroûtez à la binette ou à la fourche.
- Enrichissez le sol au printemps, après que les fortes précipitations hivernales aient rapidement lessivé les nutriments solubles.

SOL LOURD

- Essayez de retourner autant de planches libres que possible au cours de l'automne, afin que la terre s'émiette sous l'action des intempéries hivernales.
- Évitez de bêcher un sol détrempé et de le piétiner : cela entraîne un tassement, des problèmes de drainage et une mauvaise aération.
- Paillez dès que le sol se ressuie et se réchauffe au printemps pour éviter qu'un soleil chaud ne le sèche et ne le fissure en surface.
- Semez des engrais verts aux racines profondes, comme le sarrasin ou le fenugrec, pour ameublir la structure.
- Chaulez un sol argileux.
- Ajoutez du compost ou du fumier chaque année pour ameublir, aérer et drainer un sol argileux.
- Divisez une parcelle en planches surélevées ou étroites pour limiter le piétinement d'un sol labouré.
- Limitez l'emploi d'engins mécaniques, qui génèrent la formation d'une « semelle » de terre impénétrable.

CHAULER UN SOL ARGILEUX

- L'ameublissement d'un sol argileux et l'amélioration de sa texture passent par un entretien méticuleux et un apport régulier de matières organiques. Vous pouvez également modifier son mode d'action physique par un chaulage. Par un processus de floculation (formation de flocons), la chaux relie les particules collantes d'argile en de plus gros morceaux, plus faciles à manipuler.
- En automne, épandez 400 g de chaux par mètre carré à la surface du sol. Si nécessaire, répétez le traitement au printemps. Il faut 2 ans au moins pour que la texture du sol commence à s'améliorer. Réduisez alors l'apport à 70 g, 2 fois par an.
- Séparez de plusieurs semaines le chaulage et l'apport de fumier pour éviter toute réaction chimique. Le fait de chauler modifie le pH du sol (voir p. 125). Pour parer à une alcalinisation trop élevée, remplacez (en quantité identique) la chaux par un mélange constitué de 1 part de dolomie (carbonate de magnésie) pour 4 parts de gypse (sulfate de calcium).

APPORT DE MATIÈRE ORGANIQUE. Mieux vaut nourrir le sol que la plante. La vitalité de la terre repose sur une population florissante de bactéries, lesquelles ont besoin d'humus pour vivre, matière brun foncé, friable, issue de la décomposition de déchets organiques. Chaque année, il faut enrichir le sol en matières organiques qu'on enfouit et brasse à la terre, ou qu'on épand en un paillis.

SOURCES D'HUMUS. Tout ce qui se décompose rapidement peut donner de l'humus. Les éléments les plus utilisés sont les suivants :

Fumures animales. À la campagne, on en achète à l'automne, auprès de fermes bio, voire de petites exploitations non vouées à l'élevage intensif, afin d'éviter tout résidu chimique indésirable. Très riches en nutriments, ces fumures doivent être stockées durant un an pour bien se décomposer (pour créer une couche chaude, voir p. 53). En ville, on se contente de fumier vendu en sacs.

Compost de jardin. Rien de plus facile à obtenir sur place à partir de vos propres déchets du jardin et de la maison. Voilà une source gratuite, renouvelable, renfermant de bonnes quantités de nutriments, et qui reste disponible toute l'année.

Compost de champignonnière. Ce précieux déchet à base de paille décomposée est régulièrement disponible chez les éleveurs de champignons. Souvent alcalin, il convient aux légumes de la famille du chou. Gare aux résidus chimiques, à moins de vous le procurer auprès d'une exploitation bio. Ce compost peut aussi servir à produire des champignons !

Autres sources d'humus. Il existe des terreaux fertilisants, souvent onéreux, à base de fumures animales et de déchets végétaux décomposés. La paille, idéale en paillis, peut être

Bon engrais vert, la phacélie attire les insectes bénéfiques.

enfouie une fois partiellement décomposée. Le terreau de feuille, même s'il est pauvre en nutriments, est excellent comme amendement et paillis. Le lombricompost (voir p. 116) s'utilise, de préférence, comme substrat de rempotage et engrais.

PAILLIS. Un paillis est un matelas destiné à protéger la terre des températures extrêmes. Éliminant la lumière, il supprime aussi les mauvaises herbes. De plus, il contribue à maintenir une certaine fraîcheur du sol. L'idéal est d'épandre des matières organiques qui, en outre, nourrissent les plantes, favorisent les vers de terre et améliorent progressivement la texture du sol au fil de leur enfouissement. Mais on peut aussi appliquer un paillis non organique épais (film plastique, carpettes, etc.) pour nettoyer un terrain envahi de mauvaises herbes.

Toutes les matières organiques sources d'humus peuvent servir de paillis : les déchets de tonte de gazon, les déchets broyés de taille et autres déchets ligneux, les fougères et les écorces. Si vous les enfouissez, ces matières non décomposées peuvent épuiser le sol en se dégradant. En revanche, elles s'imposent comme paillis superficiel où elles commencent à se décomposer sans risque. Un tel paillis stabilise les conditions du sol, mais absorbe beaucoup d'humidité. Voilà pourquoi on ne l'applique que sur un sol humide qui s'est déjà réchauffé au printemps.

ENGRAIS VERT. Un engrais vert est une plante qui couvre le sol avant d'y être enfouie pour l'enrichir. Souvent, ce sont des légumineuses qui accroissent la fertilité du sol, stockent l'azote de l'atmosphère dans leurs racines et le libèrent ensuite au fil de leur dégradation. Parmi ces engrais verts, certaines plantes sont dotées de racines puissantes qui pénètrent et aèrent un sous-sol lourd, mais puisent aussi des minéraux en profondeur et les apportent en surface pour les cultures suivantes. Tous les engrais verts stabilisent le sol et le protège d'éventuelles dégradations. En outre, ils étouffent les mauvaises herbes et empêchent les nutriments d'être lessivés par les précipitations. Enfouissez-les dans le sol avant la floraison pour éviter qu'ils ne se ressèment par la suite, mais, auparavant, épandez du fumier de volaille riche en azote pour accélérer la décomposition. Sachez qu'en fleur le trèfle, la phacélie ou le sarrasin attirent les abeilles et les syrphes.

Choisissez un engrais vert adapté à la saison, au type de sol dont vous disposez et au temps que vous pouvez prendre jusqu'à ce qu'il soit efficace. Parmi les meilleurs :

Fenugrec. Puissante racine pivotante pour sous-sol pauvre ; semis dès avril ; 3 mois de croissance.

Féverole. Apporte de l'azote aux sols légers ; semis en automne ; 4 à 6 mois de croissance.

Lupin. Fixateur d'azote pour sols légers ; semis au printemps et en été ; 3 ou 4 mois de croissance.

Luzerne. Longue racine pivotante pour sols durs ; semis au printemps ou en automne ; 12 mois de croissance.

Moutarde. De croissance rapide pour tout sol ; semis du printemps à l'automne ; 4 à 6 semaines de croissance.

Phacélie. Plante cultivée pour ses feuilles, en tout sol ; semis du printemps à l'automne ; 2 ou 3 mois de croissance.

Sarrasin. Idéal en sols légers ; semis d'avril à août ; 2 ou 3 semaines de croissance.

Trèfle. Apporte de l'azote aux sols légers ; semis d'avril à août ; 3 ou 4 mois de croissance.

Trèfle incarnat. Apporte de l'azote aux sols légers ; semis d'avril à août ; plus de 2 mois de croissance.

Vesce d'hiver. Rustique en hiver ; fixateur d'azote pour sols lourds ; semis du printemps à l'automne ; plus de 2 mois de croissance.

VOIR AUSSI ▸ **Paillis contre les mauvaises herbes,** p. 122.
Les engrais, p. 150-151.

LA FERTILITÉ DU SOL. Au sein du potager, la fertilité d'un sol et son aptitude à soutenir la croissance des plantes dépendent de nombreux facteurs : structure saine, richesse en micro-organismes, pH (qui précise l'acidité, voir p. 125), nutriments disponibles.

Ces différents nutriments essentiels pour la croissance ne doivent pas seulement être présents, mais également accessibles. Les plantes qui s'en nourrissent requièrent ainsi beaucoup d'eau où se dissoudent leurs nutriments. Les engrais chimiques concentrés sont facilement solubles, ce qui explique qu'ils agissent rapidement, mais ils ne peuvent nourrir les plantes que pour leur développement et n'ont donc pratiquement aucun effet bénéfique sur le sol. Des apports volumineux de fumier ou de compost améliorent physiquement le sol, tout en soutenant la croissance, car les micro-organismes du sol les dégradent en simples éléments chimiques solubles.

APPORTER DES NUTRIMENTS. Un apport équilibré d'éléments chimiques, ou nutriments, garantit des plantes saines (voir p. 150). Les trois nutriments essentiels sont l'azote (N), le phosphore (P) et le potassium (K). Ils doivent être disponibles dès le début des cultures et fournis régulièrement par la suite, d'autant plus que, du fait de leur solubilité, les eaux de pluie et d'arrosage lessivent constamment leurs résidus. Les cultures reposent sur ce trio pour leur santé et leur développement.

En principe, un terrain cultivé à bon escient et régulièrement enrichi de matières organiques renferme souvent assez de nutriments accessibles pour nourrir les plantes jusqu'à maturité et se passe de tout apport supplémentaire d'engrais. Il suffit au départ d'enfouir de grosses

Les signes d'une mauvaise fertilité

Enrichissez régulièrement chaque planche de fumier ou de compost selon la culture. Dans certains cas, le sol requiert d'abord un amendement. Ce tableau répertorie les symptômes les plus répandus à surveiller et en précise les causes probables.

Symptômes	Cause probable
Croissance généralement mauvaise, lente ou plante décolorée	Structure du sol inadéquate ; pH inadapté ; faible activité microbienne du sol ; carence en nutriments
Croissance rabougrie, feuilles décolorées ou jaunes, petits fruits	Carence en azote
Mauvais développement radiculaire ; feuillage teinté de bleu ; faible production	Mauvais drainage ou carence en phosphore
Feuillage marbré, faible développement de la plante, fruits de mauvaise qualité	Potassium insuffisant
Pourriture des racines, mousses, araignées, algues superficielles ; saveur aigre	Mauvais drainage, acidité excessive (pH bas), tassement du sol

▲ **Marbrure du feuillage.**

quantités de fumier ou de compost, puis d'épandre un paillis de 10 cm des mêmes matières chaque année.

Il y a de sérieux risques de carences dans un sol pauvre, de type sablonneux, qui s'épuise rapidement, de même à la fin d'un hiver humide, dans un terrain massivement cultivé. Dans ces cas, il suffit de prévoir un apport supplémentaire d'engrais (voir p. 150-151). Pour le choix de l'engrais, ciblez toujours les plantes en demande, au lieu d'en distribuer trop largement, sous peine d'en gaspiller, et évitez tout excès nocif aux cultures.

Les feuilles de la consoude sont riches en potassium. Plantée le long d'un rang de légumes, cette vivace offre les bienfaits d'un paillis et apporte des nutriments en se décomposant.

Avant de vous mettre à essayer les engrais, mieux vaut explorer d'autres sources de fertilité. Les associations bénéfiques avec les légumineuses, donnent, par exemple, des résultats très productifs : ainsi, le trèfle, semé entre des plants de maïs doux, enrichit la culture en azote fixé par ses racines et gagne à être laissé comme couvre-sol tout l'hiver avant d'être enfoui comme engrais vert au printemps.

VOIR AUSSI ▸ Plantes compagnes, p. 35. **Mesurer le pH,** p. 125. **Les engrais,** p. 150-151.

Nettoyer le terrain

Une démarche programmée

Vous pouvez avoir la chance de louer ou d'acquérir une parcelle bien entretenue ou récemment abandonnée. Le cas échéant, vous n'avez qu'à enlever les restes des cultures précédentes pour les composter et à enfouir les mauvaises herbes annuelles comme engrais vert (voir p. 119). Mais si la parcelle est délaissée depuis longtemps, il faut une organisation plus planifiée, avant de démarrer semis et plantations : les mauvaises herbes annuelles se trouvent alors dominées par les vivaces, bien plus difficiles à éradiquer.

En démarrant dès l'automne, cela vous permet de procéder à un nettoyage régulier tout au long de l'hiver. Mais si vous héritez du terrain durant la saison de croissance, la première chose avisée à effectuer consistera à identifier la partie la moins négligée ou la plus accessible par laquelle commencer le nettoyage. Contentez-vous de maîtriser le reste à la tondeuse ou à la débroussailleuse en attendant mieux. Si vous ne pouvez pas patienter, faites appel à des membres de votre famille pour vous aider. Vos voisins vous offriront souvent leur concours au départ, une aide que vous pourrez, plus tard, apporter à de nouveaux arrivants.

Scindez la tâche en plusieurs étapes, à moins que vous n'ayez du temps et de l'énergie à revendre. Rappelez-vous que la nature a horreur du vide et qu'un grand espace nettoyé se remplira vite de mauvaises herbes s'il reste inutilisé.

LES PIRES MAUVAISES HERBES. Si certaines mauvaises herbes sont tolérables, et même comestibles (voir p. 153), il faut éradiquer celles qui gênent les autres cultures. La ficaire *(Ranunculus ficaria)* en fait partie, avec ses bulbilles qui se dispersent facilement. Il y a aussi des herbes qui s'étalent par des rhizomes ou stolons souterrains persistants, comme le chiendent *(Agropyron repens)*, l'herbe-aux-goutteux *(Aegopodium podagraria)* et les liserons *(Calystegia* et *Convolvulus)*. Il suffit de laisser en place des bulbilles ou des éclats de racines pour qu'ils repartent ; seule la chaleur extrême d'un tas de compost peut éradiquer ces fragments de mauvaises herbes vivaces.

Si possible, supprimez à la bêche les intruses aux longues racines et débarrassez-vous-en en toute sécurité. Cependant, sachez que ces racines sont riches en éléments minéraux : plutôt que les brûler ou les mettre à la poubelle, faites-les sécher au soleil sur un film plastique, puis émiettez les restes sur le tas de compost. Vous pouvez aussi recueillir les racines dans un seau et les immerger dans l'eau pour élaborer un engrais liquide efficace (voir p. 151).

DÉCOUPER DES CARRÉS. Si la couverture de mauvaises herbes comprend surtout des herbes et des vivaces à enracinement superficiel, vous pouvez l'enlever en découpant des carrés de terre de 5 cm de profondeur. Cette terre superficielle fibreuse étant précieuse, entreposez les carrés à l'envers en une pile que vous entourerez de plastique noir durant 1 ou 2 ans. Une fois que le tout se sera bien décomposé, vous pourrez l'enfouir dans le sol comme supplément d'humus.

UN TERRAIN NÉGLIGÉ. Pour commencer à défricher un terrain abandonné, tout dépend des outils à votre disposition, mais aussi de ce que vous prévoyez à long terme et de vos goûts personnels. Tout d'abord, explorez méticuleusement l'espace, surtout si vous utilisez des engins mécaniques, des obstacles risquant

PAILLIS CONTRE LES MAUVAISES HERBES

- **Recouvrir totalement une parcelle** d'un paillis suffit à étouffer les mauvaises herbes les moins coriaces. Pour former votre paillis, étalez sur des cartons ou sur une épaisse couche de papier journal un matelas de fumier ou de compost de 10-15 cm. Laissez le tout en place plusieurs semaines, tout l'hiver si possible, avant de creuser des trous de plantation au sein du paillis pour des cultures robustes, comme la pomme de terre, le haricot, le maïs doux ou le potiron. Remblayez ces trous avec du vieux substrat de rempotage ou de la terre friable prélevée ailleurs. Vos récoltes seront bonnes et le paillis continuera d'enrichir le sol, toujours exempte de mauvaises herbes.
- **Pour nettoyer un terrain,** vous pouvez également utiliser un paillis non organique, film plastique noir, bâche tissée, couvre-sol en plastique, etc. Outre son rôle protecteur, un tel paillis s'avère précieux pour certaines cultures (fraisier, pomme de terre et oignon) qu'on insère en fendant la bâche. Utilisés méticuleusement, ces paillis peuvent rester en place des années.

Efficace pour alléger un sol trop lourd, le motoculteur met aussi à nu les racines des mauvaises herbes.

Recouvrir toute la parcelle de sacs ou de film plastique, durant au moins un an, est une solution radicale pour la débarrasser des mauvaises herbes.

de se dissimuler dans la végétation haute. Procédez délicatement, selon la saison, car il peut y avoir des bulbes, des asperges, de la rhubarbe ou d'autres plantes vivaces qui se trouvent au repos sous terre.

Coupe rase. Si la végétation dépasse 15 cm de haut, rabattez-la à la faucille, au coupe-fil, au fauchard ou à la cisaille. Compostez les déchets de taille, sauf s'ils comprennent des tiges ligneuses et des ronces ; empilez-les alors dans un coin où ils vont se décomposer et offrir un refuge à la faune sauvage. Par la suite, vous pourrez entretenir l'endroit avec une simple tondeuse.

Motoculteur. Cet engin, qui sert essentiellement à retourner un terrain, peut aussi enfouir fumier ou compost dans un sol nettoyé. Si les racines de mauvaises herbes vivaces pullulent, vous risquez de les multiplier davantage avec le motoculteur qui sectionnera ces racines en autant d'éclats indésirables. Commencez par ratisser toutes les racines déterrées et enlevez à la fourche les plus importantes pour laisser après le champ libre à l'engin.

Bêchage. Voilà une solution ardue, mais minutieuse, pour nettoyer un terrain en friche : à la bêche, découpez l'espace en plusieurs bandes faciles à gérer et bêchez-les méticuleusement l'une après l'autre, en retournant la terre autant que possible. Ameublissez la terre autour des racines profondes les plus récalcitrantes pour essayer de les extirper entièrement. Aidez-vous d'une binette pour supprimer les racines d'orties et de ronces.

Désherbants. Même si vous souhaitez jardiner bio, vous devrez avoir recours à un désherbant systémique, comme le glyphosate, pour venir à bout des intrusions de mauvaises herbes les plus importantes. Prenez conscience des inconvénients de cette méthode (voir p. 153), notamment des risques sur les parcelles voisines. Un bon compromis serait de ne désherber que les sentiers et de nettoyer les planches de culture par d'autres méthodes.

Étouffement. En privant les mauvaises herbes de lumière, vous pouvez les détruire, lentement mais sûrement. Si vous pouvez vous passer d'une planche durant au moins un an, couvrez-la de vieilles carpettes ou de film de plastique noir solidement arrimé dans le sol. Vous éliminerez ainsi toutes les mauvaises herbes, sauf les plus tenaces que vous pourrez alors extirper facilement à la bêche.

VOIR AUSSI ▸ Outillage, **p. 54-55. Paillis, p. 119.** **Le désherbage, p. 152-153.**

Travailler le sol

Préparer le sol

Une fois le terrain nettoyé et, si besoin, drainé, il faut le bêcher avant de le mettre en culture, afin d'obtenir des conditions favorables aux semis et aux plantations.

Si la parcelle a été bien entretenue, il vous suffira de retourner la terre en surface et de niveler le terrain pour un usage immédiat. Sinon, procédez à un vrai labour selon l'une des méthodes décrites ici :

À UN FER DE BÊCHE. Le labour à un fer de bêche convient dans tous les cas, notamment pour retourner un nouveau terrain et y enfouir fumier ou mauvaises herbes. Vous pouvez soit prélever une pelletée de terre et la retourner en la faisant retomber au même emplacement, soit creuser une tranchée.

À DEUX FERS DE BÊCHE. Ce mode de labour retourne le sol 2 fois plus profondément. On y recourt pour préparer des planches surélevées ou sans labour (voir p. 36), pour pallier un mauvais drainage ou améliorer un sol pauvre.

À LA FOURCHE. Dans un sol caillouteux, il est plus facile de labourer à la fourche qu'à la bêche.

La fourche est également précieuse pour briser un sol difficile à retourner, pour bêcher un terrain bien entretenu, extirper les mauvaises herbes et enfouir du fumier ou du compost.

Pour un résultat optimal, labourez sur toute la hauteur de l'outil. La fourche permet aussi un labour superficiel, juste pour aérer et ameublir le sol en surface.

AU RÂTEAU. La dernière étape de préparation du sol est un ratissage énergique dans les deux sens. Cela permet de niveler le terrain, de briser les dernières mottes, de peigner le sol en surface en tenant le râteau plus droit, puis d'enlever toutes les pierres et tous les éclats de mauvaises herbes restants.

À LA BINETTE. Si la binette sert surtout à éliminer (sarcler) les mauvaises herbes entre les plantes, elle s'avère également utile pour décroûter une parcelle en surface juste avant de semer ou planter.

La meilleure période

À l'automne, bêchez un sol argileux à grosses mottes, lesquelles, sous l'action conjuguée du gel et des précipitations, vont se briser. Avant semis ou plantation, il suffit d'émietter finement la surface à la fourche. En bêchant si tôt, on évite aussi tout tassement du sol à la suite de fortes pluies.

Mieux vaut labourer un sol léger au printemps et protéger sa surface vulnérable des pluies et vents tout l'hiver par une couverture d'engrais vert, de mauvaises herbes annuelles ou d'un paillis de terreau de feuille. Laissez le sol se rétablir plusieurs

L'art de labourer

1 Creusez une tranchée d'un fer de bêche de large et de profondeur. Travaillez à reculons, déposez la terre dans une brouette et emportez-la à l'autre bout de la planche, où elle servira à combler la dernière tranchée. Finissez bien la tranchée en enlevant les mottes de terre émiettées du fond de la tranchée.

2 Pour améliorer la texture et la fertilité de la terre, étalez du fumier ou du compost à la base de la tranchée, tout en enfouissant des mauvaises herbes annuelles prélevées à l'emplacement de la tranchée suivante.

semaines après le labour ou piétinez légèrement les parcelles à vite utiliser pour éviter toute évaporation.

Retourner un sol détrempé ou gelé endommage sa structure. Enfin, il est inutile de s'épuiser à bêcher un sol très sec.

Tester l'acidité du sol

Le calcium est un élément important (voir p. 150), qui détermine la facilité avec laquelle les plantes absorbent d'autres nutriments. Il présente un taux faible en sol acide, élevé en sol alcalin et moyen dans la plupart des cas.

MESURER LE PH. Un simple appareil électronique ou kit chimique permet de lire l'échelle du pH qui varie de 0 à 14 (7 représentant la neutralité). Un sol est de plus en plus acide à mesure que le pH descend en dessous de 7, au-dessus, il est alcalin. Les légumes montrent différentes exigences en calcium, la plupart préférant un pH neutre de 6,5 à 7. La famille du chou apprécie des conditions alcalines.

CHAULER. L'apport de chaux dans le sol vise à le rendre alcalin : il suffit de 250 g au mètre carré en sol sablonneux, mais une quantité 2 ou 3 fois supérieure est nécessaire en sol argileux pour augmenter le pH d'une unité.

Le plus souvent, le chaulage des planches de choux (voir p. 74) au démarrage de la végétation est suffisant, à condition de prévoir une rotation annuelle pour maintenir un pH acceptable sur l'ensemble de la parcelle. Inutile d'analyser le pH chaque année. Un seul test est utile au départ afin d'éviter tout problème de carence fréquent dans les sols de nature extrême, surtout à la suite d'un chaulage excessif, difficile à corriger. L'opération inverse, l'acidification d'un sol, est plus ardue. Elle suppose l'apport de soufre, de sulfate de fer, de déchets de tonte ou de terreau de feuille au long de plusieurs saisons.

VOIR AUSSI ▶ Rotation des cultures, p. 32-35. **Banquettes sans labour,** p. 36. **Outillage,** p. 54-55. **Engrais vert,** p. 119. **Préparer une couche fine,** p. 126. **Terreau de feuille,** p. 208.

3 Si la terre est pauvre, superficielle ou stérile, allégez, au fond de la tranchée, une profondeur de terre correspondant à toute la hauteur du fer de fourche (utilisez une pioche pour un sol trop compact) et insérez-y une dose abondante de fumier.

4 Enfin, creusez une seconde tranchée le long de la première, que vous comblez avec la terre extraite de la nouvelle. Veillez à ne pas mélanger terre arable et sous-sol. Poursuivez ainsi sur toute la largeur de la planche.

LABOURER À BON ESCIENT

- Scindez la tâche en plusieurs étapes et arrêtez-vous avant de vous épuiser.
- À la fin de chaque rang, reposez-vous en nettoyant votre bêche.
- Pour retourner une grande surface, simplifiez-vous la vie en divisant l'espace en plusieurs bandes parallèles que vous travaillez successivement.
- Ne bêchez jamais par forte pluie ou gel.
- Tenez la bêche bien droite pour travailler à la profondeur maximale.
- Découpez nettement les bords de la tranchée et déblayez la terre émiettée du fond.
- Enfouissez des mauvaises herbes annuelles, mais supprimez les racines des vivaces que vous rencontrez.
- Jouez sur le manche de l'outil pour ameublir le sol et extirper les racines de mauvaises herbes.
- Ne portez jamais en surface le sous-sol d'aspect décoloré.
- Nivelez grossièrement la surface au fur et à mesure pour gagner du temps sur la suite.

Les dernières étapes

Préparer une couche

Avant de semer, le stade ultime de la préparation du sol consiste à émietter ce dernier de façon qu'il présente en surface une couche de terre fine (voir encadré ci-dessous).

Cette couche finement émiettée, la terre arable, de 2 à 5 cm de profondeur, offre le meilleur environnement qui soit à la germination. Il faut trouver un bon compromis entre un terrain frais et suffisamment sec pour pouvoir s'émietter facilement. Préparez ainsi une parcelle pour un usage immédiat, sachant que cette surface fine se montre sensible aux précipitations abondantes ou au soleil intense si vous la laissez telle quelle.

Préparer une couche fine

Retournez la planche entière si elle n'est pas encore en état d'être travaillée et brisez les grosses mottes de terre si besoin. Lorsque la surface est croûtée ou dégradée, rafraîchissez-la à la fourche ou au motoculteur et supprimez les mauvaises herbes et les cailloux éventuels. Vous pouvez finir la préparation au râteau. S'il n'est pas indispensable, le large râteau à foin en bois aide à bien niveler, surtout sur une planche étroite.

1 Ratissez dans les deux sens pour mettre à niveau et pour briser les dernières mottes. Enlevez les mauvaises herbes et cailloux, puis épandez un engrais de fond (voir p. 151).

2 Tassez un sol léger, boursouflé, surtout si vous y cultivez choux et oignons. Si le sol est assez sec, piétinez-le légèrement sur toute la surface. Sinon, tapez avec le dos du râteau en maintenant l'outil bien droit.

3 Nivelez à nouveau le sol. La couche est prête à recevoir de grosses graines, comme les pois ou haricots. Pour y semer de petites graines, il faut obtenir une belle finition ; continuez à émietter finement le sol en surface, en tenant le râteau pratiquement à la verticale.

UNE PRÉCOUCHE. Une terre homogène et bien entretenue renferme des graines de mauvaises herbes au stade de la dormance (repos). Ces graines abondent davantage encore dans une parcelle récemment nettoyée. Elles ont la particularité de germer très rapidement, souvent bien plus vite que celles des cultures proprement dites, qu'elles étouffent donc. Pour réduire cette compétition, préparez la couche 3 ou 4 semaines avant d'en avoir besoin, laissez se développer les mauvaises herbes (arrosez la couche si nécessaire pour hâter la levée). Vous n'aurez plus qu'à

Dans ces planches surélevées, on a retourné la terre pour obtenir une couche bien émiettée, idéale pour les semis de grosses graines, comme les pois ou les haricots.

les sarcler et à niveler la surface avant de semer. Les quelques mauvaises herbes qui se développeront alors seront plus faciles à enlever.

UN SOL RÉCHAUFFÉ. La plupart des graines de légumes ne germent pas si la température du sol s'abaisse en dessous de 7 °C. Une telle chute du thermomètre se vérifie souvent au printemps, longtemps après le début des premiers semis. Elle s'avère surtout problématique dans les sols lourds, lents à se réchauffer et se ressuyer.

Il est toujours possible de couvrir le sol, de protéger la couche sous des châssis ou un voile horticole, 3 ou 4 semaines avant les premiers semis. Cela réchauffe le sol de quelques degrés précieux pour démarrer les semis dès la fin février dans un terrain bien drainé. Après le semis, laissez les protections en place pour maintenir le bienfait d'un réchauffement si hâtif.

De telles protections contribuent également à ressuyer les sols trop humides pour être retournés. Elles ont aussi l'avantage de préserver une couche inexploitée jusqu'à ce que vous décidiez d'y semer. Mais vous devrez peut-être arroser cette terre sans culture car, faute de précipitations, elle pourra se dessécher rapidement.

Semis en pépinière

Le plus souvent, on sème les légumes directement en place. Dans certains cas, toutefois, si les planches sont déjà occupées par d'autres cultures, on doit recourir à des semis en « pépinière », à effectuer à un emplacement temporaire, avant de les repiquer en place dès que la parcelle se libère.

Préparez cette pépinière de la même façon qu'une couche où vous semez vivaces, choux et autres légumes, mais sans la retourner aussi profondément.

Utilisez-la pour les semis échelonnés à éclaircir et à repiquer en place dès que les jeunes plants sont manipulables, mais aussi pour y installer temporairement de jeunes plants, en attendant que les parcelles soient disponibles. C'est également l'endroit idéal pour y enraciner des boutures ligneuses et des stolons de fraisier, ainsi que pour mettre en jauge des arbres fruitiers jusqu'à ce que vous puissiez les planter (voir p. 141) ou encore les légumes d'hiver, comme les derniers poireaux et panais en fin de saison.

CAILLOUX UTILES

Si la présence de quelques pierres dans la terre favorise son drainage et son réchauffement, un trop grand nombre compromet la culture, qu'il s'agisse du sarclage à la binette ou du semis de petites graines, et gâte la qualité des légumes-racines. Enlevez toujours les grosses pierres partout où elles apparaissent. Le bêchage les fait remonter à la surface. Contentez-vous d'enlever les plus petites au râteau, lorsque vous préparez une couche fine. Voici, sinon, comment utiliser les pierres :

- **Déposez-les,** en terrain lourd, au fond du trou de plantation des arbres.
- **Ajoutez-les** au fond des puisards et des tranchées de drainage.
- **Empilez-les** dans un coin pour héberger salamandres et autres reptiles.
- **Entassez-les** au bord des planches surélevées.
- **Épandez-les** sous forme de paillis autour des arbres fruitiers et des plantes en pots.
- **Mettez-les** au fond des pots et bacs comme couche drainante.
- **Étalez-les** en guise de graviers sur les sentiers.

VOIR AUSSI ▶ Le désherbage, p. 152-153. Échelonner les semis, p. 185. Multiplier les fraisiers, p. 190-191. Bouturer les petits fruits, p. 206-208.

Les graines

Diversité des graines

Dans les jardins ouvriers, on cultive la plupart des plantes par semis. Que vous achetiez vos graines chez un semencier réputé ou les récoltiez sur vos propres plants, elles doivent être en bon état de fraîcheur, toujours viables, après le stockage, pour germer rapidement et uniformément. De bonnes graines favorisent un bon départ pour les cultures. Ainsi gagnent-elles à être sélectionnées avec soin.

La diversité des types et des variétés de graines est stupéfiante. D'un point de vue légal, la qualité des graines de légumes proposées dans le commerce fait l'objet de normes de pureté et de germination très strictes, garantissant de bons résultats.

Toutes les variétés sont disponibles sous la forme de graines « nues » normales. Parfois, les graines se présentent « enrobées », entourées d'une pellicule d'argile qui favorise leur manipulation ; il est important de bien les humidifier après le semis pour faciliter la dégradation de l'enrobage.

Les rubans de graines rendent superflu l'éclaircissage, les graines se trouvant insérées à distance régulière sur le ruban biodégradable. Les graines pré-germées doivent être semées immédiatement, généralement sous abri. Certains légumes, comme le maïs doux ou le haricot, voient leurs graines traitées par un fongicide pour éviter toute fonte du semis lors de la germination.

Importance des variétés

Les variétés d'un même légume peuvent donner des résultats très différents. Vérifiez donc bien qu'elles sont adaptées au climat, au sol et à l'époque de l'année, mais aussi si elles sont précoces ou de garde, naines ou grandes, rustiques, à blanchiment spontané, etc. Tenez compte d'un autre facteur important, la saveur, qui peut dépendre tout autant du type de graine que de l'état sanitaire de la culture. Aussi, soyez prêt à explorer l'éventail de variétés peu répandues. Faites l'expérience de cultiver deux variétés différentes du même légume pour choisir celle que vous préférez, et que vous cultiverez l'année suivante face à une nouveauté.

Obtenus par le croisement de deux lignées de haute qualité, les hybrides F1 sont d'une fiabilité irréprochable. Ils sont, certes, un peu plus chers, mais justifient leur prix par une production élevée, uniforme, et une excellente résistance aux ravageurs et maladies.

Les variétés anciennes non hybrides, ayant traversé le temps, ont, quant à elles, une saveur et un rendement remarquables. Elles conservent toujours leur intérêt, notamment du fait qu'on peut en recueillir les graines chaque année, en fin de saison, pour les ressemer l'année suivante.

Produit d'un travail de sélection assidu, génération après génération, ces grands classiques ne doivent leur survie qu'aux jardiniers qui les retiennent avant tout pour leur caractère unique, irremplaçable (voir p. 216-218).

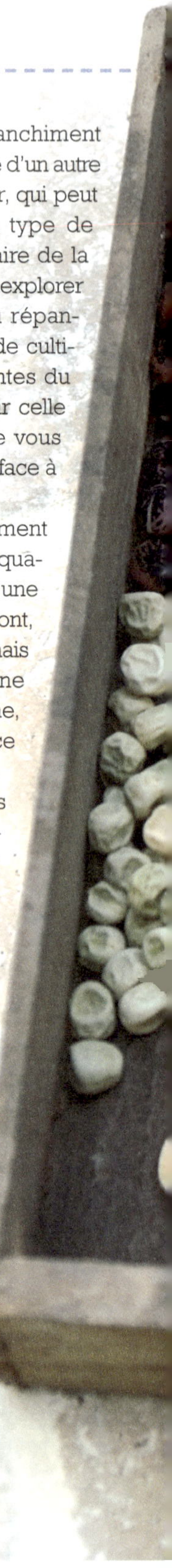

RÉCOLTER LES GRAINES

- **S'il est inutile de récolter** des graines d'hybrides F1, qui sont rarement fidèles et donnent des semis non uniformes, vous pouvez recueillir les graines de variétés anciennes, non hybrides, en vue de les ressemer l'année suivante. À cette fin, l'idéal est de sélectionner chaque année les meilleures plantes ou bien un sujet extraordinaire doté de critères spécifiques, comme la rusticité ou la résistance aux maladies.
- **Vous établirez ainsi une race fiable,** adaptée à votre terrain ou à votre goût, tout en faisant des économies. Il vous suffit de laisser les meilleures plantes fleurir et produire des graines que vous conserverez jusqu'à pleine maturité. Vous n'aurez alors qu'à les secouer pour les récupérer et les stocker dans des sachets identifiés, après avoir pris soin de ne garder que les graines proprement dites et de supprimer tout reste inutile de l'infrutescence.
- **Dans le cas de petites graines,** prenez la précaution d'entourer chaque infrutescence d'un sachet en papier avant maturité ; vous récupérerez ainsi les graines mûres dans le sachet.
- **Soucieux de maintenir la biodiversité,** certains préfèrent recueillir les graines sur un échantillon plus vaste de plantes, et non seulement sur les meilleures.
- **Isolez des autres cultures,** si besoin, les plantes dont vous récoltez les graines (variétés anciennes ou protégées) pour éviter toute pollinisation croisée.

Stocker les graines

Avec le temps, les graines se dégradent, surtout si elles sont exposées à l'humidité ou à la chaleur. Aussi, veillez à conserver les sachets dans un bocal hermétique, dans un endroit frais et sec. Un emballage sous vide ou du papier aluminium évitent durant plusieurs années tout vieillissement des graines qui, cependant, perdent bien leur viabilité dès qu'on les extrait. Scellez avec soin les sachets ouverts et identifiez-les avec la date de l'achat ou du semis des graines. Incorporer du gel de silice desséchant dans un sachet de graines les protège. Séchez au four les graines qui ont rosi à l'humidité pour les réutiliser. La viabilité des graines varie :

4 ANS OU PLUS. Aubergine, céleri à côtes, céleri-rave, concombre, melon, oignon, poivron, potiron, radis, tomate.

3 ANS. Betterave, carotte, chicorée, chou, endive, laitue, poireau, poirée.

2 ANS. Épinard, haricot, maïs doux, pois.

1 AN. Navet, rutabaga, salsifis.

À SEMER DE SUITE. Panais, scorsonère.

TESTER LES GRAINES ÂGÉES. Après une année de stockage, le taux de germination des graines peut être très bas. Au bout de 2 ou 3 ans, testez un échantillon de graines en les disséminant sur du papier absorbant humide dans une soucoupe. Couvrez-les d'un film plastique et laissez au chaud, à la lumière ou à l'obscurité selon les cas. Si plus de la moitié germe, le semis vaut la peine comme engrais vert. Si moins de la moitié lève ou s'il ne se produit rien au bout de 2 semaines, jetez sans regret les sachets de graines trop âgées.

VOIR AUSSI ▸ **Des plantes en bonne santé,** p. 154-157.

Le semis

Les conditions idéales

Que l'on débute ou non au jardin, il est toujours passionnant d'observer la germination des graines que l'on a semées. Le semis et les jours suivants sont une étape critique.

Veillez à ce que les graines soient directement en contact avec un substrat humide et aéré pour qu'elles se mettent à germer vite et uniformément. Préparez avec soin la couche et humidifiez la terre de façon homogène. Il faut une certaine chaleur, plus de 10 °C au sol, les germinations se faisant rares en dessous de 7 °C. Prenez la température de la couche avec un thermomètre spécifique et réchauffez la terre si nécessaire (voir p. 126-127) ou attendez 1 ou 2 semaines sachant que des semis retardés poussent plus rapidement, au point de rattraper leur retard.

Un mois avant la fin des dernières gelées, ne semez pas à l'extérieur les légumes gélifs, comme le haricot à rames, la tomate ou le maïs doux, sauf si vous pouvez les protéger. Par précaution, gardez de côté quelques graines pour des semis de remplacement. Certains légumes, comme la laitue, ne germent pas bien à température élevée. Choisissez donc un emplacement ombragé pour les semis estivaux et semez en fin de soirée quand la chaleur décline. Pour les semis précoces comme tardifs, semez de préférence au soleil, bien à l'abri.

Modes de semis

Pour la plupart des légumes, le semis en place s'effectue au fond de sillons étroits, bien alignés. Il existe d'autres modes de semis : à la volée, en poquets ou à chaud pour prolonger la saison de croissance (voir p. 134-135).

À LA VOLÉE. Pour les salades et les petits légumes de croissance rapide. Semez-les par grandes taches en disséminant les graines uniformément à la surface du sol. Ensuite, ratissez en douceur, en long et en large, pour enterrer les graines, ou bien recouvrez le semis d'un peu de terre ou de compost mûr, finement tamisé.

EN SILLONS LARGES. Pour le pois, le haricot et les légumes à petites graines, comme la carotte ou le radis. Semez-les en bandes de 25 cm de large pour gagner de la place. Creusez des sillons peu profonds à la bêche ou à la binette. Semez les grosses graines en les espaçant bien régulièrement sur le rang, les petites graines directement à la volée. Recouvrez comme pour le semis précédent.

EN POQUETS. Pour les légumes avides d'espace, comme la courge ou le maïs doux. Semez-les en poquets de 3 ou 4 graines, espacés le long d'un cordeau pour bien aligner les semis. Vous pouvez aussi espacer ces graines le long d'un sillon et semer entre elles des cultures dérobées (voir p. 142), comme le radis ou d'autres légumes de croissance rapide.

La bonne profondeur

L'une des causes d'échecs répétés est un semis trop profond. Semez davantage en surface les petites graines, qui stockent moins d'énergie que les grosses, afin qu'elles bénéficient rapidement de lumière. Ne recouvrez pas de plus de 1 cm de terre les graines minuscules, comme celles de l'oignon ou de la carotte. Enterrez à 2-3 cm les graines moyennes (chou, maïs doux) et à 5 cm, voire plus, les grosses graines, comme celles du pois.

Durée de germination

Le temps qui s'écoule entre le semis et la levée varie largement selon le légume. Le radis peut germer pratiquement en une nuit, tandis que le panais met plusieurs semaines. En outre, le mauvais temps peut accroître le délai.

La plupart des semis lèvent au bout de 7 à 10 jours. Si rien n'apparaît au bout de 2 semaines, grattez un peu la terre pour vérifier si des graines ne sont pas en train de germer. Si besoin, renouvelez le semis.

Pour semer en poquets, faites des trous peu profonds avec l'index (à gauche) aux distances requises. Laissez tomber 3 ou 4 graines dans chaque trou (à droite), puis recouvrez les graines de terre fine.

Semis en fins sillons

1 Définissez le rang à l'aide d'un cordeau de jardin. En sol lourd, opérez sur une planche pour éviter de tasser la terre en la piétinant.

2 Avec la pointe d'une binette, creusez un sillon fin le long du cordeau. Supprimez les cailloux et les racines de mauvaises herbes.

3 Disséminez une petite poignée de graines le long du sillon de façon à obtenir un semis clair et uniforme. Espacez les grosses graines (pois, haricot), ainsi que les graines enrobées, une à une sur le rang. Comblez les vides éventuels avec celles qui vous restent.

4 Recouvrez les semis d'un peu de terre fine et nivelez. En sol léger, tassez délicatement la surface avec le dos d'un râteau. N'oubliez pas d'identifier le rang à l'extrémité avec le nom de la variété et la date du semis.

À ESSAYER

- **En sol sec,** après avoir inondé le sillon, attendez que l'eau s'échappe pour semer. Recouvrez le semis de terre sèche ou de terreau de feuille tamisé.
- **Par temps sec,** arrosez les sillons un jour sur deux avec une pomme fine, ou recouvrez les semis de journaux humides jusqu'à la levée.
- **Protégez les semis** sous un filet si les oiseaux ou les chats se montrent menaçants. Surveillez les attaques de limaces.
- **Au lieu de verser** directement les graines du sachet sur le rang et d'obtenir ainsi un semis non uniforme ou trop dense, prenez une petite poignée de graines que vous disséminez à la volée.
- **Éclaircissez** les jeunes semis suffisamment tôt pour ne pas avoir de plants trop rapprochés (voir p. 138).

▲ Avec un pot de 15 cm de diamètre, faites des sillons circulaires dans lesquels vous échelonnez de petites quantités de graines, comme pour les semis de laitue.

VOIR AUSSI ▶ **Les bonnes cultures,** p. 56-111. **Les dernières étapes,** p. 126-127. **Marier plusieurs légumes,** p. 142.

Quand semer et planter

Voici, pour une quarantaine de légumes de base du jardin, les meilleures périodes pour les semis et les plantations, avec les distances de mise en place.

Légume	Espacement des rangs	Distance de plantation	Hauteur	Mars	Avr.-mai	Juin	Juill.-août	Sept.	Oct.-nov.	Déc.	Janv.-févr.
Betterave	25-30 cm	10 cm	15-30 cm	S	S	SR	SR	R	R	-	(S)
Brocoli à jets	60-80 cm	60-80 cm	90-120 cm	R	SR	Q	-	-	-	-	R
Brocoli vert	30 cm	15-25 cm	40-60 cm	SR	SR	R	SR	SR	-	-	-
Carotte de garde	15 cm	5-8 cm	25-40 cm	-	S	-	R	R	R	-	-
Carotte hâtive	15 cm	8-10 cm	25-40 cm	(S)	S	SR	SR	R	-	-	-
Céleri à côtes	25 cm	25 cm	45-60 cm	(S)	(S)	Q	R	R	R	-	-
Chou de Bruxelles	60 cm	60 cm	45-120 cm	SR	SR	Q	-	R	R	R	R
Chou chinois	30 cm	30 cm	25-40 cm	-	-	S	SQ	QR	R	-	-
Chou de printemps	30 cm	10-15 cm	25-40 cm	R	R	R	S	Q	-	-	-
Chou d'été	35-45 cm	35-45 cm	25-40 cm	SQ	SQ	R	R	R	-	-	(S)
Chou d'automne	45 cm	45 cm	25-40 cm	S	SQ	Q	-	R	R	-	-
Chou d'hiver	50-60 cm	50-60 cm	25-40 cm	R	S	SQ	Q	-	R	R	R
Chou-fleur d'été	50-60 cm	50-60 cm	25-40 cm	(S)	Q	-	R	R	-	-	-
Chou-fleur d'hiver	50-60 cm	50-60 cm	25-40 cm	R	R	S	Q	-	-	R	R
Chou vert	30-60 cm	30-60 cm	45-120 cm	R	S	Q	-	-	R	R	R
Concombre	75 cm	75 cm	60-300 cm	-	(S)	Q	R	R	-	-	-
Échalote	20 cm	20 cm	40 cm	P	-	-	R	-	-	P	P
Épinard d'été	30 cm	8-15 cm	15-30 cm	S	S	SR	R	R	-	-	-

S = **semis**
(S) = **semis sous abri**

P = **plantation**
(P) = **plantation sous abri**

Q = **repiquage**
(Q) = **repiquage sous abri**

R = **récolte**
(R) = **récolte sous abri**

Légume	Espacement des rangs	Distance de plantation	Hauteur	Mars	Avr.-mai	Juin	Juill.-août	Sept.	Oct.-nov.	Déc.	Janv.-févr.
Épinard d'hiver	30 cm	8-15 cm	15-30 cm	R	R	-	-	S	R	R	R
Fève	25 cm	25 cm	60-120 cm	S	SR	R	R	-	S	S	(S)
Haricot grimpant	60 cm	15 cm	300 cm	(S)	S	S	R	R	-	-	-
Haricot nain	45 cm	10 cm	30-45 cm	(S)	S	SR	SR	R	R	-	-
Laitue	15-30 cm	15-30 cm	10-25 cm	(S)	S	SR	SR	SR	R	(R)	-
Maïs doux	30-45 cm	30-45 cm	100-250 cm	(S)	(S)(R)(P)	SRP	R	R	R	-	-
Melon	90-150 cm	90-150 cm	300 cm	-	(S)	S(Q)	Q	R	(R)	-	-
Navet	15-25 cm	15-25 cm	30-40 cm	S	SR	SR	SR	R	R	R	(S)
Oignon vert	15 cm	2-3 cm	15-30 cm	SR	SR	SR	SR	R	R	-	(S)
Oignon vrai	30 cm	5-10 cm	45-60 cm	SPQ	SP	R	SR	PR	-	-	(S)
Panais	20-30 cm	10-15 cm	40-45 cm	SR	SR	S	R	R	R	R	R
Poireau	30 cm	8-15 cm	30-45 cm	SR	SR	Q	Q	R	R	R	R
Poirée	45 cm	25 cm	45-60 cm	R	SR	R	SR	R	R	-	R
Pois	20-25 cm	8-10 cm	30-150 cm	S	S	SR	R	R	(S)(R)	-	-
Poivron	45 cm	45 cm	60-90 cm	(S)	S	Q	R	R	-	-	-
Pomme de terre de garde	75 cm	40 cm	45-90 cm	-	P	-	R	R	R	-	-
Pomme de terre primeur	45 cm	30 cm	45-90 cm	P	P	R	R	-	-	-	-
Potiron	100-200 cm	100-200 cm	100-200 cm	(S)	S(R)(P)	SR	R	R	-	-	-
Radis d'été	15 cm	2-5 cm	10-15 cm	SR	SR	SR	SR	SR	R	(R)	(S)
Tomate	45-60 cm	45-60 cm	45-120 cm	(S)	(S)(R)(P)	QP	R	R	(R)	-	-

Semis sous abri

S'il est parfaitement possible d'obtenir des récoltes continues tout au long de l'année sans la moindre protection, la culture sous abri (châssis, tunnel) prolonge la saison de croissance de plusieurs semaines, en protégeant vos plantes des gelées. Sous abri, vous pouvez démarrer tous les légumes gélifs 6 semaines plus tôt, ainsi que ceux lents à arriver à maturité, comme le haricot vert ou le maïs doux. Laissez ces derniers se développer sous abri durant 1 mois, avant de les endurcir au moins 2 semaines. Ne démarrez pas sous abri les légumes-racines, comme le panais ou la carotte, dont les longues racines supportent mal le repiquage et la plantation.

En caissette

Veillez à ce que la caissette ou le pot soient propres et adaptés à la quantité et au calibre de vos graines. Utilisez un substrat spécial semis neuf, suffisamment humecté et à température ambiante.

- Remplissez la caissette de substrat, enlevez tout excès à l'aide d'une planchette et laissez-la retomber sur le substrat pour bien le tasser. Si vous utilisez un substrat riche en terre végétale, tassez-le délicatement à l'aide d'une planchette ou d'un bocal à confiture, si vous semez en pots. Arrosez avec une pomme très fine et laissez l'eau s'échapper (préférez l'eau du robinet à celle d'une citerne).
- Disséminez les graines minuscules très clair et uniformément sur toute la surface ou sur des rangs. Pour les grosses graines, opérez à la main, en les espaçant régulièrement. Recouvrez légèrement le semis de substrat, mais contentez-vous de tasser en surface les graines qui demandent à être à la lumière.

Semez clair et uniformément à la surface du substrat.

- Identifiez le semis en inscrivant la variété et la date, avant de le recouvrir d'une feuille de verre, feuille que vous masquez de papier journal pour les graines qui germent à l'obscurité. Laissez la caissette au chaud. Retournez la feuille de verre chaque jour pour diminuer la condensation. Enlevez verre et papier dès la levée.
- Si le substrat se dessèche avant la germination, laissez la caissette baigner dans 2 cm d'eau à température ambiante, jusqu'à ce qu'apparaissent des taches d'humidité en surface.

Repiquage

Peu après la levée, repiquez un par un les jeunes semis pour leur donner de l'espace et éviter qu'ils subissent les méfaits d'une population trop serrée : concurrence, manque d'air et transmission rapide de maladies. Attendez que les cotylédons (premières feuilles d'une plante) soient pleinement développés pour les manipuler facilement.

- Remplissez une vaste caissette de substrat semis ou de substrat universel, que vous nivelez et tassez d'autant plus uniformément s'il y a de la terre végétale.
- Saisissez les jeunes semis par leurs feuilles, les tiges étant trop fragiles, et déterrez-les à l'aide d'un plantoir pour les repiquer tous les 5 cm à la surface de la nouvelle caissette.
- Veillez à ce que les racines soient à l'aise, puis tassez délicatement le substrat autour des jeunes plants pour qu'ils soient bien droits. Arrosez la caissette pleine avec une pomme fine et laissez-la à l'intérieur, bien éclairée, mais à l'abri du soleil direct jusqu'à ce que les plants repartent vigoureusement.

À L'ENCONTRE DES RÈGLES

- **Les différents critères de croissance** (espacement optimum, température et dates de semis), que l'on définit pour tous les légumes (voir p. 132-133), sont pour la plupart très flexibles.
- **Les distances préconisées** entre les rangs et les plants concernent, par exemple, généralement les variétés standards, que l'on plante en alignements. Mais il est possible de rapprocher davantage les variétés naines, les primeurs et celles récoltées à l'état jeune, surtout dans trois cas : terrain riche, planches surélevées ou châssis. Il en est de même pour les légumes cultivés en carrés (voir p. 36) et les cultures dérobées (voir p. 142).
- **Les dates de semis** varient aussi selon la variété. Semé en août, le chou de printemps se repique 6 semaines après, alors que la variété 'Duncan' se prête à des semis échelonnés, pour produire toute l'année ou presque.
- **Livrez-vous toujours à des essais** pour trouver le type de semis adapté au sol, au microclimat et à votre mode de jardinage. L'idéal est de recommencer plutôt 2 fois qu'une ces essais, sous différentes conditions.

Alvéoles

Pour éviter le choc du repiquage, semez directement dans une caissette en plastique ou polystyrène, divisée en cases séparées, les alvéoles. Il existe aussi des unités biodégradables en laine de roche (pour fabriquer vos propres pots, voir p. 214) qu'il suffit d'enterrer à la plantation.

Remplissez ces caissettes d'un substrat adapté. Dans chaque alvéole, semez une minuscule pincée de petites graines ou 2 ou 3 grosses. À la levée, éclaircissez en ne laissant qu'un seul plant par case, le plus vigoureux. Vous pouvez aussi repiquer en alvéoles des semis effectués dans une caissette normale, afin de réduire le choc des racines qui se produit lors de la plantation en pleine terre.

Semis multiple

Pour certains légumes, on opère des semis multiples dans ces alvéoles, les semis ne sont donc pas éclaircis ; on laisse les plants se développer en groupes. Cela fait gagner du temps, minimise le dérangement des racines et économise l'espace sous abri. Semez une pincée de 6 à 8 graines par alvéole et laissez-les se développer normalement, sans éclaircir, ni repiquer. Endurcissez les jeunes plants (voir p. 139) avant d'installer en place ces groupes complets tous les 30-40 cm, un espacement suffisant pour que chaque plant occupe son propre espace en se développant. Le semis multiple convient pour la betterave, le poireau, la salade, l'oignon vert, l'oignon vrai (de garde), le persil et les variétés de carottes et de navets à racine ronde.

VOIR AUSSI ▸ Cultiver sous serre, p. 170-175 . **Bouturer les petits fruits,** p. 206-208.

Autres modes de multiplication

Chez certains légumes, la multiplication est plus rapide, plus fiable que le semis. C'est encore le seul procédé pour les tubercules, comme la pomme de terre (voir ci-dessous) ou le topinambour, pour la rhubarbe, l'asperge (sous forme de griffes), l'oignon, l'échalote et l'ail (multipliés en replantant des bulbilles ou des caïeux) et les petits fruits (par boutures ligneuses). Avec les tomates, on peut aussi se simplifier la tâche et gagner du temps en achetant de jeunes plants qu'on met en place dans un sol réchauffé (semis à chaud).

- **LES PETITS FRUITS.** Ils doivent être vigoureux et entièrement sains. On reproduit le framboisier en prélevant des rejets naturels de la plante ou en bouturant des pousses sommitales herbacées, en été. Pour la mûre cultivée, on enterre, en fin d'été, l'extrémité des jeunes cannes qui s'enracine avant le printemps suivant. Les stolons (ou rejets) du fraisier se terminent par de jeunes plants enracinés, que l'on met en pot ou que l'on installe en pépinière (voir p. 190-191). Les autres petits fruits se multiplient par boutures ligneuses, préparées en automne. Pour cela, on prélève une nouvelle pousse de 30 cm de long environ et on enterre la moitié inférieure qui s'enracine vite pour être mise en place l'année suivante.

Les arbres fruitiers, à pépins et à noyau, se multiplient par greffage ou écussonnage. Assez faciles à réaliser sur des porte-greffes adaptés, ces techniques sont toutefois délicates. Mieux vaut acheter de nouvelles variétés fruitières résistantes aux maladies.

- **BOUTURES HERBACÉES.** Chez les plantes en pleine végétation, l'extrémité des jeunes pousses, riche en hormones de croissance, s'enracine sous forme de boutures, au printemps et en été. On sélectionne une plante saine, vigoureuse, sur laquelle on prélève des pousses latérales, ou on coupe leur extrémité, sur 5-7 cm de long. Si les petites boutures s'enracinent plus vite, les longues peuvent être raccourcies pour une seconde tentative, dans le cas où elles pourrissent à la base avant de s'enraciner. Il faut alors retailler la base de la bouture, juste sous un nœud, et supprimer les feuilles de la moitié inférieure. Certaines boutures s'enracinent facilement dans un peu d'eau ; on peut aussi les insérer à mi-profondeur dans un pot rempli de substrat bouturage humide, recouvert d'un sac plastique pour maintenir l'humidité à l'étouffée. Cette technique est très utilisée, notamment pour la tomate et le framboisier.

DES POMMES DE TERRE GERMÉES

En mettant les tubercules de pomme de terre à germer, dès le début de l'année, vous vous assurez une récolte hâtive. Sélectionnez des tubercules sains, que vous disposez côte à côte dans une caissette, les yeux vers le haut. Gardez-les dans un local hors gel, lumineux, mais à l'abri du soleil direct. Attendez que les germes fassent 2-3 cm de long avant de planter les tubercules. Pour les grosses pommes de terre, conservez seulement les 2 ou 3 plus gros germes avant la plantation (pour démarrer les pommes de terre, voir p. 179).

Les graines de l'espoir

« Notre hôpital au ciel bleu », voilà comment des jardiniers du nord de Londres décrivent leurs parcelles. Ces derniers ont tous participé à l'étude « Natural Growth » (Croissance naturelle), fondée par un psychothérapeute pour soigner des victimes de torture et de persécution, comme Ahmed, Kurde irakien. Depuis le début, cette thérapie potagère a non seulement fourni de quoi manger aux personnes déplacées, mais leur a offert aussi un endroit accueillant et sain pour soigner leur traumatisme.

Tous comme les médecins de l'Association Internationale des Jardins, à Göttingen, en Allemagne, aident des réfugiées bosniaques à s'adapter à leur exil, les thérapeutes du nord de Londres ont remarqué que leurs patients évoquent régulièrement les fermes, jardins et cultures locales qu'ils ont laissés derrière eux. Puisque, pour beaucoup, les soins médicaux ne donnaient aucun résultat, on envisagea de créer un jardin ouvrier.

Au départ, seuls les patients les mieux portants étaient recrutés, en raison de la tâche ardue qui les attendait pour nettoyer les parcelles avant de les cultiver. Ce travail de défrichement a connu des résultats positifs, mais c'est surtout le fait de semer des graines qui a déclenché le processus de guérison. Dans un premier temps, ces jardiniers exilés ont commencé par cultiver des fruits et légumes de leur pays d'origine, mais ils ont découvert, petit à petit, que ces plantes n'étaient pas forcément adaptées aux conditions climatiques de la région, bien plus froides. Le temps de s'habituer à leur nouvel environnement…

Soigner les jeunes plants

Réussite garantie

Les premières semaines, après le semis, conditionnent la réussite d'une culture. Si les mauvaises herbes, comme les plantes indigènes, sont parfaitement adaptées à la concurrence et à la survie, il n'en est pas de même pour les légumes. Il s'agit, en effet, d'hybrides et de sélections sophistiqués, croisés pour la qualité et le rendement, qu'il faut soigner et protéger à tout prix afin qu'ils tiennent toutes leurs promesses.

ÉCLAIRCIR. Même le rang semé le plus clair possible doit être éclairci, afin de laisser suffisamment d'espace à chaque plant pour qu'il puisse se développer sans concurrence.

Procédez toujours à l'éclaircissage en plusieurs étapes pour vous prémunir contre les pertes éventuelles de plantes au fil de leur développement. Pour les semis d'extérieur, démarrez dès que la levée s'effectue sur toute la longueur du rang, les jeunes semis étant encore tout petits. Pincez, au ras du sol, les semis en surnombre pour laisser de la place aux autres. Répétez cette opération, tant que les plants paraissent serrés, jusqu'à l'espacement préconisé.

Enlevez bien les semis éclaircis qui risquent d'attirer ravageurs et maladies, et portez-les au tas de compost. Ensuite, arrosez ou tassez le rang, surtout si vous avez dérangé des racines. Pour les légumes qui supportent le repiquage, éclaircissez délicatement les jeunes plants en trop, à l'aide d'une fourchette ou d'un plantoir, pour les repiquer ailleurs. Procédez de même avec les semis effectués en pots. Éclaircissez les choux semés en pépinière 1 ou 2 fois avant de les mettre en place, ou bien arrachez-les tous avec une fourchette pour les repiquer à 10 cm de distance sur une planche de culture.

Sélectionnez un semis en surplus et pincez-le très délicatement au niveau du sol. Arrachez-le en douceur, afin de laisser de la place aux autres plants pour leur développement.

SOIGNER. Au cours des premières semaines de croissance, les mauvaises herbes, surtout les annuelles qui poussent très vite, menacent les semis en pleine terre. Combattez-les en binant régulièrement ou en répandant un fin paillis organique, sans toucher les jeunes plants.

Surveillez les rafraîchissements soudains, surtout la nuit. Si besoin, protégez les plants sous un voile horticole, des journaux ou un châssis, voire des bocaux de confiture ou des bouteilles en plastique sans fond pour les semis en poquets. Songez à endurcir les plants semés sous abri ou à chaud, avant de les exposer aux caprices du temps.

Limaces et autres ravageurs se régalent des jeunes semis, que vous devez protéger avec des appâts spécifiques ou des répulsifs. Pour éviter les maladies que les jeunes plants craignent, offrez-leur de l'espace et de l'air, veillez à ce que le paillis ne les touche pas et ne les nourrissez pas trop.

Sous abri, les jeunes plants sont sensibles aux brûlures du soleil vif, surtout juste après le repiquage. Par beau temps, recouvrez-les de journaux, durant les premiers jours après leur déplacement. Procédez de même lors des nuits froides. Si le temps se réchauffe durablement, installez les jeunes plants sous un châssis froid, plus facile à ombrager et à aérer.

ARROSER ET NOURRIR. Avec leur enracinement très réduit tant qu'ils sont petits, les jeunes semis souffrent vite du dessèchement par temps chaud, surtout dans un sol léger, sablonneux, qu'il faut couvrir d'un léger paillis de terreau de feuille ou de déchets de tonte de gazon pour réduire l'évaporation. Le risque est moindre dans un sol riche en matières organiques ou une bonne terre, qui fournissent tous les nutriments nécessaires au cours des premières semaines. Pour améliorer un sol pauvre, apportez un engrais de fond (voir p. 151). L'apport d'engrais peut toutefois être nocif, favoriser l'obtention de pousses grêles, pleines de sève, sensibles aux maladies et ne pouvant résister aux intempéries. Seuls les jeunes plants en caissettes, dont la mise en place est retardée pour une raison ou une autre, bénéficient d'un apport d'engrais complet, dilué, pour un bon état sanitaire et une bonne croissance.

ENDURCIR. Avant de les installer en pleine terre, acclimatez progressivement, aux conditions du jardin, les plants élevés au chaud (à l'intérieur, sous châssis froid ou tunnel) pour renforcer leur résistance et les endurcir.

- Déménagez les plants élevés sous serre dans la pièce la plus froide de la maison durant 2 ou 3 jours, avant de les mettre sous châssis froid, que vous maintenez fermé et que vous protégez sous des sacs ou tapis si le gel menace.
- Au bout de 2 jours, aérez progressivement le châssis durant une période de plus en plus longue, au fil des jours, et ce pendant 2 semaines. Commencez par n'aérer que le jour pour finalement laisser le châssis ouvert nuit et jour.
- À défaut de châssis, laissez les plants dans un endroit abrité au dehors par temps doux et rentrez-les sous serre la nuit. À la fin de la seconde semaine, gardez-les dehors durant quelques nuits.
- Vous pouvez également aérer partiellement une cloche, comme un châssis, mais évitez d'enlever les panneaux d'extrémité, pour ne pas la transformer en corridor venté. Finissez par découvrir entièrement les plantes, en gardant toutefois les cloches à portée de main durant quelques jours, en cas de dégradation du temps.

VOIR AUSSI ▶ **Les châssis, couvertures, cloches anglaises,** p. 48-49. **Des plantes en bonne santé,** p. 154-157. **Sus aux limaces et escargots,** p. 178.

Des bouteilles en plastique sans fond maintenues en place par un piquet est un bon moyen de protéger les semis (ici, des fèves en poquets).

Planter des semis réalisés sous abri

Retournez légèrement la terre. Profitez-en pour enlever toutes les mauvaises herbes et enfouir au râteau un peu de compost de jardin tamisé ou un engrais complet (voir p. 151), pour stimuler l'activité des racines. Le sol doit être nivelé, mais pas aussi finement émietté que pour une couche de semis.

1 Tapez chaque extrémité de la caissette pour extraire plus facilement les plants et leur substrat, que vous laissez délicatement tomber à même le sol. Vous pouvez aussi enlever chaque plant à la truelle.

2 Pour chaque plant, creusez un trou suffisamment large afin d'accueillir entièrement la motte. Les feuilles du bas doivent juste émerger du sol. Aidez-vous d'une baguette pour espacer les plants avec précision.

3 Saisissez le plant d'une main pendant que vous remplissez le trou de l'autre. Maintenez délicatement la tige vers le haut avec vos doigts. Arrosez et paillez légèrement, après avoir ainsi planté tout un rang.

REPIQUER. Même si vous pouvez semer tous les légumes directement en place, cette pratique limite votre choix et réduit considérablement la longueur de la saison de croissance. Pour prolonger cette dernière, tout en bénéficiant d'une grande diversité de variétés, effectuez les premiers et les derniers semis sous abri, puis échelonnez les semis en pépinière. Ces pratiques imposent le repiquage, c'est-à-dire le déplacement de plantes en pleine croissance.

Certains légumes bénéficient grandement du repiquage. Ainsi, le chou d'hiver développe un système radiculaire bien plus vigoureux s'il est repiqué, d'abord en pépinière, puis à son emplacement final, 4 à 6 semaines après. Néanmoins, le fait de repiquer des légumes se traduit souvent par des pertes et la déformation des racines.

La plupart des plantes tolèrent bien le repiquage si elles sont encore jeunes et si les conditions s'y prêtent. Pour éviter de sérieux chocs de croissance, choisissez un jour gris ou une soirée pluvieuse, quand la terre est uniformément humide et le temps ni trop froid, ni trop chaud et sec. Veillez à ce que les plants soient bien endurcis (voir p. 139) si besoin, mais aussi à les arroser copieusement auparavant.

Pour repiquer des plants semés en pleine terre, arrosez-les en pépinière, tout comme le nouvel emplacement qui leur est destiné. Arrachez une petite poignée de semis, à l'aide d'une fourchette, et séparez-les délicatement dans une caissette, en prenant soin de les couvrir pour éviter la déshydratation des racines. À la truelle, creusez un trou un peu plus large que le volume des racines d'un plant, installez ce plant au milieu du trou, en ne le manipulant que par les feuilles, et remblayez le trou de sorte que les feuilles inférieures dépassent juste de la surface du sol. Tassez et arrosez.

PLANTER DES GRANDS SUJETS

- **Préparez le terrain** de la même façon que pour mettre en place des semis effectués sous abri (voir ci-contre), mais sur un espace égal à 2 fois le diamètre du plant. Auparavant, arrosez-le bien et laissez-le sécher un peu.
- **Creusez un trou** dans la terre, à l'aide d'une truelle ou d'une bêche selon la dimension du plant, suffisamment important pour accueillir la motte que vous installez à la même profondeur que précédemment.
- **Ameublissez la terre** au fond, au moyen d'une fourche, et incorporez une bonne dose de compost de jardin bien mûr ou d'un terreau fertilisant pour arbres acheté en magasin.
- **Si vous plantez un arbre** ou un grand arbuste, commencez par enfoncer un tuteur au fond du trou pour ne pas abîmer les racines par la suite.
- **Pour faciliter le dépotage** d'une plante élevée dans un pot en matériau dur, retournez-le et tapez le bord contre le manche d'une bêche. C'est plus facile avec un conteneur en plastique, qu'il vous suffit de découper ou de déformer légèrement.
- **Taillez proprement,** à l'aide d'un sécateur ou d'un couteau aiguisé, les racines abîmées ou formant un chignon.
- **Installez la motte** de la plante au centre du trou. Vérifiez qu'elle est bien à niveau, en disposant une baguette à l'horizontale sur le trou, que vous remblayez ensuite, en prenant soin d'émietter toutes les mottes de terre que vous rencontrez.
- **Secouez doucement** les plantes à racines nues, pour que la terre s'infiltre bien dans tous les interstices, et ajoutez de la terre au pied de la plante, que vous tassez avec vos mains ou en piétinant légèrement.
- **Mettez à niveau,** arrosez et paillez, en veillant à ne pas déposer de paillis à moins de 5 cm de la tige. Inscrivez le nom de la plante avec sa date de plantation et tuteurez-la, si besoin.

METTRE EN JAUGE. Si la plantation est retardée, maintenez en bon état les plants à racines nues en les « mettant en jauge » temporairement dans une parcelle vierge, abritée. On opère ainsi avec les arbres fruitiers, les plants de chou et les derniers légumes d'hiver, qui occupent un espace convoité. Creusez une tranchée ou un trou où les racines seront parfaitement à l'aise, couchez toutes les plantes ensemble du même côté et rebouchez l'excavation avec la terre extraite, en tassant légèrement au niveau des racines.

MINI-MOTTES. Les jeunes plants que vous achetez requièrent des soins immédiats pour rester en bonne condition. Récemment est apparue une nouvelle sorte de plants miniatures, vendus en « mini-mottes ». Ils sont très faciles à installer en pots (vu leur très petite taille) ou directement en place.

Mais si le temps ne convient pas ou si vous ne savez pas s'ils sont parfaitement endurcis, l'avantage est de pouvoir les mettre dans une caissette, durant quelques jours, et de les maintenir sous châssis froid ou dans une pièce fraîche de la maison, jusqu'à ce que les conditions s'améliorent ou qu'ils soient prêts à être plantés. Arrosez régulièrement et appliquez un engrais foliaire si la plantation est retardée, notamment si vous voyez quelques feuilles jaunir.

VOIR AUSSI ▶ **La gestion de l'eau,** p. 148-149. **Les engrais,** p. 150-151. **Échelonner les semis,** p. 185.

À essayer

- **Si le sol est sec ou trop drainant, installez les plants forts un peu plus profondément que la normale et ménagez une cuvette d'arrosage au pied de chaque plant.**
- **En sol peu profond ou mal drainé, enterrez la motte moins profondément, comme si vous plantiez sur une butte.**
- **Par forte sécheresse, surtout en sol léger, commencez par inonder les plants dans leur trou, avant de les reboucher en tassant la terre.**
- **Les premiers jours, protégez les jeunes plants de légumes-feuilles repiqués, en les recouvrant chacun, durant la journée, sous un pot de fleurs posé à l'envers.**
- **Sauf pour les poireaux à repiquer, utilisez toujours une truelle, plutôt qu'un plantoir, pour creuser des trous de plantation.**

Mettez en jauge des plantes à racines nues, comme ces tiges de framboisier, pour les maintenir dans de bonnes conditions jusqu'à ce que vous puissiez les planter.

L'espacement des légumes

L'espacement habituel

On cultive couramment les légumes en rangs largement espacés. Cette disposition facilite l'accès pour le binage et les autres pratiques culturales. Mais ce n'est ni la méthode la plus économique, ni la plus rentable : les cultures en planches étroites ainsi que les cultures intensives ont montré, par exemple, qu'elles étaient simples à entretenir, sans avoir à marcher entre les plantes.

Un espacement productif

La disposition la plus productive consiste à espacer les plantes à égales distances de leurs voisines, sur des rangs parallèles. Ainsi, les plantes font la meilleure utilisation possible de l'eau et des nutriments disponibles, et ont suffisamment de place pour se développer sans concurrencer leurs voisines. Comme elles arrivent pratiquement à touche-touche à maturité, elles ombragent le sol et contribuent donc à réduire l'évaporation, tout en empêchant les mauvaises herbes de pousser.

Cependant, sur une parcelle récemment défrichée, mieux vaut prévoir un espacement plus important, afin de pouvoir facilement juguler l'invasion de vigoureuses mauvaises herbes entre les rangs.

MARIER PLUSIEURS LÉGUMES

Au lieu de cultiver un seul légume sur des rangs rapprochés, maximisez vos récoltes en cultivant côte à côte des légumes qui mûrissent à différents moments ou se complètent.

- **Semez en cultures intercalaires ou dérobées** des légumes de maturité rapide, radis, pois nain ou petites variétés de laitue, entre des légumes de croissance plus lente, largement espacés, comme le panais ou le maïs doux. Vite récoltés, les premiers laisseront de l'espace aux seconds. Entre-temps, ils auront « dérobé » de la place aux plus lents…
- **Entre 2 rangs de choux d'hiver** qui requièrent beaucoup de place et mettent longtemps à arriver à maturité, intercalez des choux d'été de croissance plus rapide.
- **À l'ombre de cultures** de grand développement, comme le haricot grimpant ou le framboisier, installez des légumes qui se passent de soleil, surtout l'été, comme le chou-fleur d'été, la laitue ou le fraisier des bois.
- **En sol très riche,** regroupez plusieurs légumes qui ont des besoins différents. Par exemple, au pied de plants de maïs doux, largement espacés, semez 2 ou 3 graines de haricot grimpant qui se servira du maïs comme tuteur. En couverture, laissez courir des courges entre les légumes.
- **Vous pouvez aussi associer** deux variétés de maturité différente du même légume, comme la carotte, en semant des rangs d'une variété précoce entre des rangs largement distants d'une variété de garde. Il est possible également de semer en même temps pour récolter d'abord les premières ou de semer les primeurs bien après, une fois la parcelle libérée par l'arrachage de la carotte de garde, à consommer ou stocker.
- **Pour tirer pleinement parti** de l'espace et de la lumière, mariez des légumes de port différent, comme la carotte et l'oignon. La laitue dodue trouve sa place entre des rangs de légumes tout en hauteur, comme le poireau ou le maïs doux. La laitue romaine, dressée, s'associe bien à la laitue pommée, plus grosse et de croissance plus lente, tandis que la laitue à couper gagne à être semée autour de la laitue pommée que vous récolterez après la première.
- **Gagnez du temps et de l'espace** en échelonnant les semis de laitue, chou-rave, épinard ou mini-chou-fleur : au bout d'un rang d'une variété précoce, semez en pots une variété du même légume un peu plus tardive, que vous pourrez repiquer en place une fois le premier rang récolté, et ainsi de suite.
- **Gagnez beaucoup d'espace** en semant en bandes larges, allant jusqu'à 1 m, la carotte, l'épinard, la betterave et la laitue à couper. Semez alors à la volée (voir p. 130) et éclaircissez les jeunes semis tous les 2-3 cm, en les peignant au râteau. Semez ainsi le pois, bien clair.

Un espacement flexible

L'espacement retenu entre les plants est plus une affaire de choix personnel, car il affecte la dimension des légumes mais aussi leur rendement. Avec le chou d'été, par exemple, un espacement de 35 x 35 cm assure un rendement maximal de petites têtes, tandis qu'un espacement de 50 x 50 cm donne, avec un tiers de plants en moins, la même production de têtes, mais plus grosses et plus robustes.

Vous pouvez également opter pour une densification accrue, en commençant à consommer certains légumes encore petits, afin de laisser de la place aux autres pour se développer jusqu'à maturité.

VOIR AUSSI ▶ **La culture en planches,** p. 36-37.
Le désherbage, p. 152-153.
Échelonner les semis, p. 185.

Nourrir l'âme

Le « Garden Gate » est un jardin bio communautaire d'un hectare, géré par l'association caritative « Thanet Mind » pour la santé mentale. Il est ouvert aux adultes sujets à des troubles mentaux, dans la ville côtière de Margate, dans le Kent, en Angleterre. Comme une personne sur quatre souffre d'une maladie mentale à un certain moment de sa vie, une thérapie efficace s'impose. Elle est toute trouvée avec l'entretien d'une parcelle de potager, occupation qui permet de se fixer un but et de se faire des amis dans un environnement sain et protecteur.

On n'oblige personne à travailler, mais chacun participe d'une façon ou d'une autre. « Certains arrivent en pensant qu'ils ne sont bons à rien, puis se prouvent le contraire. C'est encourageant de voir les gens s'épanouir », confie Paul, le responsable du projet. Trois fois par semaine, il prépare un déjeuner festif pour tous, en cuisinant tout ce qu'il peut récolter selon la saison. « Tout vient des parcelles et est cuisiné en 30 minutes », ajoute-t-il fièrement.

Plus de la moitié de l'espace est dévolue aux cultures de fruits et de légumes, mais il y a aussi un bois, récemment planté, qui attire déjà la faune, des hérissons aux perruches apprivoisées. Des nuées de fleurs se marient également aux choux, poirées, maïs doux et haricots à gousses violettes. « L'atmosphère est très joviale et les visiteurs sont heureux de rapporter chez eux des fleurs, mais aussi de quoi se régaler ; les légumes ont toujours meilleur goût quand on les cultive soi-même », se réjouit Paul.

Soigner les cultures

L'entretien de base

Une fois que les semis et jeunes plants, transférés à leur emplacement final, repartent bien, ils sont moins sensibles et demandent moins de soins que lorsqu'ils poussaient sous abri ou en pépinière. Cependant, il y a toujours un entretien de base à effectuer, tout au moins une surveillance hebdomadaire pour vous assurer que tout se passe bien. Dressez une liste des principaux points à vérifier. Pour des soins spécifiques, recherchez les descriptions, plante par plante (voir les bonnes cultures, p. 56-111).

PROTÉGER. Pour les plantes sensibles, de simples précautions à prendre font toute la différence. Les caprices du temps peuvent compromettre l'ensemble d'une culture, si vous avez omis de la protéger. Pensez à abriter certaines plantes du soleil étouffant, des vents desséchants ou d'une soudaine période de froid. Pour cela, ayez toujours à portée de main du voile de protection, du film plastique, des abris temporaires (châssis, coffre ou tunnel en plastique), des pots volumineux, des bocaux de confiture, des bouteilles en plastique sans fond. Les semis qui lèvent s'avèrent particulièrement vulnérables, ainsi que les jeunes plants fraîchement repiqués et les légumes gélifs, surtout au début et en fin de saison. En cas d'urgence, recouvrez simplement les plantes de quelques feuilles légères de papier journal pour minimiser les dégâts.

Sur ce cageot posé à l'envers, les potirons mûrissent à l'abri de l'humidité du sol.

TUTEURER. Les légumes grimpants et plusieurs espèces fruitières doivent être solidement tuteurés, dès la plantation ou le semis. Chez d'autres plantes, un support s'avère indispensable pour les aider à pousser plus vigoureusement et à occuper moins d'espace. Palissés sur des rames ou un filet, les tomates à port indéterminé et les pois nains offrent une production plus propre qu'en s'étalant à même le sol. La fève, le chou de Bruxelles, le dahlia et le glaïeul gagnent à être tuteurés pour pousser bien droit ; même les plants de courgettes sont plus sains si l'on attache leurs tiges coureuses à des tuteurs robustes. Mieux vaut penser tôt à les

Des bouteilles en plastique sans fond protègent de jeunes laitues des limaces et escargots.

Un abri de fortune préserve des plants de courgette des mauvaises conditions.

Arrimer un grillage à un piquet constitue une barrière contre les lapins.

Pincez les pousses de fève pour accélérer la maturité.

tuteurer pour vous simplifier la tâche, d'autant plus si le sol est léger ou l'emplacement venté.

TAILLER. La taille, le palissage ou le pincement permettent de maîtriser naturellement l'exubérance ou l'étalement d'une plante dans un espace limité. En outre, ils contribuent à canaliser l'énergie vers une meilleure production, au détriment de la croissance. Le pincement est une sorte de taille légère, effectuée avec le pouce et l'index, utile pour stopper la croissance des pousses sommitales au profit des pousses latérales (concombre, melon, tomate palissée). Il favorise notamment la maturité (fraisier, fève, tomate de plein champ) ou remplace des tailles majeures, plus tardives, chez les fruitiers. La taille est importante chez toutes les plantes herbacées à tiges ligneuses et tous les fruitiers. On l'associe au palissage sur un support chez les plantes menées selon une forme particulière.

ÉCLAIRCIR. Cela peut sembler du gâchis de réduire la quantité de fruits sur un arbre, mais l'éclaircissage vise à améliorer la qualité des fruits conservés, qui peuvent pleinement arriver à maturité. Dans certains cas, cette opération sauvegarde aussi les branches, qui risquent de se briser sous le poids d'une trop grande masse de fruits. Supprimez donc, sans hésiter, tous les fruits véreux, mal placés ou mal formés pour laisser seulement quelques fruits bien espacés. Procédez ainsi chez le pommier, le poirier, le pêcher, le prunier et d'autres arbres fruitiers, mais aussi chez le poivron, le melon et la vigne.

BUTTER. Le buttage consiste à établir une petite butte de terre au pied d'une plante, à l'aide d'un râteau ou d'une binette. Cela stabilise les grands plants de chou de Bruxelles ou de brocoli en automne, pour qu'ils résistent au vent ; de même, en été, pour le maïs doux, qui bénéficie ainsi d'un enracinement supplémentaire. Chez la pomme de terre, le buttage des pousses s'effectue à plusieurs

Buttez les pommes de terre pour éviter que les tubercules verdissent sous l'effet de la lumière.

Éclaircissez les bouquets de prunes trop fournis pour récolter des fruits de qualité.

reprises, d'une part pour stimuler la croissance des tubercules, mais surtout, d'autre part, pour éviter que ces derniers ne verdissent sous l'effet de la lumière et deviennent inconsommables. On blanchit le céleri à côtes et le fenouil de Florence en les buttant, ce qui donne des pousses tendres et croquantes. Pour de meilleurs résultats, buttez toujours tant que la terre est fraîche et enlevez toutes les mauvaises herbes que vous rencontrez.

RÉCOLTER. La cueillette s'effectue à la fin du cycle de croissance. Vérifiez régulièrement l'état de maturité des différents légumes pour les récolter au moment opportun et ainsi obtenir une production de qualité.

VOIR AUSSI ▶
Condimentaires, p. 100-103.
Fruitiers, p. 104-109. **Récolter et conserver,** p. 160-163.
Taille d'été, p. 196.
Taille d'hiver, p. 212.

La gestion de l'eau

L'importance de l'eau

Après la terre, l'eau est la ressource naturelle la plus précieuse du jardinier. Essentielle, c'est elle qui garantit un sol sain et un développement harmonieux des plantes au fil de leur vie. Mais, souvent, on la gaspille ou on l'utilise mal, et elle vient de plus en plus à manquer. Une gestion raisonnée de l'eau passe, tout d'abord, par une collecte et un stockage bien conçus, mais aussi par une utilisation efficace sur le terrain.

ÉCONOMISER L'EAU. La plupart du temps, les plantes trouvent suffisamment d'eau dans le sol pour se développer, de l'eau qui s'est accumulée grâce aux précipitations. Comment améliorer l'aptitude des plantes à puiser ainsi de l'eau pour réduire les arrosages ? Il y a deux choses à faire : incorporer des doses massives de matières organiques (compost ou fumier) pour accroître le taux d'humus et, surtout, pailler le sol nu pour retarder l'évaporation. Au cours de l'été, le feuillage des légumes va lui-même former une couverture qui ombragera la terre et réduira l'évaporation. D'où l'importance, particulièrement en sol léger, de réduire l'espacement entre les plants et de pratiquer des cultures dérobées (voir p. 142). Si, au fil des années, l'arrosage s'avère problématique en été, sélectionnez des plantes adaptées. Songez, par exemple, que pour produire un épi, un plant de maïs doux exige à lui seul plus de 200 litres d'eau, alors que les plantes aromatiques se passent souvent de tout arrosage. Changez aussi vos façons culturales et adoptez des tranchées orientées est-ouest, dans lesquelles les plantes restent au frais et quelque peu à l'ombre. Enfin, si vous le pouvez, recueillez des graines de plantes cultivées dans des régions sèches, dont les semis seront plus résistants à la sécheresse.

SIGNES DE SÉCHERESSE

Les premiers indices montrant que les plantes manquent d'eau sont plutôt discrets :

- **Feuilles lustrées,** paraissant ternes.
- **Feuilles et tiges** moins résistantes.
- **La croissance** ralentit.
- **Les symptômes** sont plus marqués au fil du temps.
- **Les tiges dépérissent,** les feuilles tombent.
- **La floraison chancelle** ou cesse.
- **Les fruits** arrêtent de se développer ou jaunissent et tombent.

UN ARROSAGE CIBLÉ. En l'absence de précipitations bénéfiques, les plantes requièrent des quantités d'eau variables selon leur stade de développement. Un manque d'eau se traduit par le ralentissement de la croissance et l'apparition de troubles. Mais gare à l'excès d'eau, qui s'avère tout aussi nocif. Il est donc important de savoir quand, comment et en quelle quantité arroser les plantes.

Arrosez copieusement l'oignon par temps chaud et sec, même s'il bénéficie d'un sol bien préparé.

Au lieu d'arroser toute la parcelle, ciblez juste le pied des cultures assoiffées et oubliez les plantes qui survivent sans eau. Pour la plupart, les légumes n'ont vraiment besoin d'eau qu'à certains stades de leur développement. Ainsi, si la pomme de terre primeur aime un sol frais tout au long de sa culture, les variétés de garde ne demandent que 1 ou 2 arrosages copieux au début de leur floraison, lorsque leurs tubercules ont la grosseur d'une bille.

Les légumes-feuilles, comme la salade ou l'épinard, sont les plus exigeants en eau, élément qui conditionne réellement leur croissance. Les légumes-racines apprécient également des arrosages conséquents, mais seulement pour soutenir leur croissance sans produire un feuillage excessif. N'arrosez les autres cultures que durant leurs stades les plus critiques : jeunes semis, repiquages et plantations récentes ; durant la floraison et le grossissement des fruits pour les fruits et légumes, comme les légumineuses, la tomate ou le maïs doux. Dans un sol peu profond ou à proximité d'un mur, surveillez l'arrosage, surtout par temps sec. Enfin, il faut arroser chaque jour les plantes élevées en pots et celles sous abri, afin qu'elles ne souffrent jamais de déshydratation.

La quantité idéale varie selon la culture, le type de sol et l'époque de l'année. Évitez des arrosages réduits mais fréquents, qui ne font que rafraîchir le sol en surface et favorisent un enracinement superficiel. Mieux vaut arroser copieusement, environ 5 litres au mètre carré, puis le double lors de stades critiques, et ce une fois par semaine en sol léger, tous les 10 à 15 jours en sol argileux.

Ne laissez jamais le sol se dessécher complètement. Après l'arrosage, vérifiez à quel niveau l'eau est descendue, en faisant un petit trou avec les doigts ou la truelle sur 10-15 cm de profondeur. Si le sol est humide en deçà, l'arrosage a suffi. Veillez après à pailler le sol nu pour éviter toute évaporation.

COMMENT ARROSER. Dans les jardins ouvriers, il vaut mieux brancher un banal tuyau d'arrosage au robinet communal. Seul convient un tuyau microporeux qui, le long d'un rang, diffuse un arrosage au goutte-à-goutte

Pour bien viser les racines d'une plante, enterrez à son pied un pot de fleur que vous remplirez d'eau à plusieurs reprises.

directement au niveau des racines, sans gaspiller d'eau.

Mais le bon vieil arrosoir reste encore le moyen le plus précis pour apporter de l'eau aux plantes, qu'il soit en plastique (plus léger) ou en métal galvanisé. Utilisez une pomme fine pour arroser les couches et les jeunes semis sans les déranger. Pour bien arroser en profondeur les plantes assoiffées, comme le haricot grimpant ou le potiron, enterrez au pied de chaque plant un pot de fleur, une bouteille plastique sans fond à l'envers ou un morceau de tuyau, dans lequel l'eau s'infiltrera directement vers les racines (voir ci-dessus). Étudiez également les systèmes d'arrosage automatique, comme le tapis capillaire ou le goutte-à-goutte pour les pots, les sacs de culture et les parcelles sous abri.

À essayer

- **Arrosez le soir ou par temps gris, sans vent, pour réduire l'évaporation.**
- **Ameublissez un sol piétiné avant d'arroser pour favoriser la pénétration de l'eau.**
- **Paillez après l'arrosage pour maintenir le sol frais.**
- **Terrassez les terrains en pente et bordez les planches pour éviter que l'eau ne s'échappe.**
- **Maîtrisez les mauvaises herbes qui concurrencent les légumes pour l'eau et veillez à désherber au pied des arbres fruitiers (voir p. 105).**
- **Veillez à ce que les semis soient plus bas que la planche de culture pour qu'ils retiennent l'eau d'arrosage.**
- **Réduisez l'arrosage au minimum pour améliorer la saveur des tomates et des carottes.**
- **Protégez les cultures sensibles des effets desséchants du vent à l'abri de plantes plus hautes, de haies ou d'écrans temporaires.**
- **Au milieu de plants de légumes largement espacés, installez des potirons, de la tétragone ou un engrais vert comme couvre-sol.**

VOIR AUSSI ▶ **Matériel d'arrosage,** p. 52. **Améliorer le sol,** p. 116-119.

Les engrais

Rôle des engrais

Les cultures intensives finissent par épuiser les aliments des plantes au niveau du sol, à moins de veiller continuellement à en fournir. Ne négligez pas l'apport annuel de compost ou de fumier, qui restaure la fertilité et permet aux légumes de produire sans engrais supplémentaires. Mais, pour redonner vie à un terrain négligé ou appauvri, vous devrez enrichir le taux de nutriments grâce à des engrais concentrés. N'oubliez pas, cependant, qu'ils ne font rien pour améliorer la structure du sol ou la fertilité à long terme, et qu'il faut les utiliser avec modération. Tout excès ou apport superflu risque de bloquer la prise d'autres nutriments, et même d'engendrer une pollution locale en infiltrant les réserves d'eau.

Quels engrais ?

Il y a différents types d'engrais : les engrais organiques (algues concentrées, par exemple) et les chimiques (sulfate d'ammonium) ; les engrais à libération rapide ou lente ; les engrais simples (un seul ingrédient, comme le potassium dans la potasse naturelle) ou composés (un engrais équilibré, dit « complet »). Ils se présentent, en outre, sous différentes formes : en poudre, en pastilles, granulés ou liquides.

Vous avez l'embarras du choix et pouvez sélectionner l'engrais qui correspond le mieux à votre démarche personnelle. Si vous jardinez bio, vous délaisserez, bien sûr, tous les engrais chimiques qui sont onéreux à produire et risquent de polluer les parcelles environnantes, du fait de leur forte concentration et de leur rapide solubilité. Mais les engrais organiques

Le rôle des nutriments

Principaux nutriments	Fonction	Symptômes d'une carence
Azote (N)	**Stimule la croissance et la photosynthèse**	**Développement rabougri, feuilles décolorées ou jaunies**
Phosphore (P)	**Favorise un bon enracinement et des fruits sains**	**Feuilles teintées de bleu, faible fructification**
Potassium (K)	**Stimule l'azote, garantit un bon état sanitaire**	**Feuillage marbré, faible fructification et petits fruits**
Calcium (Ca)	**Conditionne l'acidité et l'accès aux nutriments**	**Dépérissement, surtout au niveau des fruits**
Magnésium (Mg)	**Essentiel pour la germination et la chlorophylle**	**Taches mortes sur les feuilles, qui tombent prématurément ou se colorent**

Oligoéléments	Fonction	Symptômes d'une carence
Fer (Fe)	**Favorise la formation de la chlorophylle**	**Feuillage décoloré, surtout en sol calcaire**
Manganèse (Mn)	**Soutient l'action du fer**	**Taches décolorées sur les feuilles, qui s'enroulent et montrent des nervures vert vif**
Bore (B)	**Aide les plantes à absorber les nutriments**	**Fruits rugueux, taches foliaires, légumes au cœur brun**
Molybdène (Mo)	**Rend l'azote rapidement disponible**	**Feuilles et extrémité des pousses tordues**
Cuivre (Cu)	**Améliore la nutrition d'ensemble**	**Jeunes feuilles ou pousses flétries et fanant**
Zinc (Zn)	**Équilibre le processus de la croissance**	**Feuilles et pousses tordues, bourgeons marron**

Purin maison

Certaines « bonnes » herbes (ici, la consoude) et mauvaises herbes (l'ortie notamment) donnent de précieux purins, ou engrais liquides. Il suffit de regrouper des feuilles dans un filet ou sac tissé et de les laisser, ainsi enfermées, macérer dans un seau d'eau durant 2 semaines. N'hésitez pas à froisser, avec des gants, les feuilles de temps en temps. Attention, le liquide résultant, le « purin », empeste ! Diluez-le dans l'eau de façon qu'il prenne la couleur d'un thé léger, pour l'utiliser comme engrais foliaire.

PLANTES ENGRAIS

Les plantes suivantes sont une sélection d'espèces utiles à cultiver près du potager, surtout dans les endroits sauvages, où elles extraient et accumulent des nutriments du sol, dont les fonctions sont énumérées dans le tableau p. 150.

Plante	Nutriments apportés
Chicorée	Ca, Mg, K
Consoude	Ca, Fe, K, Mg
Cresson de fontaine	Ca, Fe, K, Mg, P
Ortie	Ca, Cu, Fe, K
Pissenlit	Ca, Cu, Fe, K, Mg, P
Plantain	Ca, Cu, Fe, K, Mg
Potentille ansérine	Ca, Cu, Fe, K, Mg, P
Reine des prés	Ca, Fe, Mg, P
Tussilage	Ca, Cu, Fe, K, Mg
Vesce	Cu, K, P

sont un choix tout aussi douteux d'un point de vue écologique, car leur production peut induire une pollution (pour extraire de la potasse naturelle, par exemple), des pratiques intensives (fumier de volaille issu d'élevages en batteries) et des frais de transport prohibitifs (farine d'algues).

Aussi est-il plus judicieux de produire ses propres engrais sur son terrain. Le compost fabriqué par des vers, ou lombricompost, est une source de nutriments équilibrée, à utiliser comme engrais complet ou spécifique, tandis que les engrais verts, notamment les légumineuses riches en azote, comme la luzerne ou le trèfle, fertilisent le sol tout en apportant des matières organiques (humus) précieuses. Certaines plantes accumulent les éléments minéraux venus des profondeurs. Il suffit de les couper ou de les arracher, puis de les composter pour qu'elles constituent une source d'engrais concentrée, utile pour les plantes moins dotées (voir les plantes engrais ci-dessus). Pour un effet immédiat, laissez-les tremper dans l'eau et utilisez-les en engrais foliaire. Ainsi, vous pouvez couper la consoude 4 ou 5 fois par an pour l'utiliser fraîche, comme source de potassium. Cultivez-la parmi les petits fruits, coupez ses feuilles à plein développement et répandez-les au pied des arbustes comme paillis.

Quand en apporter

Que vous achetiez des engrais, les produisiez sur place ou bien ayez recours à une solution intermédiaire, il convient de savoir quand les épandre afin de les utiliser à bon escient et d'éviter tout gaspillage.

Engrais de fond. Engrais complet épandu et enfoui au râteau sur une parcelle retournée, surtout en sol léger, après de fortes précipitations, pour en accroître la fertilité et donner aux plantes un bon départ.

Engrais de surface. Engrais complet, azoté ou potassique, épandu au pied des plants pour leur donner un coup de fouet, notamment pour les faire repartir après l'hiver.

Engrais foliaire. Engrais liquide épandu ou arrosé sur les feuilles des plantes pour les aider à repartir rapidement après un revers, comme une sécheresse, ou pour pallier une carence nutritionnelle

LES TROIS ÉLÉMENTS CLÉS

Chaque engrais est caractérisé par le symbole NPK, correspondant à l'azote (N), le phosphore (P) et le potassium (K), des nutriments majeurs.

- Un engrais complet, au taux de 7-7-7, comprend 7 % de chaque élément.
- La poudre d'os (NPK 3-20-0) est une source surtout riche en phosphates à libération lente, avec un peu d'azote et pas de trace de potassium.

VOIR AUSSI ▶ **Apporter des nutriments,** p. 120-121.

Le désherbage

Maîtriser les mauvaises herbes

Sur une simple parcelle, vous n'aurez jamais assez de place pour tout cultiver. Le plus sage est d'opérer une sélection. Faites la chasse, avant tout, efficacement aux mauvaises herbes tenaces, qui risquent de menacer vos plantes choisies.

POURQUOI LES COMBATTRE. Outre le fait qu'elles prennent tout l'espace disponible, les mauvaises herbes concurrencent les plantes cultivées pour la lumière, l'eau et les nutriments. Les seuls cas où elles se révèlent utiles, c'est lorsqu'elles jouent le rôle de couvre-sols ou d'engrais verts. En outre, elles hébergent souvent des ravageurs ou des maladies. Le chénopode, par exemple, est l'hôte, en hiver, de pucerons noirs ou verts, ainsi que de diverses maladies causées par le virus de la mosaïque. Le séneçon transmet les principales maladies cryptogamiques, comme la rouille ou l'oïdium. La moutarde des champs et d'autres brassicacées hébergent la hernie du chou.

LES DIFFICULTÉS. Il est impossible d'éliminer entièrement les mauvaises herbes. Les graines de mauvaises herbes annuelles sont, en effet, capables de conserver leur aptitude germinative après être restées sous terre plus de 30 ans, au point de lever dès qu'un bêchage les amène en surface. En plus, le vent dissémine des graines fraîches qui colonisent un terrain propre cultivé d'autant plus rapidement qu'elles libèrent à leur tour des graines plusieurs fois dans l'été, après avoir fleuri. Les mauvaises herbes vivaces se répandent à la fois par les graines et par leurs organes souterrains (rhizomes, bulbilles et tiges traçantes), qui se régénèrent vite dès qu'ils sont endommagés ou éclatés à la suite d'un nettoyage ou d'un labour. Toute plante est une mauvaise herbe potentielle si elle se montre tenace, autosuffisante, prolifique, en bref une « survivante née ». Au potager, surveillez la pomme de terre, qui a toujours tendance à repousser à la suite d'une culture précédente, mais aussi le salsifis, le chénopode bon-henri, la mûre, ainsi que les mauvaises herbes les plus répandues comme le chardon, la renoncule ou l'herbe-aux-goutteux. Vous devez donc associer prévention et traitement instantané pour réduire à un niveau acceptable le nombre de ces concurrentes pratiquement inévitables.

Ci-dessus : Comme toute mauvaise herbe, extirpez le cirse commun dès que vous le remarquez, sous peine d'avoir beaucoup de mal à vous en débarrasser par la suite.

Ci-contre : N'oubliez pas que, même cultivée, la ronce (mûres) ne renie pas ses origines sauvages et devient vite envahissante. Dédiez-lui une parcelle.

Pour éviter les désherbants, rien de tel qu'un bêchage régulier.

ÉVITER LES DÉSHERBANTS. Dans les jardins ouvriers, les désherbants ne sont pas les bienvenus et relèvent même d'une pratique antisociale, car il est difficile de ne pas en pulvériser sur les parcelles contiguës. En outre, ces produits sont onéreux, laissent des résidus chimiques dangereux qui persistent plus ou moins longtemps sous terre et perturbent l'activité microbienne. Enfin, comme pour tout produit chimique, un usage régulier ne fait qu'accroître la résistance des mauvaises herbes. Pour combattre ces dernières, mieux vaut avoir recours à des méthodes naturelles, les extirper régulièrement en bêchant, par exemple. L'emploi d'un désherbant systémique ne se justifie que sur une parcelle délaissée.

UTILISER LES MAUVAISES HERBES. En considérant les mauvaises herbes comme des plantes à part entière que vous appréciez et même récoltez, vous vous simplifierez le désherbage. La petite stellaire, les feuilles du pissenlit, après blanchiment, et les jeunes pousses d'ortie sont toutes comestibles et nutritives. Comme toute plante, les mauvaises herbes puisent les nutriments du sol, souvent en profondeur, et s'avèrent donc précieuses pour enrichir le tas de compost. De plus, les racines des mauvaises herbes vivaces sont riches en éléments minéraux (voir p. 122). Élaborez un purin liquide équilibré, en laissant dans l'eau des feuilles d'ortie ou de consoude (voir p. 151).

Contre les mauvaises herbes

- Prenez votre temps pour nettoyer un terrain abandonné (voir p. 122-123), surtout s'il est infesté de mauvaises herbes vivaces. Mais, si le temps presse, préparez avec soin un petit espace pour y semer et planter immédiatement, avant de travailler sur le reste de la parcelle.
- Semez autant de légumes que possible sur une couche ou une pépinière exemptes de mauvaises herbes, en vue de les repiquer à un emplacement préalablement nettoyé : sarclez la terre au fur et à mesure qu'apparaissent des semis ou éclats de mauvaises herbes.
- Paillez généreusement les plantes en développement (voir p. 119) pour éviter que se ressèment les mauvaises herbes annuelles et que repoussent les vivaces à partir d'éclats laissés en terre.
- Utilisez un paillis efficace contre les mauvaises herbes, film plastique (ci-dessous), papier journal ou couvre-sols vigoureux (trèfle, capucine).

- Préparez les couches bien avant de les mettre en culture. Ainsi, vous pourrez laisser les mauvaises herbes se ressemer (voir p. 126) pour les éliminer au fur et à mesure.
- Les plants de tomates en pleine terre sont supposés éradiquer le chiendent.
- Pratiquez un binage léger sur le sol nu et entre les rangs, tant que les mauvaises herbes sont petites et le sol sec. Arrosez la terre avant d'extraire des mauvaises herbes devenues fortes (ce sera plus facile).
- Ne laissez jamais de racines de mauvaises herbes en surface, après les avoir arrachées, car elles continuent souvent à pousser et à produire des graines sous un temps frais. Attaquez-vous aux mauvaises herbes avant qu'elles fleurissent. Tondez-les ou rabattez-les si besoin.

NATURE DU SOL ET MAUVAISES HERBES

En identifiant les mauvaises herbes qui prédominent sur votre terrain, vous déterminerez la nature du sol. En sol acide règnent le rumex, la digitale, la prêle, la renouée liseron, la potentille, le chrysanthème des moissons, la téesdalie à tige nue et la pensée sauvage. Un sol alcalin est le domaine des campanules, de la minette, du liondent hérissé, du tabouret des champs, de l'orpin, de la tanaisie et de la valériane. Un grand mélange de mauvaises herbes pleines de vigueur caractérise une bonne terre de jardin fertile, même s'il donne un travail proportionnel.

VOIR AUSSI ▶ **Engrais vert,** p. 119. **Nettoyer le terrain,** p. 122-123. **Paillis contre les mauvaises herbes,** p. 122. **Des plantes en bonne santé,** p. 154-157.

Des plantes en bonne santé

Ravageurs et maladies

Au même titre que les mauvaises herbes, les ravageurs et les maladies marquent la vie du potager. Il est impossible de les éviter complètement dans le cycle naturel des plantes. Aussi, leur apparition ne traduit-elle pas forcément une erreur d'appréciation ou un oubli dans vos pratiques culturales. Cependant, vous n'aurez pas beaucoup de choix pour anticiper leur attaque et y répondre. Mieux vaut renforcer la robustesse des plantes, prendre des précautions efficaces et supporter un faible niveau d'ennemis plutôt que de les éliminer totalement. N'ayez recours à un traitement chimique qu'en cas d'invasion sérieuse.

DES CULTURES SAINES. Pour réduire au minimum la probabilité d'apparition de ravageurs ou de maladies dans vos cultures, veillez à maintenir ces dernières en bon état sanitaire.

Un rang de laitues entre deux rangs de tomates permet une bonne utilisation de la lumière et de l'espace disponibles.

Le sol doit être bien drainé et enrichi chaque année d'apports de matières organiques formant de l'humus. Retournez-le entre deux cultures, afin de mettre à nu ses ravageurs et de les exposer ainsi aux oiseaux et autres prédateurs. Paillez les plantes en pleine croissance pour éviter tout choc lié à un sol sec.

Pratiquez la rotation des cultures (voir p. 32-35) pour faire en sorte que les problèmes du sol ne deviennent endémiques. Maîtrisez les mauvaises herbes risquant de concurrencer les plantes pour les nutriments et de leur transmettre des maladies. Ne prenez pas de risques inutiles dans vos pratiques culturales, comme semer par temps froid, oublier d'endurcir, manipuler sans précaution de jeunes semis ou laisser des résidus malades répandre l'infection.

ÉVITER LES RAVAGEURS. La négligence comme la surprotection se traduisent par une végétation grêle, bien plus sensible aux ennemis qu'une plante robuste, autosuffisante, fortifiée par des précautions avisées.

La première chose à faire est de choisir des graines de variétés tolérantes ou résistantes, surtout si les légumes font l'objet de rotations régulières dans un sol bien préparé, ou sont dispersés et intercalés parmi d'autres cultures. Ainsi, la plantation d'un rang de carottes entre deux rangs d'oignons ou le semis de choux parmi du trèfle déroutent ou repoussent respectivement la mouche de la carotte et la mouche des racines du chou. Vous pouvez aussi marier un légume vulnérable avec des fleurs comme la gaillarde ou le limnanthes pour attirer les prédateurs d'insectes (voir encadré p. 155). Prenez garde aux plantes achetées ou données, qui recèlent souvent des ravageurs, tout comme les légumes stockés en hiver. Dès que vous connaîtrez le comportement et les habitudes des ravageurs, installez barrières, pièges ou répulsifs (filet anti-mouches de la carotte, appâts anti-limaces) aux endroits stratégiques et au moment adéquat. Enfin, inspectez régulièrement les plantes : il est beaucoup plus facile de traiter tôt, dès les premiers signes.

DES SOLUTIONS SIMPLES. Seule une petite minorité de ravageurs cause des dégâts sérieux. Souvent, il ne s'agit que d'une nuisance esthétique, comme le crachat de coucou du cercope, ou ce sont des ravageurs spécifiques à un légume (le criocère de l'asperge), voire des ravageurs très rares (la sésie du groseillier). Le traitement le plus simple ou le plus évident se révèle aussi, très souvent, le plus efficace. Les jeunes plants de chou échappent aux attaques d'altise si on les sème tôt et si on les arrose par temps sec. Capturez à la main limaces et chenilles que vous déposez dans un bocal pour vite vous en débarrasser. Un remède instantané consiste à écraser les larves des mineuses des feuilles à l'extrémité des mines foliaires. Un cordon sanitaire de pierres autour des planches suffit à repousser limaces et escargots.

VOIR AUSSI ▶ **Rotation des cultures,** p. 32-35. **Plantes compagnes,** p. 35. **Marier plusieurs légumes,** p. 142. **Sus aux limaces et escargots,** p. 178.

Ravageur	Description	Dégâts	Traitement
Puceron vert ou gris	Insecte suceur noir, cendré, parfois ailé	Affaiblit et déforme la croissance, transmet des maladies virales et sécrète du miellat sur lequel se développe la fumagine	• Protégez sous abri les légumes sensibles • Favorisez oiseaux et insectes prédateurs • Éliminez les premières colonies à la main ou avec un jet d'eau • Pulvérisez du savon insecticide
Chenille et larve	La chenille, larve des papillons, est parfois visible et saisonnière, parfois de mœurs souterraines (toute l'année ou l'hiver)	Se nourrit soit de feuilles, de tiges, de fruits, soit de racines	• Recueillez les larves visibles et détruisez-les • Pulvérisez un mélange de sel (60 g) dans 5 litres d'eau, ou bien du *Bacillus thuringiensis,* une préparation bactérienne spécifique • Retournez le sol pour mettre à nu les larves (des vers gris notamment), dont raffolent les oiseaux
Limace et escargot	Mollusques très voraces, surtout la nuit et en lieu humide. Certaines limaces insaisissables vivent sous terre	Les parties herbacées des plantes sont les plus vulnérables ; certaines limaces se nourrissent de tubercules. Très gros dégâts, surtout sur les jeunes semis	• Ramassez-les à la main, le soir, par temps humide ; recherchez-les sous les feuilles et dans les débris végétaux • Installez des appâts à bière ; ménagez des barrières de sable grossier, de suie ou de bandes de cuivre (voir p. 178) • Attirez grives, crapauds et amphibiens
Araignée rouge	Minuscule insecte suceur qui prolifère dans l'atmosphère chaude et sèche des serres	Feuilles tachetées de jaune, à reflet bronze. Fines toiles d'araignée	• Maintenez une atmosphère humide autour des plantes • Brumisez généreusement le feuillage ; bassinez régulièrement les plantes sous abri • Pulvérisez un savon insecticide • Introduisez sous abri des acariens prédateurs (lutte intégrée)

AMIS OU ENNEMIS ?

- **« S'il remue, tue-le »,** voilà qui n'a rien d'un conseil de jardinage… Les ravageurs que vous rencontrez au potager font partie de la chaîne alimentaire. Ils se font manger par des oiseaux ou des insectes parasitent leurs larves. Sachez donc différencier les ravageurs des prédateurs : les insectes lents ou immobiles se nourrissent surtout de plantes, tandis que les plus agiles chassent souvent. Ainsi, le très remuant centipattes dévore le lent et végétarien mille-pattes et contrôle sa population.
- **Accueillez ces alliés du jardin** en recréant leur habitat favori. Le carabe et le triton, qui se nourrissent de ravageurs du sol, s'abritent sous des pierres, des plantes rampantes ou du paillis. Coccinelles, chrysopes et syrphes, dont les larves dévorent énormément de pucerons, butinent des fleurs – aster, chrysanthème, souci et sédum – et hivernent dans des pondoirs artificiels. Pour combattre les limaces, rien de mieux qu'un bassin où pullulent grenouilles, crapauds et tritons. Vous pouvez acheter des prédateurs spécifiques, au moment adéquat, pour les ravageurs sous serre (lutte intégrée). Bannissez à tout prix les pesticides, qui ne font pas la différence entre les amis et les ennemis.

◀ **Des pucerons noirs se régalant sur des plants de fève.**

En espaçant suffisamment les tipis du haricot grimpant, les plants, alors bien distants, seront moins sujets aux maladies.

ÉVITER LES MALADIES. Chez les plantes, les attaques de maladies ont toujours des effets plus sinistres que celles des ravageurs, les organismes responsables étant souvent invisibles et arrivant sans prévenir. Elles sont aussi plus difficiles à traiter puisque, lorsque les premiers signes sont visibles, la plante est, souvent, déjà entièrement contaminée. Les germes pathogènes développent facilement une résistance aux principaux fongicides (surtout du fait de leur usage excessif) et peuvent survivre des années sous terre ou dans des tissus végétaux, dans l'attente d'un nouvel hôte. En raison de la transmission facile des maladies, il faut rapidement détruire une plante malade avant que l'infection ne se propage.

La prévention est toujours plus efficace que le traitement. Le moyen d'échapper aux ravageurs passe par de bonnes pratiques culturales qui favorisent une croissance forte, vigoureuse, mais aussi par le maintien d'une prévention de base. Gare aux plants trop serrés, au stress hydrique, aux carences comme aux excès nutritifs et au mauvais drainage. Arrachez rapidement les plants morts, les feuilles pourries, et ne multipliez jamais de plantes malades par bouture ou division. Si possible, privilégiez les variétés résistantes ou tolérantes. Inspectez régulièrement les nouveaux plants, et dès les premiers symptômes, isolez ou traitez sans tarder les plants malades.

TRAITER. Le plus sage est de sauvegarder les plants les plus sains, d'arracher les malades et de les détruire pour qu'ils ne contaminent pas vos autres légumes et ceux des parcelles voisines. Les fongicides sont rarement efficaces sur une plante malade ; réservez-les, de préférence, aux traitements préventifs, même s'il n'est pas sûr qu'ils agissent. Mieux vaut prendre des précautions culturales que s'en remettre aux traitements chimiques.

Souvent spécifiques, les maladies peuvent être évitées par certaines pratiques de culture. Ainsi, le maintien du pH du sol à un niveau adapté permet d'éviter la hernie du chou. Pour protéger le pêcher de la cloque, recouvrez son feuillage. Pour éviter la réversion du cassissier, combattez les acariens qui la répandent. D'autres conditions assez répandues affectent maintes plantes, surtout si la météo est bonne ou si d'autres hôtes comme les mauvaises herbes poussent à proximité.

Notez bien que des maladies différentes peuvent présenter des symptômes similaires. En outre, les signes apparents de maladie sont très souvent dus à une carence nutritionnelle ou un mauvais temps prolongé. Aussi, ne songez pas forcément au pire. Assurez-vous d'abord de la justesse de votre diagnostic avant d'agir promptement.

VOIR AUSSI ▸ **Combattre la hernie du chou,** p. 185.

Maladie	Description et dégâts	Traitement
Chancre	Lésions souvent annulaires, faisant dépérir des pousses entières. Fait mourir écorce et tissus des arbres fruitiers et plantes ligneuses	• Rabattez les pousses affectées au bois sain, non taché • Renoncez aux variétés sensibles, notamment en situation humide
Dépérissement	Maladie cryptogamique affectant des plantes aromatiques, certains petits fruits et des légumes, surtout le concombre et la tomate, faisant souvent flétrir la plante entière. Résulte souvent d'un mauvais drainage, d'un excès d'arrosage ou d'une période de temps froid, humide	• Veillez à ne pas trop arroser la terre ou le substrat • Ne plantez pas trop tôt les plantes sensibles • Inutile de traiter les plantes qui s'affaissent, vouées à mourir
Gale (de la pomme de terre)	Maladie cryptogamique et bactérienne chez la pomme de terre se traduisant par des taches liégeuses, proéminentes, rugueuses à la surface du tubercule, qui se fendille. Dégâts superficiels	• Arrosez régulièrement, ne chaulez pas avant de planter des pommes de terre et enrichissez le sol en matière organique. • Sélectionnez des variétés peu sensibles
Mildiou	Taches jaunes, décolorées sur les feuilles, avec un feutrage correspondant au revers. En s'élargissant, les taches se nécrosent, puis les feuilles se dessèchent. Surtout sur les jeunes plantes, en climat humide. Symptômes très voisins de ceux de l'oïdium	• Supprimez rapidement les feuilles contaminées • Améliorez la circulation de l'air autour des plantes en espaçant les plantations et en arrachant les mauvaises herbes • Aérez la serre et n'arrosez pas par le haut
Oïdium	Abondant feutrage blanc, poudreux à l'avers des feuilles puis au revers, s'étendant parfois aux autres parties aériennes. Puis jaunissement et déformation (surtout sur le jeune feuillage) des feuilles et parties atteintes. Les fruits se fendillent et ne se développent pas bien	• Supprimez rapidement les feuilles contaminées • Pulvérisez un fongicide antioïdium • Arrosez généreusement en évitant d'asperger vos cultures • Préférez des variétés résistantes, si elles existent
Pourriture	Pourriture des tissus végétaux sous l'effet de champignons et bactéries, souvent favorisée par l'excès d'humidité ou une blessure. Le chancre du panais et la fonte des semis font partie de ces maladies	• Favorisez la circulation de l'air en surface et sous terre. • Assurez un bon drainage • N'arrosez pas par le haut, espacez bien les plantes et évitez de les abîmer avec des outils • Détruisez rapidement les plantes contaminées
Rouille	Maladie cryptogamique causant l'apparition de minuscules points noirs sur les feuilles et les tiges, et de spores sous forme de pustules orange vif ou brun foncé. Peu de dégâts, si ce n'est le flétrissement des plantes	• Enlevez bien les feuilles tombées, contaminées, pour éviter la transmission • En cas de maladie grave chez la menthe, arrachez et brûlez les plants, stérilisez les outils et installez des plants sains ailleurs
Tavelure (du pommier)	Maladie cryptogamique formant des taches galeuses brun-noir sur les fruits et des taches gris-vert sur les feuilles. Les fruits petits, malformés, se craquellent et deviennent la proie d'infections secondaires (moniliose)	• Ramassez et brûlez les feuilles atteintes dès leur chute • Supprimez les pousses crevassées pour limiter les lieux d'hivernation du champignon • Sélectionnez des variétés résistantes
Virus	Largement répandus chez les plantes, se traduisant par des feuilles jaunes, tachetées, froissées ou inhabituellement petites, une croissance rabougrie et une mauvaise production. Se répandent souvent par des ravageurs ou le contact d'une main ou d'outils contaminés	• Aucun moyen de lutte • Achetez des plantes certifiées indemnes de virus • Détruisez les plantes malades • Combattez les vecteurs de virus (insectes ravageurs) • Certaines variétés fruitières sont résistantes, mais susceptibles de contaminer d'autres de leur espèce • Jetez les plantes malades, ne les compostez jamais

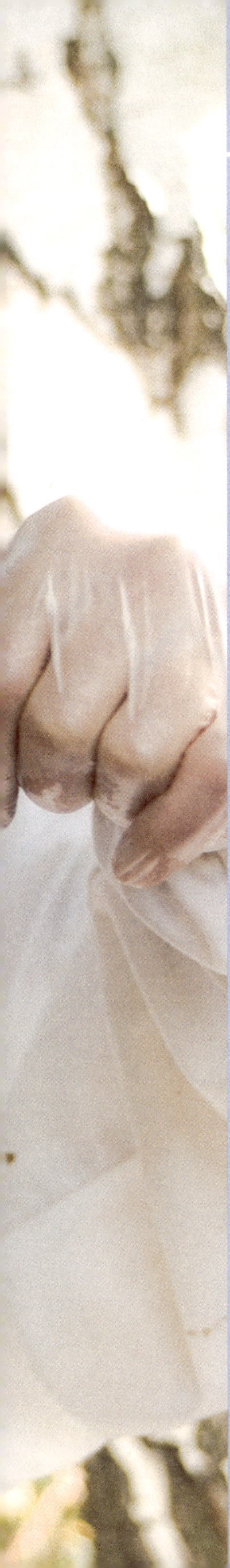

Chronique des jardins ouvriers

Un goût de miel

Les abeilles sont les alliées du jardinier. Elles sont indispensables pour polliniser les fleurs de nos plantes et nos arbres. Sans elles, maintes cultures seraient maigres ou vouées à l'échec. Voilà pourquoi les jardins ouvriers recensent tant de ruches. Souvent, on les place prudemment à l'écart, loin de tout un chacun, car certaines personnes sont allergiques aux piqûres d'abeilles ou terrifiées à la vue de ces insectes. Être éloignées ne gêne en rien les abeilles, puisqu'elles vont rechercher le pollen et le nectar à des kilomètres à la ronde pour produire des quantités de miel, récompense de l'apiculteur.

Mel est un apiculteur de l'ouest de Londres, qui a joliment disposé des dizaines de ruches dans un coin isolé de sa parcelle. Il s'agit de ruches sobres mais performantes, préférées par la profession aux styles plus ornementés. Vêtu des pieds à la tête de l'habit protecteur coutumier, il inspecte ses ruches, sort les alvéoles pleines, d'où il prélève le miel pour le mettre dans une centrifugeuse.

Il vend son délicieux miel en pots dans le local communautaire des jardins, ainsi qu'au marché des environs, et rencontre beaucoup de succès. Vers octobre, la saison du miel se termine, et les abeilles entrent en période de repos jusqu'au printemps suivant. Elles seront réveillées par les premiers rayons du soleil pour aller butiner les fleurs de fève et des arbres fruitiers.

Récolter et conserver

Les fruits du labeur

La récolte est un moment très gratifiant, certainement le plus important à vos yeux, car elle concrétise tous les espoirs que vous avez mis dans votre travail acharné et la bonne gestion de votre parcelle. Cependant, de nombreux fruits et légumes se cultivent surtout en vue de la conservation et ne se consomment que longtemps après leur récolte. Il faut bien sûr les cueillir dans de bonnes conditions, en veillant à ne pas les abîmer, pour qu'ils se conservent bien.

QUAND RÉCOLTER ET STOCKER. À de rares exceptions près (les poires et les pommes tardives), récoltez fruits et légumes à pleine maturité, sous peine de gâter leur saveur. En revanche, il n'est pas toujours facile d'être sûr de leur maturité. La condition et l'aspect diffèrent selon les variétés, mais aussi d'une année à l'autre. Une coloration hâtive peut être due à une attaque de ravageurs et non être le signe de la maturité. Dans certains cas, pour la poire ou le potiron, le changement de couleur ne se produit qu'après conservation, ou après le stade de la maturité. Le mieux est de goûter un fruit ou un légume, ou encore de déceler des signes spécifiques (voir p. 66-109), comme la fissure à la base du pédoncule du melon ou le fait qu'un fruit se détache facilement de sa branche.

Si vos fruits et légumes sont mûrs, récoltez dès que possible pour les consommer sur le champ ou les conserver. Mais n'oubliez pas de différencier ceux qui se dégradent rapidemen (radis ou framboise) et ceux qui restent comestibles après une longue période de stockage (carotte, poireau ou groseille). Avant de récolter, soyez prêt à la stocker ou en faire des conserves sans perdre de temps, sachant que la qualité se dégrade très vite (en quelques heures pour le maïs doux).

Légumes-feuilles et choux. Les légumes-feuilles tendres, comme la laitue, l'épinard, ou le brocoli se dégradent rapidement. Récoltez-les donc juste avant de les consommer, au petit matin ou le soir, en bon état de fraîcheur. Gardez-les au frais, dans le bac à légumes du réfrigérateur. Les légumes plus coriaces, comme le chou ou le chou de Bruxelles, se conservent plusieurs jours dans une pièce fraîche hors gel. Laissez les légumes d'hiver en place pour les récolter au fur et à mesure de vos besoins. Vous pouvez aussi arracher tous les choux et les suspendre à l'envers dans un local frais, aéré, jusqu'à consommation.

Légumes-racines. Vous pouvez laisser en terre les légumes-racines d'été, comme les carottes primeurs ou la betterave, pour les arracher à la demande. Laissez les légumes de garde le plus longtemps possible en terre. Profitez d'un temps sec pour les arracher tous et les stocker, car la terre s'enlève plus facilement des légumes-racines, qui se conservent mieux secs et propres. Gardez les pommes de terre dans un local hors gel, à l'obscurité, dans des sacs en papier ou tissés. Stockez carottes, betteraves, navets, rutabagas et radis d'hiver dans des caisses de sable humide, au sein d'un local sec et frais, ou bien mettez-les en silo (voir p. 210-212).

Légumineuses. Cueillez les gousses de pois et de haricots avant qu'elles ne deviennent trop grandes et coriaces. Pour cela, inspectez les plants tous les 2 ou 3 jours, car leur maturité est très rapide. Vous pouvez les garder plusieurs jours dans un sac plastique non fermé et dans une pièce fraîche, ou bien les congeler. Laissez en terre jusqu'à maturité les pois et haricots d'Espagne. Rabattez alors au sol les plants entiers que vous suspendez à l'envers pour les faire sécher dans une pièce fraîche, bien aérée. Après quoi, vous recueillez les grains et les conservez dans un bocal.

Oignon, ail et échalote. Très versatiles, ces légumes peuvent se consommer avant maturité ou à pleine maturité. En outre, ils se conservent très bien. À cette fin, arrachez délicatement les bulbes en évitant de les endommager, laissez-les entièrement sécher avant de les étaler sur du papier journal ou de les suspendre en bouquets à l'extérieur dans un emplacement chaud et aéré, voire sous serre ou châssis. Dès que les tuniques sont sèches, légères comme du papier, stockez les bulbes en caissettes, filets ou nattes suspendues. Conservez-les au sec, dans un local hors gel.

LÉGUMES PEU FRILEUX

Les légumes suivants tolèrent sans protection une température jusqu'à - 5 °C. Vous pouvez donc les laisser en pleine terre par temps froid.

• Ail • Brocoli à jets • Céleri-rave • Chou (de printemps, d'hiver, de Milan, frisé) • Chou de Bruxelles • Cresson alénois • Endive (formes rouges rustiques) • Fève (semis d'automne) • Mâche • Oignon (semis d'automne) • Panais • Poireau • Poirée • Pois (semis d'automne) • Radis d'hiver • Roquette • Salsifis • Scorsonère • Tétragone • Topinambour

Légumes-fruits, chou-fleur, courges. Il n'y a pas de règle unique pour les conserver. Consommez les légumes gélifs, comme la tomate, l'aubergine, le maïs doux et le chou-fleur d'été à pleine maturité, au fur et à mesure des besoins. Vous pouvez congeler les surplus, les sécher ou en faire des conserves.

Faites sécher les citrouilles, courges et potirons en les laissant 1 ou 2 semaines au soleil jusqu'à ce que leur épiderme soit sec et coriace (voir p. 204), avant de les stocker en un lieu frais, hors gel.

Condimentaires. Le plus souvent, on prélève feuilles et pousses des plantes aromatiques au fur et à mesure des besoins, ce qui favorise leur ramification et leur rajeunissement. Les plantes culinaires développent leur meilleur arôme durant leur floraison, ou juste avant. Récoltez-en alors une grande quantité en vue de les faire sécher, congeler ou infuser. Procédez le matin par temps sec et profitez-en pour redonner une belle forme aux plantes taillées.

Conservez bien à part les différentes variétés, pour éviter que leurs saveurs ne se mélangent, et occupez-vous de ces prélèvements avant que le feuillage ne flétrisse : supprimez les feuilles âgées ou abîmées, ainsi que les parties de tiges trop épaisses, puis liez les pousses en bottes. Suspendez celles-ci au sec, en un lieu aéré et à l'abri du plein soleil, ou congelez-les dans un sac plastique, ou encore émincez-les pour en faire des glaçons.

Fruits. La plupart des fruits se récoltent à pleine maturité pour être rapidement consommés. Mais, comme ils mûrissent rarement tous en même temps, il faut vérifier leur maturité à maintes reprises et commencer par récolter ceux qui sont mûrs. Cueillez les groseilles encore petites et immatures pour les cuisiner, en laissant se développer des baies bien espacées en vue de les récolter plus tard, bien sucrées, pour les consommer crues.

Pour conserver les cucurbitacées plusieurs mois durant, commencez par les faire sécher, puis déposez-les sur un lit de paille, sur une étagère, dans un local sec, hors gel et bien aéré.

Les poires se cueillent encore vertes et achèvent leur maturité durant la conservation.

Prélevez toujours délicatement les fruits qui s'abîment facilement, surtout ceux destinés au stockage, dont seuls les parfaits spécimens se conservent bien. Tous les fruits à chair molle peuvent être congelés, mis en bouteilles ou transformés en conserves après cuisson. Il en est de même pour les fruits durs comme la pomme ou la poire (surtout les variétés précoces), mais il est d'usage d'étaler dans des caissettes ou sur des étagères les variétés de longue conservation, ou de les enfermer dans un sac plastique perforé, pour les stocker dans un local frais, sombre et aéré.

BLANCHIR ET FORCER. Certains légumes requièrent un traitement de plus avant ou après la récolte pour améliorer leur saveur (voir p. 66-109). Le blanchiment consiste à mettre à l'abri de la lumière les légumes verts pour les attendrir ou leur donner un goût plus sucré. Ainsi butte-t-on le céleri à côtes et le fenouil de Florence pour blanchir leurs tiges et les rendre croquantes. On recouvre aussi les feuilles de pissenlit et le cœur de certaines chicorées et laitues romaines pour supprimer leur amertume. Le forçage se produit également à l'obscurité partielle ou totale pour hâter le développement d'un légume avant l'heure. On procède ainsi avec l'endive, hivernée en pots. Le forçage de la rhubarbe s'effectue en pleine terre, sous une caisse ou un pot à l'envers, technique qui a pour effet de blanchir les tiges et de les rendre plus tendres et sucrées.

UNE BONNE CONSERVATION. Au fil du temps, la qualité et la valeur nutritionnelle des fruits ou des légumes conservés se dégradent, au point que la récolte peut devenir inconsommable ou se mettre à pourrir. Inspectez-les régulièrement. Au besoin, choisissez un autre mode de conservation (congélation en sachets, à l'état cru ou cuit), sachant qu'il faudra les consommer avant tout autre produit congelé en parfait état. Même après une longue conservation, vous pouvez encore mettre les fruits en bouteilles ou les transformer en conserves (confitures ou liqueurs). Quant aux légumes, vous pouvez les transformer en purées, soupes, pickles ou sauces.

GRAPPILLER DANS LES HAIES. Tout en poursuivant les récoltes sur votre terrain, n'hésitez pas à grappiller les haies de séparation des parcelles. Elles abondent souvent de baies sauvages que vous pouvez récolter en toutes saisons, si vous êtes loin de routes embouteillées ou autres sources de pollution. Les fleurs de sureau aromatisent délicieusement les desserts de groseille et de rhubarbe, et donnent des boissons rafraîchissantes en été. Les baies d'automne (mûres, pommes miniatures, prunelles, cenelles, cynorrhodons) constituent toutes de délicieuses et nutritives conserves, gelées ou jus de fruits au goût sauvage.

Les mini-pommes que donnent les pommiers à fleurs sont trop acides à consommer directement sur l'arbre, mais donnent de délicieux jus de fruits et conserves.

À essayer

- **Pour de meilleurs résultats, recherchez des variétés recommandées spécifiquement pour la congélation, le séchage ou une longue conservation.**
- **Cultivez des variétés de mi-saison ou de maturité tardive pour obtenir la conservation la plus longue possible. Laissez les fruits se développer aussi tard que possible, mais cueillez-les avant les premiers froids.**
- **Sur les fruits et les légumes de garde, laissez le pédoncule ou une petite touffe de feuillage et veillez à ce qu'ils soient très propres en les frottant avec un torchon, mais sans les rincer.**
- **Consommez toujours en priorité les oignons petits, aux racines abîmées ou au collet épais, car ils se gâtent rapidement en conservation.**
- **Pour la conservation, séparez les fruits et les légumes qui présentent un goût puissant pour éviter que se mêlent les saveurs.**
- **Inspectez régulièrement les fruits et les légumes en stock pour vérifier s'ils ne sont pas la proie de souris ou d'autres profiteurs.**
- **L'obscurité et une bonne aération sont indispensables pour maintenir une bonne conservation. Veillez à ce que la température soit hors gel et sans excès.**
- **Arrachez des pommes de terre primeurs dès qu'elles commencent à fleurir, nettoyez-les et enfermez-les dans une boîte à biscuits sur un lit de sable ou substrat sec, boîte que vous enterrez pour consommer des tubercules tout au long de l'hiver.**

VOIR AUSSI ▸ **« Champagne » de fleurs de sureau (recette),** p. 187. **Entreposer les pommes de terre,** p. 206. **Forcer l'endive,** p. 208. **La rhubarbe facile,** p. 208. **Gin à la prunelle (recette),** p. 209.

Chaque saison a ses légumes. Connaître les meilleurs moments pour mener les tâches du jardin vous aidera à organiser un programme de culture adapté à vos besoins et à gérer les contraintes saisonnières de temps et d'espace.

Une année au jardin ouvrier

Observer et planifier

Synchrone avec le jardin

« Chaque chose en son temps », voici une saine résolution pour la gestion de votre potager familial. De nombreuses tâches doivent être effectuées au moment le plus opportun si l'on veut obtenir des résultats optimums ; résultats conditionnés par la précocité de la préparation du terrain qu'il ne faut pas remettre au lendemain, au risque que les plantes souffrent et n'arrivent pas à maturité. Cependant, en dépit des traditionnelles recommandations pour semer des oignons ou planter des pommes de terre tel jour de l'année, la planification des activités dans le jardin est loin d'être une science exacte. Il est toujours possible, en revanche, de rattraper un retard consécutif à une longue période pluvieuse. Enfin, sachez apprécier les changements majeurs des saisons, plus fiables que le calendrier, surtout si vous jardinez bio.

OBSERVER LE TEMPS. Pour réussir au jardin, il faut garder un œil sur la météo. Les cultures en pleine terre sont, en effet, exposées aux éléments, changeants et souvent imprévisibles, en particulier si l'on considère l'impact du changement climatique. Cela ne concerne pas, bien entendu, les cultures sous abri dans un environnement protégé que vous modulez pour leur bien-être (voir p. 170-175).

Apprenez à anticiper sur les effets de conditions météo particulières. Sous nos cieux, une nuit glacée après un bon soleil d'hiver endommage plus une culture qu'une lugubre couverture nuageuse. Un manteau

Une légère gelée blanche... et voilà l'hiver en route.

neigeux isole les plantes du froid rigoureux à condition que le sol ne soit pas gelé lorsqu'il se met à neiger. Ce sont les alternances de gel et de dégel qui s'avèrent fatales. En hiver, les vents persistants dessèchent les sols nus et les légumes encore présents, qui souffrent rapidement de déshydratation, alors que le sol gelé prive les racines d'eau. Il est donc essentiel d'abriter vos cultures des vents froids.

MICROCLIMATS. Chaque jardin possède son propre microclimat, qui varie selon la présence de zones ombragées, abritées du vent, et la configuration du terrain (voir p. 25), mais aussi selon la région où il se trouve. À quelques kilomètres seulement de la côte, l'intérieur des terres est plus froid. La chute du thermomètre s'accentue en altitude, tandis que les zones urbaines sont plus chaudes et abritées que la campagne. La latitude affecte le rythme des saisons. Dans le sud de la France, par exemple, le réchauffement du sol beaucoup plus hâtif permet de semer 3 ou 4 semaines avant le nord. Le fait que l'automne se montre aussi plus tardif prolonge la saison de croissance d'au moins 50 jours.

DES INDICES FIABLES. Juger du bon moment pour les travaux décisifs, comme le semis ou la plantation, nécessite un mélange d'expérience, de prudence et d'observation. Tenez un journal de bord recensant vos activités, ainsi que les résultats obtenus pour mémoriser les succès et les échecs qui guideront ensuite vos décisions et tempérez toujours votre confiance par la prudence. Ayez sous la main de quoi protéger les récoltes, si le temps change, et gardez en réserve des graines ou des plants de remplacement. Ne prenez pas de risques simplement par impatience, rien ne sert de commencer les cultures trop tôt ; les récoltes précoces ne comblent pas toujours les espérances, et les récoltes tardives les compensent bien souvent. Ainsi, des panais semés dès février mettent 4 à 5 semaines à apparaître, mais seulement 10 à 15 jours après un semis printanier.

Soyez attentif aux manifestations de la nature autour de vous, car elles ne sont pas toujours bienveillantes : certaines années, les gelées tardives brûlent les jeunes feuilles de hêtre et déciment la première couvée des oiseaux. Tenez compte de la faune dans les haies, bien plus fiable que les échéances du calendrier. Le débourrement des bourgeons d'aubépine demeure le signal habituel pour démarrer les cultures de printemps, en prenant garde toutefois aux gelées tardives, toujours possibles.

Lors des équinoxes, le vent et la température restent imprévisibles. Les abeilles ont tendance à prendre la direction de la ruche lorsqu'une tempête s'annonce… Enfin, observez les faits et gestes de vos voisins plus chevronnés et n'hésitez pas à demander conseil. Rappelez-vous le proverbe : « Tout jardinier en sait plus que les autres jardiniers. »

LES INFLUENCES DU TEMPS

- **Au printemps,** les plantes démarrent leur croissance, dès que la température moyenne diurne dépasse 6 °C, et entrent en dormance au-dessous de cette température, en automne.
- **Un légume-feuille** perd jusqu'à 6 litres d'eau par jour sous un soleil brûlant.
- **En plein été,** la température du sol peut dépasser 25 °C, ce qui est une contrainte pour de nombreuses cultures. Elle inhibe également la germination de plantes comme l'oignon et la laitue.
- **La mouche de la racine du chou** commence à pondre ses œufs lorsque le persil sauvage se met à fleurir, au printemps, ce qui peut varier de plus de 3 semaines selon les conditions météo.
- **Un été chaud et sec** favorise le développement de la rouille et du mildiou, alors qu'un été humide voit l'oïdium pulluler. Les orages d'été et les brouillards causent la propagation de la nielle (ou rouille) de la tomate et de la pomme de terre.

▼ Gare aux gelées tardives pour la floraison des arbres fruitiers qui sent si bon le printemps !

Cultiver sous serre

Une année de culture sous abri

Ce que vous pouvez faire dans votre serre dépend du type de structure dont vous disposez (voir p. 46-47). Est-elle avant tout destinée à la culture, ou constitue-t-elle un abri pour les jours de mauvais temps ou un entrepôt pour votre outillage ? En utilisant votre serre de façon optimale pour les cultures sous abri, vous pouvez considérablement étendre le choix des plantes, les faire démarrer plus tôt et prolonger les récoltes bien plus tard qu'au potager.

ORGANISER L'ESPACE. Dans votre serre, le plus rationnel est de cultiver les plantes en pleine terre et sur des tablettes amovibles. L'idéal est de faire courir une bande de terre le long de l'allée, ainsi qu'à l'une des extrémités de la serre, pour y cultiver de grandes plantes, comme les tomates, les concombres, voire des fruitiers.

Même dans ce petit espace, la rotation des cultures s'avère indispensable pour prévenir le développement des maladies du sol. Vous pouvez également renouveler une partie de la terre avec un apport de terre fraîche de l'extérieur. Sur un sol en dur, une série de conteneurs et de sacs de culture permet de réaliser aussi des cultures. Utilisez une tablette comme banc de rempotage et prévoyez un emplacement pour les jeunes plants.

En été, faites de la place pour la culture des plantes en pleine terre, en sortant les tablettes sur lesquelles vous pourrez continuer à travailler.

En hiver, les plantes cultivées sous abri en pleine terre sont moins exposées au gel que celles en pots. Ainsi, mieux vaut mettre en terre des légumes rustiques, des plantes aromatiques hors saison et des plantes nécessitant la protection d'une serre. Maintenez une bonne fertilité en enrichissant la terre de compost et remontez le niveau de terre avec le surplus de terreau de rempotage mêlé à un peu d'engrais, un mélange également utile pour remplir de grands conteneurs ou des sacs de culture vides.

Gérer une serre

L'entretien des plantes cultivées sous abri n'a rien à voir avec celui des cultures en pleine terre. Sous une serre, les conditions de culture sont plus constantes qu'à l'extérieur et facilement modifiables. Il vous faut également évaluer les besoins particuliers de chaque culture, surtout si vous souhaitez les associer. Ainsi, tomates et concombres cohabitent mal, n'ayant pas les mêmes exigences en chaleur, lumière et eau. Toutes les plantes cultivées sous abri requièrent vos soins sur quatre points essentiels : l'aération, la lumière, l'eau et la santé.

AÉRATION. Même au plus fort de l'hiver, les plantes apprécient un changement d'air quotidien. Entrouvrez la trappe de ventilation pendant une heure pour éviter le confinement de l'atmosphère. Pendant la période de croissance, ventilez chaque fois que c'est possible pour stabiliser la température et lutter contre les maladies. En équipant la serre d'une aération automatique ou d'une fenêtre, vous éviterez au mieux les écarts de température trop importants.

LUMIÈRE. Les plantes poussent en direction de la lumière, qui doit donc leur parvenir en quantité suffisante. Un manque de lumière les fragilise, les rend chétives et maladives. Au printemps, avant le démarrage de la végétation, nettoyez à fond les surfaces vitrées. Même chose en automne, lorsque vous supprimez les produits occultants posés en été pour abriter les cultures d'un trop fort ensoleillement. Placez à proximité des parois vitrées les plantes toujours en végétation l'hiver, mais protégez légèrement les semis du soleil direct avec du papier journal tant qu'ils ne poussent pas vigoureusement. Lorsque les jours rallongent, ombrez votre serre de blanc d'Espagne (couche légère au printemps, importante tout l'été) ou utilisez une ombrière. Supprimez ces protections début octobre.

▲ **Les pieds d'aubergine sous serre au stade de les tuteurer.**

LES BONNES CULTURES SOUS SERRE

Tout en étant un espace de multiplication idéal, la serre permet de mettre en culture toutes sortes de fruits et légumes, notamment :

- **Les semis précoces et tardifs** de carotte, radis, haricot nain et laitue.
- **Les plantes méditerranéennes** frileuses comme l'aubergine, le concombre, le poivron, la tomate, le basilic et la verveine citronnelle.
- **Les légumes rustiques,** tels la chicorée, la poirée, l'épinard, l'épinard perpétuel (ou bette-épinard), le persil (pour les variétés améliorées).
- **Les variétés à palisser,** comme la vigne, le figuier, le kiwi, le haricot-kilomètre.

◀ De jeunes plants de concombre palissés le long d'une corde, sous serre.

La serre aux 4 saisons

PRINTEMPS

- Augmentez progressivement l'aération, mais faites attention aux gelées nocturnes.
- Semez, repiquez et endurcissez les légumes primeurs.
- Protégez les semis de la brûlure du soleil en opacifiant légèrement les panneaux de verre.
- Plantez d'abord les légumes gélifs sous serre chauffée, puis sous serre froide après la mi-mai.
- Pollinisez les floraisons des fruits précoces.

ÉTÉ

- Ventilez jour et nuit, renforcez l'opacification des panneaux de toiture.
- Amendez et taillez les plantes qui se développent en été.
- Arrosez, fumez et humidifiez régulièrement la terre.
- Surveillez le développement des insectes nuisibles, traitez immédiatement au moindre signe avant-coureur.
- Semez les légumes d'hiver en vue de les repiquer l'automne venu.

▲ En hiver, aérez la serre par brèves périodes.

AUTOMNE

- Réduisez progressivement l'arrosage, la nourriture et le bassinage des plantes.
- Fermez les ouvertures la nuit, mais conservez une circulation d'air. Supprimez toute filtration.
- Ayez une isolation sous la main pour parer aux premiers gels.
- Faites le vide des cultures de l'été, les oignons de garde, les fruits mûrs notamment.
- Semez les légumes d'hiver et mettez en pots les herbes aromatiques pour le forçage.

HIVER

- Isolez parfaitement du gel.
- Ventilez de courts moments par temps doux et conservez une atmosphère sèche.
- Nettoyez et stérilisez la serre et les équipements qui devront être prêts pour le printemps.
- Forcez les cultures précoces, fraisiers et rhubarbe.
- Commencez rapidement les semis en prévision de la fin de l'hiver.

Tomates de serre

La tomate en rang est la plus populaire des cultures en serre. Sa production est plus sûre et plus rapide que les plantations extérieures, en particulier si vous choisissez une variété à cultiver sous abri, dont les entre-nœuds seront plus courts et la fructification plus abondante.

1 Semez sous abri à 20 °C, début mars, en serre chaude, ou attendez le printemps si votre serre n'est pas chauffée. Repiquez les semis dans des godets de 10 cm dès qu'ils ont formé 2 vraies feuilles.

2 Transplantez les semis en pleine terre, dans des sacs de culture ou des pots de 20 cm, lorsque les racines ont rempli leur pot et avant que la première fleur ne se forme.

3 Attachez la tige principale à intervalles réguliers sur un tuteur ou un fil de fer tendu verticalement.

4 Supprimez les pousses axillaires (à l'aiselle des feuilles).

5 Arrosez régulièrement, tapotez les pieds en fleur pour disperser le pollen et arrosez à l'engrais dès l'apparition des premiers fruits.

6 Pincez l'extrémité des pousses en septembre pour accélérer la maturation des fruits.

EAU. L'arrosage prend beaucoup de temps en période de canicule, à moins d'opter pour un système d'arrosage automatique par capillarité ou goutte-à-goutte à partir d'une citerne, sans oublier un paillis au niveau du sol. Les godets et les supports alvéolés exigent une vérification quotidienne, même si le blanc d'Espagne et le papier journal sur les semis réduisent l'évaporation et le dessèchement. Rafraîchissez et humidifiez l'atmosphère en détrempant abondamment : arrosez ou vaporisez le sol et les tablettes. Réduisez l'arrosage lorsque le développement des plantes se stabilise. Maintenez des conditions relativement sèches en hiver, sachant qu'un excès d'eau fait pourrir les racines.

ASTUCES

- **Semez une variété en touffe** en alternance avec des plantes plus grandes. Vos cultures viendront plus rapidement à terme et vous gagnerez de la place.
- **Arrosez** à intervalles réguliers pour éviter que les fleurs ne pourrissent, mais n'arrosez pas plus que nécessaire, vos fruits seraient insipides.
- **Semez le basilic** avec une plante compagne, qui dissuade les insectes nuisibles. Récoltez-le en même temps que les tomates.

SANTÉ. Dans les conditions de culture sous abri, les plantes sont plus sensibles aux maladies, leur résistance est moins bonne. Fortifiez-les grâce à un arrosage et une alimentation qui correspondent à leur mode de croissance (les excès sont aussi néfastes que les carences). Restez dans une fourchette stable de températures en utilisant l'isolation et la ventilation. Au lieu d'appliquer la même protection à toute la structure, confinez les jeunes plants dans une zone isolée du reste de la serre. Prévenez les attaques d'insectes volants en suspendant des papiers tue-mouches et plantez des œillets d'Inde *(Tagetes)* pour dissuader les aleurodes.

Bassinez régulièrement le sol de la serre en utilisant la pomme d'un arrosoir.

CONCOMBRES SOUS SERRE

Au palmarès des cultures sous serre, le concombre est classé 1er ex aequo avec la tomate, à condition de lui fournir la protection, la température et l'humidité qu'il réclame. Pour optimiser les résultats, cultivez-le à 15 °C, en prévoyant quelques degrés de plus pour les variétés femelles.

- **Semez et transplantez,** comme pour les tomates (voir p. 172), dans des pots de 30 cm lorsque les plants atteignent 15 cm.
- **Pincez l'extrémité des pousses** des variétés en touffe après les avoir transplantées. Pincez les variétés plus grandes lorsqu'elles atteignent le sommet du tuteur.
- **Guidez les pousses latérales** des grandes plantes, pincez-les à 2 feuilles après une fleur femelle. Enlevez les fleurs mâles.
- **Arrosez** régulièrement et délicatement autour du pied, sans mouiller les feuilles. Détrempez le sol pour saturer l'air d'humidité.
- **Arrosez à l'engrais liquide** tous les 10 à 15 jours, en commençant 6 semaines après la transplantation.

◀ Récoltez les concombres (ici, la variété 'Pepita') à maturité, avant qu'ils ne deviennent amers, jaunes, ou commencent à s'épaissir d'un côté.

ASTUCES

- **Un supplément de chaleur et d'humidité est essentiel aux premières étapes de la croissance pour conserver une pousse vigoureuse, jusqu'à ce que la température extérieure s'élève.**
- **Les fleurs femelles ont un minuscule concombre derrière leurs pétales. Lorsqu'elles subissent un stress, les variétés femelles produisent toutes des fleurs mâles.**
- **Vaporisez le feuillage de temps en temps pour contrer le développement des araignées rouges. Réduisez les vaporisations en septembre, afin d'éviter une attaque de mildiou.**

Des fruits sous abri

De nombreuses variétés de fruits sont adaptées à la culture sous serre et au manque d'espace, tandis que d'autres, compactes, se contentent même d'un châssis froid. La serre protège les floraisons précoces et favorise la maturation tardive de fruits, jusqu'en automne. Si le pêcher reste exempt de cloque sous abri, des parasites, comme la cochenille, l'aleurode, la cochenille farineuse et l'araignée rouge, s'avèrent très menaçants. Sous serre, fécondez vous-même les fleurs des fruitiers très précoces.

Les arbres fruitiers. L'abricotier, le pêcher, le nectarinier et le figuier se cultivent dans de grands pots. Pour gagner de la place, palissez-les du côté sud, où ils auront soleil et chaleur. Ombragez le reste de la serre en été.

Une vigne. Elle s'impose sous le toit si elle est taillée et guidée.

Les variétés naines. Pommiers et poiriers greffés sur un porte-greffe de variétés naines, pêchers génétiquement nains ont leur place en pots sous serre, avec les agrumes nains hivernés.

Les melons. Ils sont parfaits dans une petite serre, cultivés comme les concombres en pleine terre, dans de grands pots ou des sacs de culture, guidés sur un filet ou sur des cordes suspendues sous la toiture. Pour les cultiver sous châssis, plantez-les au centre, pincez les bourgeons principaux et guidez les pousses latérales dans les angles du châssis.

Les fraisiers. Rempotés en août et hivernés, ils produisent très tôt, sur les tablettes de la serre, près des vitres, un peu plus tard en serre froide.

La rhubarbe. Arrachée à l'automne et exposée au froid un mois, elle gagne à être forcée dans l'obscurité sous tablettes ou châssis pour récolter des tiges primeurs.

Une vigne bien palissée.

Le châssis aux 4 saisons

Souvent, le châssis froid ne sert qu'à endurcir les plantes au printemps, stocker tuteurs et autre matériel le reste du temps. Mais il s'avère également indispensable pour protéger les plantes toute l'année. Les modèles mobiles s'utilisent comme les cloches anglaises. Ils s'imposent pour toutes les cultures, surtout lorsque la place est comptée (voir aussi p. 48-49).

◀ Installez sous châssis froid les jeunes semis gélifs pour les endurcir.

DÉBUT DE PRINTEMPS
- Semez les haricots nains précoces.
- Plantez les pommes de terre primeurs.
- Endurcissez les semis.
- Plantez les salades précoces.
- Surveillez les boutures de chrysanthèmes qui reprennent.

FIN DE PRINTEMPS
- Semez les légumes d'été.
- Endurcissez les jeunes plants.
- Plantez melons, concombres et céleris à côtes.
- Mettez les dahlias en végétation.

DÉBUT D'ÉTÉ
- Prélevez les boutures herbacées.
- Soignez et palissez les légumes d'été.
- Utilisez le châssis ouvert comme pépinière.

FIN D'ÉTÉ
- Semez le persil, les verdures orientales (voir p. 77).
- Favorisez l'enracinement des stolons de fraisiers.
- Faites sécher l'ail, l'échalote.
- Semez des salades pour l'hiver.

DÉBUT D'AUTOMNE
- Faites sécher l'oignon.
- Semez les salades.
- Plantez la laitue.
- Semez les annuelles résistantes pour les floraisons d'hiver.
- Plantez les bulbes que vous souhaitez forcer.

FIN D'AUTOMNE
- Hivernez les choux supplémentaires, les légumes de printemps ainsi que les souches de chrysanthème.
- Enracinez les boutures de bois aoûté.

DÉBUT D'HIVER
- Protégez les herbes fines et les pois de senteur.
- Forcez la rhubarbe, le crambe maritime et l'endive.

FIN D'HIVER
- Poursuivez le forçage.
- Semez les salades précoces et les cultures à transplanter.
- Préparez une couche chaude (voir p. 53).

Le guide des saisons

Début de printemps

À semer

EN PLACE. Betterave, carotte, chou-rave, cresson alénois, épinard d'été, fève, navet, oignon de garde, petit oignon, poirée, pois hâtif, radis, roquette, salsifis, scorsonère, tétragone.

EN PÉPINIÈRE. Chou de Bruxelles hâtif, chou d'été et chou d'automne, laitue, poireau, rhubarbe, topinambour.

SOUS ABRI. Aubergine, brocoli à jets, céleri à côtes, céleri-rave, chou-fleur d'été, persil, poivron, tomate.

À planter

EN PLEINE TERRE. Ail, artichaut, asperge, chou-fleur d'été, chou de printemps et chou d'été, échalote, menthe, oignon de garde (jeunes semis et oignon à planter), plantes aromatiques vivaces, pomme de terre primeur, raifort, topinambour.

SOUS ABRI. Salades précoces, tomate.

À récolter

Ansérine bon-henri, brocoli, céleri à côtes (en tranchée), céleri-rave, chou de Bruxelles, chou-fleur, chou frisé, chou d'hiver et chou de printemps, crambe maritime (forcé), cresson alénois, endive (forcée), épinard d'hiver, laitue, mâche, navet, panais, petit oignon, poireau, radis, rhubarbe (forcée), rutabaga, salsifis, scorsonère, tétragone.

PENSE-BÊTE

- Ayez sous la main, pour la nouvelle saison, graines et matériaux (tuteurs, substrat de rempotage).
- Protégez du gel semis et cultures sous une cloche continue ou un voile.
- Préparez couches et pépinières de semis en les recouvrant d'une cloche continue ou d'un voile pour réchauffer la terre.
- Plantez les pommes de terre primeurs à un emplacement abrité. En climat doux et sol léger, plantez aussi les variétés semi-précoces et celles de mi-saison.
- Nourrissez les cultures qui ont passé tout l'hiver en place avec un engrais complet ou un paillis de compost.
- Achevez la plantation et la taille des arbres et arbustes fruitiers, nourrissez les petits fruits d'un engrais potassique ou d'un paillis de compost.
- Surveillez les premières attaques de ravageurs ; continuez à nourrir les oiseaux pour les inciter à nicher et à chasser insectes, vers...

Semez des salades à couper

Laitue à couper, chicorée, épinard, roquette, endive, verdures orientales... Voilà tout ce que vous pouvez semer à présent. Si vous préférez, adoptez un mesclun ou autre, qui regroupe différentes salades. Toutes ces salades se contentent d'un petit espace pour produire beaucoup. Vous les récolterez bien avant leurs cousines semées à l'extérieur ou sous un coffre. Semez-les en pleine terre sous une cloche continue, en caissette sur une tablette de serre ou un rebord de fenêtre, ou encore en terre sous châssis froid.

Semez en rangs espacés de 10 cm, ou bien à la volée, à raison de 12 g par mètre carré. Dans tous les cas, ne semez pas trop de graines, sans quoi il vous faut éclaircir tous les 2-3 cm. Quand les jeunes plants font 10 cm de haut, commencez à les récolter à un bout, coupez-les à 2 cm au-dessus du substrat pour la repousse qui va se produire rapidement, en quelques semaines.

Récoltez de jeunes plants de laitue à couper.

Sus aux limaces et escargots

Les attaques de limaces et d'escargots surviennent très tôt, notamment sur les jeunes pousses et les jeunes plants repiqués, qu'il est donc important de protéger dès le départ (voir aussi p. 154-155).

- Entourez les plantes d'une barrière de cendre, de sable grossier ou fin, ou de suie fraîche. Pour vous guider, il vous suffit de suivre le bord d'un pot de fleur à l'envers. Une telle barrière empêche ces ravageurs d'attaquer la plante protégée, au même titre qu'une collerette dentelée découpée dans une bouteille en plastique (ci-contre).
- Certaines petites limaces souterraines endommagent les tubercules de pommes de terre (ci-dessous, à gauche), au risque d'atteindre un niveau inquiétant en fin d'été. Aux cultivars de garde les plus sensibles, préférez 'Charlotte', 'Estima', 'Sante', 'Romano' ou 'Wilja'. Dès le début de la floraison, arrosez les plants d'une solution riche en nématodes parasites, *Phasmarhabditis hermaphrodita*. On en trouve facilement sous forme de préparation déshydratée, à utiliser sur un sol humide et froid (5 °C seulement), c'est-à-dire au printemps ou en automne.
- Le piège à bière reste efficace. Vous pouvez l'acheter tout fait ou le fabriquer vous-même. Coupez l'extrémité supérieure d'une bouteille en plastique, que vous encastrez à l'intérieur du morceau restant, le goulot vers le fond. Agrafez pour maintenir le tout en place : cela forme l'entrée du piège au fond duquel vous versez un peu de bière éventée ou de sirop de fruit. Laissez reposer ce piège, couché sur le côté, à proximité de plantes sensibles (ci-dessous, à droite).
- Piégez limaces et escargots sous des peaux de pamplemousse ou avec des épluchures de navet dont ils raffolent.

Démarrer les pois

Les variétés précoces de pois mettent environ 70 jours, à partir du semis, pour arriver à maturité, alors que les variétés de mi-saison à rames ont besoin de 100 jours. À partir de maintenant et jusqu'en juillet, échelonnez les semis d'une variété précoce pour prolonger la récolte ; dès que les semis d'une planche lèvent tous, semez la suivante, mais assurez-vous que la variété choisie n'arrive pas entièrement à maturité d'un seul jet. Autrement, sélectionnez 2 ou 3 variétés produisant successivement.

Semez-les simultanément, en rangs séparés, ou mélangez-les, et ce tous les mois. Pour les premières récoltes, semez dès novembre une variété de pois à grains ronds dont vous protégez les jeunes plants tout l'hiver sous une cloche continue. Les pois mangetout sont assez rustiques pour passer l'hiver en pleine terre. Certaines variétés nouvelles, comme les pois à écosser, arrivent aussi parfaitement à maturité au jardin. En climat froid, semez le pois sous abri, dans un morceau de gouttière en plastique (voir encadré ci-dessus) ou dans des godets en tourbe (voir aussi p. 70).

Pois hâtifs

Si la terre est trop froide pour y semer des pois, procédez dans un morceau de gouttière en plastique percé de trous, que vous remplissez de substrat de semis. Semez-y des graines en 2 rangs échelonnés. Maintenez le semis au chaud jusqu'à ce que le temps s'améliore. Vous n'avez ensuite qu'à faire glisser le contenu dans un sillon en pleine terre. La variété doit être assez robuste pour supporter les caprices printaniers du temps.

Planter les fraisiers

Si l'on plante généralement le fraisier en août pour bénéficier d'une première récolte au printemps suivant, il est encore temps en mars de garnir un carré d'une variété non remontante. Moyennant certains soins, les plants fleuriront d'ici quelques semaines pour produire en été, surtout si vous avez acheté des plants frigos, conservés sous un froid artificiel pour les inciter à un démarrage rapide. Vous pouvez également planter maintenant des fraisiers dont vous supprimerez les fleurs qui apparaissent afin de favoriser l'obtention de plants robustes, fructifiant abondamment l'année suivante.

C'est en ce moment que l'on plante normalement les fraisiers des bois et les variétés remontantes qui produisent jusqu'en automne. Pour hâter la maturité d'une quinzaine de jours chez les fraisiers non remontants, recouvrez 1 ou 2 rangs de cloche continue (voir aussi p. 109).

Démarrer les pommes de terre

La pomme de terre pousse pratiquement partout, même sur un tas de compost, et reprend souvent même à partir d'un simple éclat de tubercule. En période de disette, comme durant la Seconde Guerre mondiale, les jardiniers reproduisaient souvent la pomme de terre par des épluchures munies d'yeux.

Multipliez quelques tubercules de semence en les faisant germer de façon habituelle (voir p. 135), puis en les découpant en morceaux, munis chacun d'un œil ou d'un germe. Creusez une tranchée de 10-15 cm de profondeur, au fond de laquelle vous déposez les éclats tous les 30 cm. Remblayez la tranchée avec la terre extraite, puis arrosez (voir aussi p. 66).

Des plants de pomme de terre se forment souvent, bien avant ceux que vous avez mis en place, à partir de tubercules laissés en terre l'année précédente. S'ils apparaissent au sein d'autres cultures, arrachez-les délicatement à la fourche (le tubercule compris) pour les replanter ailleurs ; en les enterrant à la même profondeur et en les arrosant copieusement, ils vont repartir sans difficulté. Il existe une autre solution : si vous remarquez de tels plants à l'automne, vous pouvez les mettre en place sur une planche pour prendre de l'avance et obtenir de vraies primeurs.

Égayez vos carrés de légumes de quelques fleurs précoces, comme ces iris bulbeux.

Autres légumes-racines

De nombreux légumes-racines, jadis très répandus, sont souvent délaissés de nos jours, en dépit de leur mode de reproduction par semis très facile. Parmi les meilleurs à semer tout au long du printemps, retenez :

Le persil tubéreux. Forme distincte du persil, avec un feuillage non frisé et une racine renflée de type navet. Cultivez-le comme le persil ordinaire, tous les 20 cm sur le rang. Consommez-le en hiver au fur et à mesure des besoins ou conservez-le comme la betterave.

Le jicama. Cette pomme de terre mexicaine requiert des conditions chaudes, sous serre ou sous tunnel, en terre ou dans des pots volumineux. Semez-la et cultivez-la comme la fève. Laissez les tubercules achever leur développement jusqu'en automne.

Le salsifis. Il évoque un panais grêle et petit avec ses racines blanches à la saveur douce. Semez-le en place et éclaircissez-le tous les 15 cm. Arrachez-en au fur et à mesure de vos besoins à partir d'octobre.

Le scorsonère. Version du salsifis encore plus fine et à épiderme noir, cultivée pareillement. La deuxième année, laissez les racines fines s'épaissir. La floraison jaune est si décorative que vous pouvez replanter dans un massif de fleurs les racines en trop.

Le chervi. Légume ancien aux racines grêles et sucrées. Très rustique, à semer en place dès mars pour l'éclaircir tous les 15-20 cm. Arrachez-le pour le conserver comme les carottes de garde (les racines âgées durcissent au cœur).

La patate douce. Légume à cultiver sous serre ou tunnel, qui requiert environ 140 jours de chaleur pour croître. Laissez un tubercule germer au chaud, sur lequel vous prélevez de jeunes pousses enracinées pour les planter à 10 cm de profondeur tous les 30 cm. Palissez les tiges grimpantes sur un filet ou le long de cordes. Arrachez les tubercules dès le flétrissement des pousses ou avant les premières gelées.

Tailler les myrtilliers

Inutile de tailler les jeunes plants à moins qu'ils ne se ramifient pas, auquel cas raccourcissez maintenant les jeunes pousses d'un tiers. Chez les plants de 3 ou 4 ans et plus, rabattez chaque année en éclaircissant les pousses grêles et les tiges enchevêtrées et coupez d'un quart les pousses les plus âgées et les plus faibles. Surfacez avec du compost ou un paillis acide d'aiguilles de pin, déchets de tonte de gazon ou d'écorce broyée, que vous mélangez à un engrais complet en sol pauvre (voir aussi p. 108).

Myrtille et airelle

Au pied d'un plant arbustif de myrtillier, installez un plant nain d'airelle. Ces deux petits fruits cohabiteront bien, d'autant qu'ils apprécient les mêmes conditions de culture : un sol acide et frais.

PENSE-BÊTE

- **Vérifiez qu'il y a suffisamment de place sous le châssis froid pour endurcir les jeunes plants destinés à la pleine terre.**
- **Installez supports et fils de fer pour les framboisiers et autres arbustes à petits fruits, afin d'attacher en place les nouvelles pousses avant qu'elles soient abîmées.**
- **Prélevez des rames sous les arbres et sur vos haies (ou vos propres tailles) pour supporter pois et haricots grimpants.**
- **Échelonnez les semis pour éviter le moindre trou dans la production de carottes, salades et autres légumes de croissance rapide.**
- **Commandez jeunes plants, jeunes semis et graines prégermées avant la date limite.**
- **Ne prenez pas de retard avec le repiquage et le rempotage. Vous allez vite avoir besoin de place pour planter les légumes de serre.**
- **Inspectez les fruits et légumes de garde qui se dégradent rapidement quand la température augmente.**

Jeunes plants de patate douce prêts à la plantation.

Gâteau aux carottes

Voilà un gâteau moelleux délicieux, idéal pour utiliser les dernières carottes qu'il reste en réserve. En remplaçant les carottes par des panais, vous obtiendrez un gâteau moins coloré.

1 Graissez et garnissez le fond d'un moule à gâteau de 20 cm de diamètre avec un peu d'huile de tournesol.

2 Râpez les carottes finement. Battez les œufs et le sucre ensemble jusqu'à ce qu'ils forment un mélange épais et crémeux. Incorporez l'huile lentement.

3 Ajoutez les carottes et les ingrédients qui restent. Mélangez bien. Versez à la cuillère dans le moule à gâteau. Égalisez la surface et mettez au four à 190 °C pendant 20 à 25 minutes, jusqu'à ce que le gâteau soit doré et ferme au toucher. Laissez refroidir sur la grille.

4 Pour réaliser le glaçage, ramollissez le beurre ou la margarine, incorporez la cassonade et le zeste d'orange. Appliquez le glaçage lorsque le gâteau a complètement refroidi.

INGRÉDIENTS POUR UN GÂTEAU DE 20 CM DE DIAMÈTRE

GÂTEAU

- 175 g de carottes
- 2 œufs fermiers
- 100 g de sucre roux
- 7,5 cl d'huile de tournesol
- 100 g de farine complète avec levure incorporée
- 1 cuillerée à café de cannelle moulue
- 1/2 cuillerée à café de noix muscade
- 50 g de noix de coco râpée
- 50 g de raisins secs

GLAÇAGE

- 40 g de beurre ou de margarine
- 75 g de cassonade
- Zeste râpé de 1/2 orange

Le guide des saisons

Fin de printemps

À semer

EN PLACE. Betterave, brocoli à jets, carotte, chicorée pommée, chou d'été et chou d'automne, chou-rave, cresson alénois, endive, épinard, épinard perpétuel, fenouil de Florence, fève, laitue, navet, oignon (vert, à confire), panais, persil, plantes aromatiques annuelles, radis, roquette, rutabaga, salsifis, scarole, scorsonère.

EN PÉPINIÈRE. Brocoli à jets, chou de Bruxelles, chou-fleur d'automne et chou-fleur d'hiver, chou d'hiver, chou vert, poireau.

SOUS ABRI. Aubergine, concombre de plein champ, courgette, potiron et autres cucurbitacées, haricot vert et d'Espagne, maïs doux, melon, tomate de plein champ.

À planter

EN PLEINE TERRE. Artichaut, asperge, cardon, chou primeur, oignon (jeunes plants et bulbilles), pomme de terre, topinambour. En l'absence de gel : aubergine, céleri, céleri-rave, haricot vert et d'Espagne, maïs doux, poivron, tomate de plein champ.

SOUS ABRI. Tous les légumes gélifs, comme l'aubergine, le concombre et la tomate.

À récolter

Ansérine bon-henri, asperge, brocoli à jets, carotte, chou de Bruxelles, chou-fleur, chou de printemps, chou vert, crambe maritime, cresson alénois, épinard perpétuel, fève, groseille (éclaircissages), laitue, navet (plus les pousses), oignon vert, persil, poireau, radis, rhubarbe.

PENSE-BÊTE

- Finissez de planter toutes les pommes de terre. Buttez les primeurs en cas de froid ou dès que leur feuillage dépasse 20 cm de haut.
- Éclaircissez ou repiquez en pépinière les jeunes plants de choux et laissez développer 3 ou 4 vraies feuilles avant de les installer.
- Délaissez les variétés hâtives de légumes-racines, poireaux et choux au profit des légumes de mi-saison et tardifs.
- Binez, paillez ou désherbez à la main pour que vos cultures ne souffrent pas de la concurrence des mauvaises herbes.
- Paillez les fraisiers et ayez à portée de main des filets pour protéger tous les petits fruits en cours de maturité.
- Par temps sec, commencez à arroser sans tarder. Pour pailler, attendez que le sol soit réchauffé et humide.
- Une fois par mois, échelonnez les semis de condimentaires annuelles, telles la coriandre, pour une récolte prolongée.

Un trou de production

Les légumes de printemps, comme le chou de Bruxelles ou le panais, étant sur leur fin, il y a souvent un trou de production significatif avant les premières récoltes estivales, sauf si vous avez prévu des légumes en conséquence. Parmi lesquels :

- Le chou frisé, le brocoli à jets (semé en mai), le chou-fleur d'hiver.
- Le poireau (semé en juin).
- Le chou de printemps, le petit oignon (semé en août).
- La fève (semée sous cloche continue en novembre ou démarrée en pots en février).
- La pomme de terre (plantée en février et cultivée en pots sous abri).
- Le navet (semé sous châssis en février).
- Le radis (semé sous cloche continue en mars).

Semées en novembre, ces salades sont bonnes à cueillir.

ASTUCES

- **Arrachez et compostez les légumes d'hiver afin de libérer les planches. Pour hâter la très lente décomposition des souches de choux, broyez-les en petits morceaux avec un marteau ou passez dessus une brouette chargée.**
- **Arrachez tout panais et poireau encore en terre, regroupez-les dans un coin libre pour les consommer sans tarder.**
- **Sélectionnez les pommes de garde pour ne consommer que les variétés très tardives. S'il vous reste des pommes à cuire, coupez-les en petits morceaux et congelez-les crus ou cuits.**

Des grimpantes pour la couleur

Rien de tel qu'une grimpante annuelle au pied d'un arbre fruitier ou sur un support (arche) pour apporter de la couleur et des parfums en hauteur, et attirer des insectes pollinisateurs sur votre parcelle. Semez maintenant dans une caissette à alvéoles la capucine grimpante *(Tropaeolum majus)*, la suzanne-aux-yeux-noirs *(Thunbergia alata)*, la cobée *(Cobaea scandens)* ou l'ipomée *(Ipomoea)*. Vous les repiquerez en godets dans un mois. Plantez aussi des pois de senteur géants pour relayer les haricots d'Espagne, qui se faufileront joyeusement dans les haies et fourniront des brassées de fleurs odorantes.

Rajeunir les simples vivaces

Au fil des ans, les plantes aromatiques adultes voient décliner leur vigueur et leur qualité. Rajeunissez tous les 2 ou 3 ans à la bêche les touffes d'hysope, de fenouil ou de mélisse, que vous divisez en 3 ou 4 éclats à replanter ailleurs. Pour la livèche et l'estragon, il suffit de prélever les jeunes rejets périphériques. Multipliez le thym et la sauge, de préférence par boutures effectuées maintenant, ou marcottez à l'automne les pousses du bas en les enterrant pour qu'elles s'enracinent.

Laissez fleurir un peu de persil de l'année précédente pour qu'il se ressème spontanément dans l'été, ce qui vous permettra d'en repiquer où vous voulez.

Un plantoir à pommes de terre

Sélectionnez un tuteur (8 cm de diamètre) d'une longueur adaptée à votre taille. Effilez légèrement l'extrémité qui servira de plantoir. À 20 cm de celle-ci, insérez un morceau de manche à balai pour servir de repose-pied. Faites de même à l'autre bout du tuteur pour réaliser une poignée. Vous n'avez plus qu'à utiliser votre plantoir pour creuser des trous espacés régulièrement sur le rang (ci-contre). Laissez tomber un tubercule par trou (ci-dessous).

Ci-dessus : C'est sur un treillage rustique que prospère, au cœur de l'été, une clématite à fleurs blanches, relayée par une ipomée *(Ipomoea)*. La touffe de soleil vivace *(Helianthus)* contribue à masquer l'abri.

Ci-dessus, à gauche : Les baguettes de noisetier sont idéales comme tuteurs pour le pois de senteur *(Lathyrus odoratus)*.

Échelonner les semis

Il n'y a rien de meilleur que de déguster ses propres fruits et légumes, fraîchement cueillis à un stade jeune. Pour cela, l'idéal est d'échelonner fréquemment des semis en petites quantités de variétés de croissance rapide, afin de prolonger les récoltes, et d'utiliser au mieux les parcelles de terrain plutôt réduites.

Recherchez alors dans vos catalogues de graines combien de temps chaque variété met à arriver à maturité et son rendement dans un espace donné ou par plant. Vous pourrez estimer ainsi, selon votre choix, la quantité de graines qu'il vous faut semer toutes les 3 ou 4 semaines.

Parmi les légumes qui se prêtent à des semis échelonnés figurent les carottes, betteraves, radis, navets, pois, oignons verts et les petites laitues (voir p. 67-70, 85 et 90-91).

Cultiver en bandes

Une cloche continue ou un mini-tunnel s'avèrent irremplaçables tant qu'il y a un risque de gelée, mais aussi à différents moments de l'année pour plusieurs cultures. Effectuez ces cultures sensibles sur des rangs contigus, afin de vous simplifier la tâche. Vous n'aurez alors qu'à déplacer la cloche continue sur le rang suivant. Protégez ainsi, jusqu'en mai, les carottes et les laitues semées dès février, puis utilisez la cloche continue sur de jeunes semis de maïs doux. Une fois que le maïs a échappé au froid, transférez les cloches sur des melons ou des poivrons plantés fin mai. Dans les régions froides, laissez les protections durant tout l'été, pour les utiliser ensuite sur des semis tardifs d'oignon vert, radis et carotte, destinés à la consommation automnale et hivernale (voir aussi p. 48-49).

Combattre la hernie du chou

Si vous suspectez que cette maladie affecte votre sol après des cultures de choux et légumes apparentés plantés au même emplacement pendant plusieurs années de suite, voici plusieurs façons de la combattre :

- Répandue en sol acide, cette maladie disparaît dès que le pH dépasse 7,5. N'hésitez donc pas à chauler l'emplacement de la plantation.
- Effectuez une rotation stricte des cultures pour traiter progressivement l'ensemble des parcelles. Sur la même planche, regroupez tous les légumes de la famille du chou, navet, rutabaga, ainsi que des fleurs, comme la giroflée *(Erysimum cheiri)*.
- Maîtrisez régulièrement la croissance des mauvaises herbes, notamment des brassicacées, comme la cardamine ou la bourse-à-pasteur, qui sont des hôtes éventuels.
- Aux cultures lentes à produire (chou de Bruxelles), préférez des variétés de maturité rapide (brocoli hâtif ou mini-chou-fleur).
- Cultivez les jeunes semis dans des godets remplis de substrat stérilisé et plantez-les dès qu'ils ont 2 ou 3 vraies feuilles.
- Buttez les pousses pour retarder les conséquences d'une maladie grâce à la formation de nouvelles racines.
- Nettoyez ou désinfectez vos bottes et vos outils après avoir travaillé sur un terrain contaminé.
- Brûlez ou débarrassez-vous des racines épuisées après avoir arraché des plantes.
- Restez sur vos gardes, la hernie du chou peut survivre 20 ans dans le sol !

Planter les légumes gélifs

La date à retenir pour la gestion de votre parcelle est celle de la dernière gelée printanière, qui vous permet de déterminer quand semer les légumes gélifs, tels la courgette ou le haricot d'Espagne. Comme il leur faut 4 à 6 semaines, du semis au stade du repiquage, prévoyez ce temps nécessaire si vous semez sous serre et châssis. Endurcissez les plantes durant les 2 dernières semaines de cette période et, après la plantation, gardez des protections à portée de main en cas de gelée tardive.

Si vous devez reporter vos semis à chaud, inutile de paniquer, vos jeunes plants repartiront plus rapidement après repiquage pour être mis en place à temps. Pour semer directement en terre les légumes gélifs, procédez 10 à 15 jours avant les dernières gelées, mais 2 semaines plus tôt sous cloche.

Une poirée décorative, 'Bright Lights'.

D'autres épinards

L'épinard d'été surtout – et à un degré moindre l'épinard d'hiver – est prisé pour sa production importante, avec l'inconvénient, toutefois, de monter prématurément en graine par temps chaud et sec.

Bien plus faciles à cultiver, la poirée et l'épinard perpétuel (ou bette-épinard) restent en bon état sur une longue période (voir p. 93). Un semis maintenant, puis un autre en juillet assurent des récoltes tout au long de l'année. Prélevez les feuilles une par une ou bien rabattez la plante entière à 3-5 cm du sol pour qu'elle repousse.

PENSE-BÊTE

- **Vers la mi-mai (après les saints de glace), semez en pleine terre les légumes gélifs, haricot d'Espagne, potiron et maïs doux.**
- **Échelonnez les semis de salades et de légumes de croissance rapide, comme le radis.**
- **Faites le vide dans les carrés de poireau pour y installer des légumes de mi-saison et des variétés tardives.**
- **Continuez à endurcir tous les plants de légumes sensibles au froid avant de les mettre en place.**
- **Plantez sans tarder choux et apparentés, non sans avoir testé l'acidité du sol à leur emplacement.**

La tétragone

Le meilleur substitut de l'épinard en sol sec ou en climat sec est la tétragone *(Tetragonia expansa)*, ou épinard de Nouvelle-Zélande, une annuelle gélive qui s'étale sur plus de 1 m et forme un bon couvre-sol au pied d'autres cultures. Semez-la maintenant en place tous les 1 m ou démarrez les semis sous abri dès mars pour les installer quand tout risque de gelée est écarté. Pincez les pousses d'extrémité quand elles font 15 cm de haut. Récoltez des tiges rampantes entières sur lesquelles vous prélevez feuilles et pousses apicales juste avant de les faire cuire. La tétragone reste en place jusqu'aux premiers gels d'automne et se ressème souvent.

« Champagne » de fleurs de sureau

Au mois de mai, les sureaux se couvrent abondamment de cette délicieuse floraison enivrante. Les fleurs ont de nombreux usages, de la préparation de boissons à celle de lotions oculaires. Leur parfum s'apparente à celui du raisin muscat. Le champagne de fleurs de sureau est une merveilleuse boisson gazeuse sans alcool, facile et rapide à réaliser.

INGRÉDIENTS POUR 15 LITRES

- **10 à 12 panicules de fleurs de sureau**
- **900 g de sucre blanc**
- **Jus et zeste de 2 citrons**
- **2 cuillerées à soupe de vinaigre blanc**

1 Récoltez les fleurs de sureau bien ouvertes. Ne les lavez pas, mais vérifiez l'absence d'insectes.

2 Dissolvez le sucre dans un bol d'eau chaude. Ajoutez-y les panicules de fleurs, le jus de citron, le zeste râpé, le vinaigre, et remuez.

3 Versez dans un récipient stérilisé. Rallongez la préparation avec de l'eau froide pour obtenir environ 15 litres de liquide. Laissez reposer pendant 3 jours, en remuant de temps en temps.

4 Filtrez le liquide en remplissant des bouteilles en verre. Fermez-les hermétiquement et allongez-les. Au bout de 2 semaines, la boisson est pétillante et prête à être dégustée.

À semer

EN PLACE. Betterave, carotte, chicorée (forcée et pommée), chou-rave, chou vert, cresson alénois, endive, épinard perpétuel, fenouil de Florence, haricot vert et d'Espagne, laitue, maïs doux, navet, oignon vert, persil, plantes aromatiques, poirée, pois, potiron, rutabaga.

EN PÉPINIÈRE. Chou d'hiver, fleurs bisannuelles et vivaces, plantes aromatiques.

À planter

EN PLEINE TERRE. Artichaut, céleri, chou d'automne et chou d'hiver, citrouille et potiron, claytone, concombre, laitue, maïs doux, melon, poireau, poivron, tomate.

SOUS ABRI. Melon, patate douce.

À récolter

Asperge, brocoli vert, carotte, cerise, chicorée, chou-fleur, chou de printemps et chou d'été, chou-rave, cresson alénois, épinard, épinard perpétuel, fève, fraise, framboise, groseille, laitue, mâche, navet, oignon (vert et de garde), pois, pomme de terre, radis, rhubarbe.

Le guide des saisons

Début d'été

PENSE-BÊTE

- Achevez sans tarder les semis de chou d'hiver, ou achetez de jeunes plants.
- Buttez les plants de pommes de terre tardives. Récoltez les variétés hâtives dès qu'elles se mettent à fleurir ou quand vous découvrez des tubercules formés en grattant le sol.
- Tuteurez, palissez et fixez la végétation coureuse des plants de concombres, melons et tomates.
- Au solstice d'été, désherbez les asperges, puis nourrissez-les tous les 15 jours 2 ou 3 fois.
- Récoltez les plantes aromatiques pour les conserver dès qu'elles se mettent à fleurir. Redonnez une jolie forme aux vivaces ligneuses quand les fleurs fanent.
- Pincez la fève dès la formation de 2 ou 3 grappes de fleurs pour hâter la maturité et écarter le puceron noir. Cuisinez l'extrémité pincée des pousses en légumes verts.
- Nettoyez le terrain, tondez les sentiers engazonnés (utilisez ces déchets en paillis), refaites les bordures et taillez les haies.

Tuteurer les tomates

À partir de maintenant, soignez régulièrement vos plants de tomates tuteurés que vos pincements précédents, répétés, ont déjà limité à une seule tige. Prévoyez un tuteur robuste par pied, sur lequel vous attachez la tige à intervalles réguliers. Pour les plantes de serre, la méthode la plus facile consiste à suspendre une corde du toit, dont vous enterrez l'autre bout sous la motte lors de la plantation. Vous n'avez qu'à enrouler la tige autour de la corde au fil de sa croissance. Supprimez les pousses latérales encore petites ou laissez-les pousser à 5-7 cm de long pour les faire enraciner dans l'eau et ainsi accroître votre stock de plants. S'il reste à la base des plants des pousses latérales que vous n'avez pas pincées et qui sont longues, palissez-les séparément sur un tuteur pour obtenir comme une petite palmette (voir aussi p. 97).

Des tomates palissées en rangs d'oignons.

Pour contrer la mouche de la carotte, recouvrez d'un voile horticole les plants de carotte.

'Mantanghong', un délicieux radis d'hiver à chair rouge vif.

Des carottes sans la mouche

La larve de la mouche de la carotte gâte les racines en y creusant des galeries. Le vol de cette mouche se produit vers le mois de mai, puis à nouveau en septembre. Semée maintenant, une variété de croissance rapide échappe à ses dégâts. Pour des semis plus hâtifs ou plus tardifs, essayez une variété partiellement résistante comme 'Sytan' (voir aussi p. 67).

- Semez clair pour limiter l'éclaircissage des jeunes semis.
- Intercalez des rangs de carotte parmi des rangs d'oignon ou autres légumes dont l'odeur forte repousse la mouche.
- Recouvrez d'un voile horticole les plants de carotte durant toute la culture. Vous pouvez aussi construire une barrière défensive à l'aide d'une maille fine ou d'un film plastique transparent de 40-50 cm de large, que vous fixez comme une clôture à des piquets, de part et d'autre des rangs. La mouche volant au ras du sol sera ainsi déviée des plants de carotte.

Le radis d'hiver

Le radis d'hiver n'a rien à voir avec l'autre radis. Il s'agit d'un radis spécifique, beaucoup plus long (15-20 cm), qui tolère les basses températures et les jours courts et que l'on sème en automne sous châssis froid ou serre (voir aussi p. 68). Une méthode plus simple consiste à semer un vrai radis d'hiver maintenant puis à nouveau en fin d'été. Aux variétés anciennes, souvent variables et malformées, préférez une obtention récente comme 'Mantanghong', un joli radis de bonne qualité, à peau blanc verdâtre et chair rouge vif, délicieux cru ou cuit en fines tranches. Éclaircissez les jeunes plants tous les 15-20 cm. Vous récolterez les premiers radis dès septembre, alors qu'ils auront l'aspect d'une balle de tennis. Ils se conservent, pour la consommation hivernale, au même titre que la carotte de garde (voir p. 160).

Planter les choux

Plantez sans tarder les jeunes semis de la famille du chou qui attendent en pépinière (voir aussi p. 74-79).

- Auparavant, inondez les jeunes plants. Par temps sec, arrosez aussi copieusement, juste après la plantation (voir p. 140-141) et tassez bien la terre à leur pied.
- Pour les plants que l'on arrache complètement à la récolte, comme le chou, rapprochez la distance de plantation. Vous commencerez par enlever un plant sur deux sur les rangs, pour les consommer encore jeunes, ou espacez-les normalement et

prévoyez entre eux une culture dérobée (voir p. 142) pour bien utiliser l'espace.
- Pour prolonger la récolte, échelonnez la plantation une fois par semaine sur un mois, et ce 6 à 9 semaines après le semis.

Multiplier les fraisiers

Les fraisiers non remontants commencent à émettre leurs stolons à présent ; ceux-ci se terminent par des plantules servant à remplacer les pieds âgés de 3 ou 4 ans, de moins en moins productifs. Si vous les laissez, ces plantules s'enracinent d'elles-mêmes. En fin d'été, transférez les plus robustes dans une nouvelle planche. Mais, si vous voulez améliorer la vigueur et la qualité, achetez des plants certifiés indemnes de virus. Sur chacun de ces plants, vous laisserez se développer 3 ou 4 plantules et supprimerez les autres stolons. Arrangez ces plantules pour qu'elles aient de la place et s'enracinent là où elles reposent. Vous pouvez aussi les faire retomber dans un godet rempli de substrat, que vous n'aurez qu'à installer dans la planche le jour venu, mais n'oubliez pas de les arroser par temps sec (voir aussi p. 109).

Polliniser à la main

Si l'été est frais, pollinisez à la main les fleurs de potiron et de melon, surtout pour les cultures sous abri. Ces plantes ont des fleurs mâles, juste dotées d'un pédoncule entier, et des fleurs femelles qui portent un fruit miniature sous les pétales. Commencez par tester une fleur mâle en vérifiant si le pollen colle à vos doigts. Le cas échéant, cueillez la fleur et effeuillez ses pétales avant de l'insérer délicatement au cœur d'une fleur femelle pleinement ouverte. À chaque fois, utilisez une fleur fraîche ou bien fertilisez jusqu'à 4 fleurs femelles avec une fleur mâle. Cela devrait suffire, mais si aucun fruit ne commence à se développer, répétez au bout de 3 ou 4 jours.

Semées au printemps, les fleurs sauvages, comme le bleuet *(Centaurea cyanus)* et le coquelicot *(Papaver rhoeas)*, commencent à fleurir en début d'été.

Des poireaux protégés

Les poireaux se replantent dans des trous de 10 cm de profondeur, au fond desquels vous laissez tomber un plant que vous inondez (ci-contre). Cela assure une bonne hauteur de tige blanchie mais ne facilite pas les pratiques culturales, sachant qu'en binant ou en désherbant à la main, on risque de combler le trou. Pour ne pas avoir de mauvaises herbes au milieu de vos poireaux, étalez plusieurs couches de papier journal sur un sol humide (à droite) et creusez des trous à travers ce paillis. Recouvrez les feuilles de papier de déchets de tonte pour obtenir une belle finition et maintenir l'humidité.

Les haricots d'Espagne menés sur des rames en V sont plus faciles à récolter.

Planter des cucurbitacées

Les courges, potirons, gourdes et autres cucurbitacées, comme les melons et concombres de plein champ, ont besoin d'une terre riche pour pousser vigoureusement. Plantez-les sur buttes. Creusez alors autour, puis apportez compost ou fumier décomposé. Ou plantez-les en rangs, en creusant une tranchée de 15 cm de profondeur, remplie de matières organiques, et en changeant la terre pour former un lit large. Ce second procédé permet de disposer des arceaux métalliques sur toute la longueur des rangs pour protéger temporairement les cultures lors de nuits froides. Prévoyez une cuvette d'arrosage à la base de chaque plant (voir aussi p. 86-88).

Éclaircir les fruits

Réduisez le nombre de fruits sur vos arbres fruitiers et arbustes à petits fruits non seulement pour améliorer le calibre et la dimension des fruits conservés, mais aussi pour diminuer le poids des branches surchargées, ainsi que pour éviter l'alternance de production d'une année à l'autre. Commencez par les groseilles, à partir de mai, en éclaircissant les fruits verts s'ils sont trop nombreux. Procédez par étapes pour laisser mûrir des baies tous les 5-7 cm. Vous pouvez utiliser les fruits verts dans les desserts, confitures et gelées.

Éclaircissez les prunes à la même distance et étayez les branches. Attendez que les pommiers et poiriers fassent naturellement tomber leurs fruits en excès (la « chute de juin ») pour éclaircir. Supprimez alors les fruits abîmés ou malformés et réduisez les bouquets à 1 ou 2 fruits, les plus beaux, de façon à ce qu'ils soient espacés de 10 cm. Sur les arbres éclaircis, suspendez des pièges à phéromones parmi les branches pour protéger les fruits des papillons nuisibles.

Tuteurer les légumes grimpants

Mieux vaut tuteurer les légumes à tiges coureuses, comme le haricot d'Espagne, le concombre, le potiron et autres cucurbitacées, pour maximiser l'espace et obtenir une croissance saine et propre. Il existe différents supports : outre les cannes de bambou, les rames de noisetier, on trouve des tuteurs pliants, métalliques ou en plastique. Mettez-les en place avant semis ou plantation. Selon la configuration de votre parcelle, arrangez les supports en tipis ou en rames continues sur les rangs, ou imaginez une succession d'arches au-dessus d'une allée, voire un écran pour camoufler l'abri de rempotage. Arrimez fermement les supports qui doivent être robustes. Palissez-y les plantes qui ne s'accrochent pas naturellement.

PENSE-BÊTE

- **Nourrissez les jeunes plants en pots et caissettes si le mauvais temps vous oblige à différer leur plantation.**
- **Rabattez la menthe presque au sol pour stimuler la formation de jeunes pousses fraîches.**
- **Bêchez et fumez un emplacement ensoleillé pour remplacer votre planche de fraises.**
- **Préparez-vous à assurer la principale récolte de petits fruits. Regroupez des bocaux et pots de verre pour les mettre en bouteille, ou des sacs et récipients pour les congeler.**
- **Vérifiez que vous avez des graines de variétés adaptées pour les derniers semis tardifs.**
- **Programmez une fête sous peu pour vous régaler en bonne compagnie de toutes vos premières récoltes de fruits et de légumes !**

En toute dernière limite...

- **Semez des carottes précoces qui arriveront à maturité en même temps que les carottes de mi-saison. Protégez les semis les plus tardifs de la mouche de la carotte.**
- **Effectuez les derniers semis en place de haricots nains et d'Espagne. Semez des haricots extra-nains que vous replanterez sous châssis ou serre pour prolonger la récolte.**
- **Semez le panais pour vous régaler de ses petites racines sucrées en automne. Semez aussi le poireau à cultiver comme mini-légume tous les 8 cm.**
- **Nourrissez les oignons pour obtenir de gros bulbes. En procédant avant les jours les plus longs, vous obtiendrez le meilleur développement par la suite.**

Pain de courgette

Cette préparation est simple et rapide. La base est constituée de pain avec de la levure chimique : vous n'avez donc pas à attendre que la pâte lève. Les courgettes donnent du moelleux à cette recette, qui permet d'utiliser des légumes en surproduction. Les courgettes peuvent également servir à préparer de délicieux gâteaux. Le pain de courgette est meilleur lorsqu'il sort du four, mais il est possible de le conserver 2 jours.

INGRÉDIENTS POUR UN PAIN

- 1 petite courgette ferme d'environ 100 g
- 400 g de farine sans levure avec un supplément pour le saupoudrage
- 1 cuillerée à café de bicarbonate de soude
- 1 cuillerée à café de sel
- 1 cuillerée à soupe rase de cassonade
- 1 grosse gousse d'ail finement hachée
- 1 cuillerée à soupe d'huile de tournesol
- 40 cl de babeurre (voire plus)

1 Préchauffez le four à 200 °C (thermostat 6). Râpez grossièrement la courgette non pelée. Pressez entre des couches superposées de papier absorbant pour réduire l'excédent d'eau.

2 Tamisez la farine, le bicarbonate et le sel dans un grand bol. Ajoutez la cassonade et l'ail. Mélangez à la courgette râpée. Versez l'huile en pluie, puis petit à petit le babeurre. Remuez doucement jusqu'à ce que le mélange forme une pâte légère. Rassemblez celle-ci en boule sur un plan de travail un peu enfariné et pétrissez délicatement jusqu'à ce que la pâte soit lisse, puis, avec des mains enfarinées, formez une miche sans tasser. Placez-la sur la plaque du four, préalablement graissée, et saupoudrez d'un peu de farine supplémentaire. Tracez une croix profonde avec un couteau aiguisé.

3 Faites cuire pendant 25 à 30 minutes jusqu'à ce que la pâte soit levée et dorée. Transférez sur une grille et laissez refroidir doucement avant de trancher.

Le guide des saisons

Fin d'été

À semer

EN PLACE. Carotte, chicorée (pommée), chou-rave, claytone, cresson alénois, endive, épinard perpétuel, fenouil de Florence, laitue, mâche, navet, oignon (vert et de garde), radis et radis d'hiver, verdures orientales.

EN PÉPINIÈRE. Chou de printemps, chou rouge, chou vert.

SOUS ABRI. Haricot nain en pot.

À planter

EN PLEINE TERRE. Brocoli à jets, chou-fleur d'hiver et chou-fleur de printemps, chou d'hiver et chou de printemps, chou vert, poireau.

SOUS ABRI. Pomme de terre en pot.

À récolter

Ail, artichaut, aubergine, betterave, brocoli vert, carotte, céleri, cerise, chicorée, chou d'été, chou-fleur, chou-rave, claytone, concombre, cresson alénois, échalote, épinard, épinard perpétuel, fève, fraise, framboise, groseille, haricot d'Espagne, haricot vert, laitue, mâche, maïs doux, melon, mûre, myrtille, navet, oignon vert, pomme, pomme de terre, prune, radis, tomate.

PENSE-BÊTE

- Récoltez et laissez mûrir les oignons pour en conserver. Préparez une couche pour semer ou planter des oignons de garde à consommer l'hiver.
- Effectuez la taille d'été des arbres et arbustes à fruits que vous menez en formes. Récoltez les premiers fruits mûrs à consommer.
- Achevez la plantation des choux et poireaux d'hiver et effectuez 2 ou 3 semis de choux de printemps.
- Buttez les pommes de terre, surveillez tout signe de brunissure chez les variétés de mi-saison, surtout après une période prolongée de temps humide.
- Mettez en conserve les fruits mûrs que vous ne pouvez consommer. Demandez à un ami de poursuivre les récoltes si vous vous absentez.
- Binez, désherbez, paillez et arrosez vos cultures, surtout les jeunes plants fraîchement installés et les plantes en fleur ou en fruit.
- Surveillez les attaques de maladies et de ravageurs, d'autant plus par temps sec ou chaud.

Gérer les récoltes

À cette époque de l'année, il vous faut faire face aux nombreuses récoltes à effectuer, surtout de haricot, pois, concombre, courgette et poivron, tous ces légumes cessant de fleurir et de fructifier si vous ne les récoltez pas à temps. Vérifiez tous les 2 ou 3 jours par temps chaud et congelez ou mettez en conserve tout produit que vous ne pouvez pas consommer de suite. En outre, les petits fruits arrivent rapidement à maturité, tandis que les premières pommes sont déjà bonnes à manger. Testez régulièrement leur maturité à mesure qu'elles se colorent et mangez-les directement sur l'arbre. Les variétés précoces ne se conservent pas plus de quelques semaines. Les plantes aromatiques cultivées pour leurs graines, comme l'aneth ou la coriandre, se récoltent avant d'arriver pleinement à maturité ; laissez sécher les graines sur du papier journal ou en les suspendant dans des sachets de papier. Laissez 1 ou 2 plants à fleurs de persil et de cerfeuil se ressemer spontanément, afin d'obtenir de jeunes plants pour l'an prochain, que vous replanterez à l'automne.

Récoltez les myrtilles au fur et à mesure qu'elles mûrissent.

23

En fin d'été, réduisez de moitié les nouvelles pousses de cerisier.

Faire mûrir l'oignon

Au fur et à mesure que les oignons arrivent à maturité, commencez à utiliser, pour votre consommation, ceux dont les bulbes sont fendillés, ont fleuri ou sont épais dans la partie supérieure. Vous pouvez conserver les bulbes sains, au même titre que l'ail ou l'échalote, à condition de les faire sécher auparavant. Arrachez-les délicatement à la fourche pour ne pas les blesser. Laissez-les ensuite se ressuyer au soleil non à même la terre, mais sur des sacs ou des filets, voire sous abri, par temps humide. Quand les enveloppes sont sèches et parcheminées, enlevez toute trace de terre, puis de tissus morts, pour entreposer les bulbes en filets ou en tresses (voir aussi p. 82).

Taille d'été

Cordons, espaliers, palmettes et autres formes palissées d'arbres fruitiers requièrent une taille d'été pour maîtriser la croissance et favoriser la maturité. Cette opération se double d'une taille d'hiver lors de la période de repos des arbres (voir p. 212). Démarrez la taille d'été au cours des jours les plus longs pour le groseillier et le cassissier : raccourcissez à 10 cm toutes les nouvelles pousses latérales et les tiges principales superflues. Poursuivez sur le prunier et le cerisier, en réduisant de moitié les nouvelles pousses latérales. Finissez par le pommier et le poirier, en rabattant les nouvelles pousses secondaires à 5 feuilles de la base.

Forcer les fraisiers

Facile à cultiver sous serre ou châssis froid, le fraisier produit dès mai, voire 2 ou 3 semaines plus tôt si vous maintenez au moins 7 °C.

- Empotez les stolons fortement enracinés dans des pots de 15 cm et laissez-les au soleil ou en serre. Arrosez régulièrement et apportez un engrais liquide chaque semaine jusqu'en octobre.
- Rentrez sous abri quelques pots dès le début de l'année. Cultivez les plantes dans une atmosphère fraîche, assez humide, sous une bonne lumière, et apportez chaque semaine un engrais potassique jusqu'à l'éclosion des fleurs.
- Maintenez une atmosphère sèche durant la floraison et fertilisez les fleurs en les brossant délicatement au cœur avec un pinceau fin.
- Soutenez les stolons fleuris avec de petites baguettes, aérez par temps doux et surveillez les attaques de l'araignée rouge.
- Après la récolte, replantez les pieds au jardin, où ils produiront au moins pendant 2 ou 3 ans.

Laissez les oignons se ressuyer au soleil, puis entreposez-les à l'intérieur.

Avant les vacances…

Vu la pléthore de légumes qui arrivent à maturité en ce moment, ne délaissez pas votre potager sans prendre quelques précautions :

- **Arrosez copieusement les plantes assoiffées, si le temps reste sec.**
- **Paillez les légumes en pleine croissance, notamment les légumes-feuilles largement espacés.**
- **Récoltez tout ce qui est mûr et commencez à mettre des légumes en réserve ou à faire des conserves.**
- **Supprimez les fleurs risquant de produire en votre absence, si personne ne vient récolter des légumes.**
- **Proposez, si possible, à un ami ou à un voisin de venir se servir en légumes en échange de quelques arrosages…**

Pickles du potager

Cette recette concerne tous les légumes en excédent lorsque vous aurez exploré toutes les autres idées pour les cuisiner. Utilisez, au choix, un mélange de tomates vertes et rouges ou uniquement des tomates rouges. Ces pickles sont prêts à consommer en 6 semaines et se conservent 6 mois, voire plus.

INGRÉDIENTS POUR 2 KG DE PICKLES

- 500 g de tomates grossièrement tranchées
- 3 cuillerées à soupe de sel
- 250 g d'oignons finement tranchés
- 1/2 petit chou blanc coupé en lamelles
- 1 petite courge pelée, égrainée et découpée en cubes de 2 cm
- 500 g de concombres pelés et grossièrement tranchés
- 1 chou-fleur séparé en petites rosettes
- 250 g de haricots d'Espagne tranchés
- 60 g de farine sans levure
- 125 g de sucre cristallisé
- 30 g de moutarde anglaise
- 1/2 cuillerée à soupe de curry en poudre
- 75 cl de vinaigre de cidre

1 Placez les tomates dans une passoire et saupoudrez-les de 1 cuillerée à soupe de sel. Laissez égoutter au-dessus d'un bol pendant quelques heures. Passez-les brièvement sous l'eau froide. Égouttez.

2 Placez tous les autres légumes dans une casserole à confiture, saupoudrez de 1 cuillerée à soupe de sel et couvrez d'eau chaude. Portez à ébullition. Mijotez à feu doux jusqu'à ce que les légumes soient tendres. Égouttez et replacez dans la casserole. Ajoutez les tomates.

3 Mettez la farine, le sucre, la moutarde, le curry en poudre et 1 cuillerée à soupe de sel dans un bol. Ajoutez un peu de vinaigre et mélangez jusqu'à obtenir une pâte lisse. Portez à ébullition le vinaigre restant dans une casserole. Versez-le petit à petit sur la pâte dans le bol pour l'allonger. Réchauffez cette préparation dans la casserole du vinaigre et faites frémir pendant 5 minutes. Ajoutez aux légumes et portez à ébullition. Laissez mijoter le tout pendant 5 minutes.

4 Placez les légumes dans un bocal stérilisé (chauffé dans un four à 150 °C pendant 5 minutes). Ajoutez suffisamment de liquide (restant de la casserole) pour couvrir le contenu du bocal. Fermez hermétiquement et étiquetez.

Installés au sein d'une planche, les fraisiers sont plus faciles à entretenir et à protéger.

Faire une planche de fraisiers

Pour simplifier l'entretien et la protection des fraisiers, regroupez-les dans une planche. Installez les variétés non remontantes en août-septembre, à un emplacement ensoleillé, abrité, où aucun fraisier n'a été cultivé au cours des 4 dernières années (voir aussi p. 109).

Lors du bêchage, enfouissez sous terre du compost ou du fumier décomposé (6 à 7 kg par mètre carré). En sol pauvre, ajoutez un surfaçage d'engrais complet (100 g par mètre carré), que vous faites pénétrer en ratissant.

Cultiver du céleri à côtes en tranchée

Le céleri à blanchiment spontané est le plus facile à cultiver, surtout si vous le plantez très rapproché dans un châssis froid. Vous récolterez alors des tiges tendres, blanches. Mais les variétés de céleri à blanchir conservent leur intérêt. Cultivez-les maintenant, en tranchée, pour les butter régulièrement et blanchir les « branches » (voir aussi p. 94).

- Semez tôt sous abri et repiquez les plants tous les 30 cm dans une tranchée préparée dès février (voir p. 214).
- Quand les plantes dépassent 30 cm de haut, liez les tiges avec de la ficelle et buttez-les à moitié. Recommencez le buttage toutes les 3 ou 4 semaines, jusqu'en novembre, quand les tiges totalement enfouies ne laissent pointer que leur extrémité verte.
- Commencez à prélever des tiges environ 6 semaines après, une fois les premières gelées passées.

Aider le haricot à produire

En début d'été, par temps sec et étouffant, les premières fleurs des pieds de haricot tombent souvent sans former de gousses. Il y a plusieurs moyens de l'aider à produire :

- Espacez largement les plantes dans un emplacement abrité.
- Introduisez quelques pieds de grands pois de senteur pour attirer les insectes pollinisateurs.
- Arrosez copieusement 2 fois par semaine, si le temps reste sec, quand les boutons commencent à éclore.
- Maintenez les plantes bien paillées avec des matières organiques.
- Arrosez les plantes en fleur au brumisateur, quand les soirées sont chaudes.

- Inutile d'aider les floraisons tardives à produire si le temps devient humide.
- Intégrez quelques variétés à fleurs blanches, plus fiables par temps sec.

Planter les dernières pommes de terre

Plantez sans tarder une variété de pomme de terre primeur sous abri, en pots ou sacs de culture, ou à l'extérieur, dans un emplacement abrité. Vous récolterez des pommes de terre nouvelles dès novembre et durant tout l'hiver. Utilisez des tubercules sains obtenus par une culture précoce de l'année ou des tubercules que vous avez gardés en réserve dans un local très frais. Parmi les variétés spécialement sélectionnées pour être récoltées tôt figurent 'Belle de Fontenay', 'Chérie', 'Lola' et 'Rosabelle'. Plantez-les sur un terrain vierge ou juste après l'arrachage de pommes de terre précoces, moyennant un apport copieux de compost et d'engrais complet. Arrosez régulièrement. Démarrez la récolte en novembre ou paillez pour récolter selon vos besoins, tout au long de l'hiver (voir aussi p. 66).

Le haricot d'Espagne 'White Lady' en fleur.

Les pommes de terre en sacs

1 Perforez la base d'un sac d'engrais ou autre sac épais en plastique. Remplissez-le à moitié d'un bon substrat de rempotage et espacez correctement, en surface, 4 tubercules que vous recouvrez de 5 cm de substrat.

2 Arrosez régulièrement. Rentrez le sac sous abri avant les premières gelées. Buttez les tiges au fil de leur croissance en ajoutant du substrat et en relevant progressivement le sac. À partir de novembre, testez l'état des tubercules en dégageant un peu de substrat pour en mettre un à nu. À maturité, videz tout le sac ou récoltez à la demande, en recouvrant à chaque fois de substrat la récolte restante.

Le tournesol géant *(Helianthus annuus)* illumine les parcelles, tout en attirant des nuées d'insectes pollinisateurs.

PENSE-BÊTE

- Finissez le tas de compost ou retournez-le et faites de la place pour accueillir tous les déchets d'automne. Construisez un autre silo à compost si besoin.
- Planifiez et préparez des emplacements pour de nouveaux fruitiers que vous commandez sans tarder, surtout si vous recherchez des variétés rares ou nouvelles.
- Faites de la place sous serre ou châssis froid pour les salades de l'hiver, les plantes aromatiques et les plantes à protéger.
- Rassemblez caissettes, sacs, filets et paille pour conserver sainement les fruits et légumes de longue garde.

Choux de Bruxelles primeurs

Pour récolter des choux de Bruxelles dès l'été prochain, semez sans tarder en pépinière 'Sanda' ou 'Perfection', voire des hybrides F1 hâtifs, comme 'Prince Marvel' ou 'Jade Cross'. Éclaircissez les jeunes semis tous les 8 cm et attendez le printemps pour les transplanter à leur emplacement, entre 2 rangs de choux d'été. Durant l'hiver, protégez-les des limaces et des oiseaux (voir aussi p. 78).

Des carottes en hiver

- Semez à présent une variété de carotte hâtive en pleine terre sous serre ou châssis froid. Éclaircissez tous les 8 cm.
- Protégez les jeunes plants du froid durant l'automne et soignez-les normalement jusqu'à la récolte où vous cessez tout arrosage et laissez la terre sécher. Les racines restent saines tout l'hiver.
- Arrachez-les selon vos besoins (voir aussi p. 67).

Confiture de reine-claude

La reine-claude donne la plus délicieuse des confitures dorées, mais rien ne vous empêche d'utiliser d'autres variétés de prunes. Si vous trouvez cette confiture trop sucrée, ajoutez-y du jus de citron. Cette recette est prête en 20 minutes seulement et vous pourrez consommer la confiture dès le lendemain. Elle se conserve plus d'un an.

INGRÉDIENTS
POUR 2 KG DE CONFITURE

- **1 kg de reines-claudes**
- **1 kg de sucre à confiture au préalable réchauffé dans un four tiède**

1 Coupez les prunes en morceaux de 2 cm et mettez-les dans une casserole à confiture.

2 Ajoutez le sucre réchauffé et portez à ébullition. Lorsque le sucre est dissous, cuisez à feu plus doux, jusqu'à ce que les prunes soient complètement imbibées et ramollies. Portez à nouveau à ébullition pendant 6 minutes, en remuant de temps en temps.

3 Pour s'assurer que la confiture prend, déposez-en une cuillerée dans une assiette froide et laissez refroidir. Si elle ne se fige pas et reste liquide, portez à ébullition 5 minutes de plus et testez à nouveau.

4 Versez dans un bocal chaud (qui a été mis au four à 150 °C pendant 5 minutes), sec et stérilisé. Recouvrez d'un disque de cire et d'une rondelle de papier sulfurisé. Étiquetez.

À semer

EN PLACE. Épinard d'hiver, fève, pois.

EN PÉPINIÈRE. Chou-fleur d'été, chou de printemps, laitue rustique.

SOUS ABRI. Carotte, laitue, radis.

À planter

EN PLEINE TERRE. Ail, chou de printemps, oignon d'automne (jeunes plants et bulbilles).

SOUS ABRI. Laitue.

À récolter

Aubergine, betterave, brocoli à jets, brocoli vert, cardon, carotte, céleri, céleri-rave, chicorée (pommée), chou de Bruxelles, chou-fleur, chou-rave, chou vert, claytone, concombre, cresson alénois, endive, épinard, épinard perpétuel, fenouil de Florence, fraise, framboise, haricot d'Espagne, laitue, maïs doux, melon, navet, panais, poire, poireau, poirée, pois, poivron, pomme, pomme de terre, potimarron, potiron, prune, radis, raisin, rutabaga, tomate, topinambour, verdures orientales.

Le guide des saisons

Début d'automne

PENSE-BÊTE

- Récoltez et entreposez les cucurbitacées et légumes-racines. Rabattez au sol les tomates de plein champ et rentrez-les pour finir de mûrir sous abri. Récoltez les fruits.
- En cas de froid vif, protégez les légumes tardifs et d'hiver (voile, cloche continue ou mini-tunnel).
- Arrachez les légumes épuisés et leurs tuteurs. Faites place nette pour le chaulage et le labour d'automne.
- Installez les choux de printemps à leur emplacement définitif : ils sont bien arrimés si, en tirant une feuille, elle ne fait que se déchirer et non s'arracher. Semez d'autres choux.
- Plantez des bulbilles d'oignons d'automne et repiquez les jeunes plants en pépinière ensoleillée, drainée.
- Empotez des plantes aromatiques pour l'hiver à laisser dehors tant que le froid ne menace pas. Rabattez persil, ciboulette, sauge et sarriette ; protégez-les sous cloche continue pour prolonger la récolte.
- Plantez de l'ail rustique.

Les dernières tomates

L'idéal est de laisser les dernières tomates mûrir sur les plants ; sous abri, vous pourrez ainsi récolter des fruits jusqu'à Noël, en l'absence de maladies. Protégez du froid les tomates de plein champ. Recouvrez de cloches ou de mini-tunnels celles à port indéterminé. Traitez pareillement les variétés palissées, après avoir pris soin de les détacher de leurs tuteurs et d'étendre les tiges à même le sol sur de la paille. Il existe une autre solution, surtout si la température chute brutalement : rabattez les plantes entières et suspendez-les sous serre ou châssis en leur offrant un peu de chaleur. Vous pouvez aussi cueillir les grappes ou les fruits un par un, même ceux encore très verts que vous conservez en caissettes ou sur des étagères couvertes de papier journal. Ajoutez une orange ou une banane pour hâter le mûrissement.

Pour hâter le mûrissement des tomates de serre, rabattez les plantes entières et suspendez-les à un bâton sous le toit.

Faites sécher les potirons au soleil avant de les entreposer.

Protéger les arbres fruitiers

Entourez le tronc des arbres fruitiers d'une barrière collante de glu horticole. C'est une façon simple et efficace de capturer les différents ravageurs des fruits lors de leur mgration automnale sous terre en vue d'hiberner et pour revenir au printemps pondre des œufs dans l'arbre. Déposez plusieurs anneaux de glu horticole de 50 cm à 1 m du sol et traitez pareillement les tuteurs pour éviter que les ravageurs ne contournent les principaux pièges. En mai, supprimez tous les anneaux pour les brûler. La glu appliquée directement sur les troncs se dégrade naturellement.

Les cucurbitacées au sec

Avant de congeler vos dernières courgettes, coupez-les en tranches ou en dés et faites-les cuire. La plupart des autres cucurbitacées, courges et citrouilles notamment, se conservent plusieurs mois, suspendues dans des filets ou posées sur un lit de paille, sur une étagère dans un local sec, hors gel, bien aéré. Cueillez les spécimens à bonne maturité avant les gelées et laissez-les sécher en plein soleil 2 semaines durant, sous serre ou châssis si nécessaire, jusqu'à ce qu'ils émettent un son dur quand vous les tapotez (voir aussi p. 86-87).

Du persil hors saison

Pour récolter du persil tout au long de l'hiver, arrachez des semis spontanés ou tardifs et repiquez-les tous les 15 cm dans un substrat riche en terre végétale sous châssis froid. Arrosez et fertilisez 1 ou 2 fois avant l'hiver. Recouvrez les plants par temps de gel ; sinon, laissez-les découverts. En même temps, empotez quelques semis sur le rebord d'une fenêtre pour les consommer par temps très rigoureux (voir aussi p. 102).

La pose d'un anneau de glu horticole sur le tronc d'un pommier.

PENSE-BÊTE

- Estimez l'état sanitaire et l'âge de vos petits fruits pour savoir ceux qu'il faut remplacer ou multiplier par boutures ligneuses, après la chute des feuilles.
- Construisez un silo grillagé avec des piquets pour confectionner du terreau de feuille à utiliser comme amendement ou paillis.
- Supprimez les produits occultants des serres et châssis et isolez ces derniers avec du plastique à bulles, avant les premières gelées.
- Petit à petit, rassemblez pots, jardinières, tuteurs, étiquettes, systèmes d'arrosage pour les faire sécher, les nettoyer et les entreposer avant l'hiver.

Faire sécher...

- Les variétés de pois et de haricots à écosser vous donnent des grains de très bonne qualité et constituent aussi un précieux engrais vert. Semez en sillons larges le haricot de Lima, le haricot beurre, 'Dutch Brown' (l'une des meilleures variétés pour les haricots blancs à la tomate) ou 'Progreta' (une variété de pois moderne pour remplacer le traditionnel 'Lincoln'). Cultivez-les normalement. Après la floraison, les cosses grossissent et changent de couleur.
- Si l'automne est beau, laissez-les sécher sur la plante. Après les avoir cueillies, broyez les plantes à la tondeuse et enfouissez-les avec les racines riches en azote. Sinon, coupez les plantes au sol et suspendez-les dans un local sec, aéré, pour les faire sécher ; après avoir prélevé les cosses, compostez la plante et enfouissez les racines. Écossez vos légumineuses à la maison autour d'un feu avant de conserver les grains dans un récipient étanche.

Chutney de potiron

Voilà un chutney doux et épicé. C'est une bonne utilisation du potiron qui, de plus, se tient bien pendant la cuisson. Le chutney est prêt à consommer au bout de 4 semaines et se conserve au moins 9 mois.

1 À l'exception du sucre et du sel, placez tous les ingrédients dans une casserole à confiture. Portez doucement à ébullition à feu moyen. Lorsque le potiron est cuit, laissez mijoter encore 20 minutes.

2 Ajoutez le sucre et le sel et laissez fondre le sucre à feu doux. Faites mijoter à feu plus vif pendant 45 minutes, jusqu'à ce que le mélange ait réduit. Remuez de temps en temps pour éviter que le fond n'attache.

3 Versez la préparation directement dans un bocal chaud préalablement stérilisé au four (150 °C ou thermostat 2 pendant 5 minutes). Fermez hermétiquement. Étiquetez.

INGRÉDIENTS
POUR 2 KG DE CHUTNEY

- 1,250 kg de potirons pelés, égrainés et tranchés en cubes de 2 cm
- 2 oignons tranchés
- 750 g de pommes pelées et hachées
- 80 g de gingembre frais pelé et râpé
- 4 piments pelés et hachés
- 2 cuillerées à soupe de graines de moutarde blanche
- 2 cuillerées à soupe de graines de moutarde noire
- 75 cl de vinaigre de cidre
- 500 g de sucre roux
- 1 cuillerée à soupe de sel

À semer

EN PLACE. Fève, pois.

SOUS ABRI. Laitue, radis.

À planter

EN PLEINE TERRE. Ail, chou de printemps, fruitiers, oignon d'automne (bulbilles).

À récolter

Carotte, céleri à côtes, céleri-rave, chicorée, chou de Bruxelles, chou chinois, chou-fleur, chou frisé, chou d'hiver, chou-rave, claytone, cresson alénois, endive (forcée), épinard, épinard perpétuel, fenouil, laitue, mâche, panais, poireau, poire, poirée, pomme, pomme de terre, radis d'hiver, rutabaga, salsifis, scorsonère, topinambour, vigne.

Le guide des saisons

Fin d'automne

PENSE-BÊTE

- Récoltez les poireaux hâtifs avant les grands froids, car ils sont moins rustiques que les variétés tardives à feuillage foncé. Consommez sans tarder tout reste de choux d'été et d'automne.
- Protégez les plantes en pots, en les rentrant sous abri ou en isolant les pots avec du plastique à bulles pour maintenir les racines hors gel.
- Arrachez tous les légumes gélifs, rabattez au sol les tiges d'asperge et de topinambour.
- Retournez un sol lourd à grosses mottes, pour qu'elles se brisent petit à petit au cours de l'hiver. Chaulez si nécessaire.
- Isolez tout ou partie de la serre et du châssis froid s'ils renferment des plantes fragiles.
- Démarrez la taille d'hiver, dès que les feuilles se mettent à tomber ; mettez en jauge de nouveaux arbres fruitiers si vous ne pouvez les planter ; prélevez des boutures ligneuses.

Entreposer les pommes de terre

Les pommes de terre de garde s'arrachent à l'automne pour la conservation. Si toutefois le temps presse, vous pouvez arracher un rang sur deux et recouvrir ceux qui restent de terre meuble pour les utiliser par la suite. En cas de brunissure, coupez et brûlez le feuillage atteint et attendez 2 ou 3 semaines avant la récolte. Travaillez toujours à la fourche pour minimiser les dégâts et laissez ressuyer les tubercules en surface, durant quelques heures, avant de les nettoyer grossièrement et de les trier. Conservez les plus beaux dans des caissettes, des sachets de papier ou en silo (voir p. 210-212), dans un local sec, hors gel.

Bouturer les petits fruits

Multipliez groseilliers et cassissiers par boutures ligneuses. Répétez cette opération tous les 5 ou 6 ans, tant que les plantes sont saines et vigoureuses, en raison des fréquentes attaques de maladies virales qu'elles subissent et qui affectent la production.

Laissez les pommes de terre ressuyer à même le sol, avant de les rentrer.

Un silo à compost tout simple, fait avec des baguettes d'osier tressées, pour produire du terreau de feuille.

- Supprimez les pousses de l'année, bien droites, pleines de vigueur, et raccourcissez l'extrémité fine des autres tiges pour prélever des boutures de 30 cm.
- Enfoncez de moitié ces boutures, tous les 15 cm, à un emplacement propre, et tassez la terre autour d'elles. En sol lourd, faites une tranchée à la bêche, que vous remplissez de sable grossier pour améliorer le drainage avant d'insérer les boutures.
- Attendez un an pour prélever et replanter une par une les boutures enracinées.

Terreau de feuille

Si vous avez de grands arbres, tirez parti de l'« or vert » que représentent leurs feuilles tombées, source de matières organiques gratuite et renouvelable. Si les feuilles renferment peu de nutriments, elles sont, en revanche, riches en fibres, idéales donc comme amendement ou élément pour le substrat de rempotage. Apportez-en en petites quantités sur le tas de compost ou bien entassez-en dans des sacs en plastique noir, fermés et perforés çà et là, où vous les laissez se décomposer un an durant. Vous pouvez aussi rassembler de grandes quantités de feuilles dans un simple silo grillagé, élaboré autour de 4 piquets : n'hésitez pas, alors, à les piétiner pour les tasser, car elles s'affaissent considérablement en se dégradant. Au bout d'un an, enfouissez ce terreau ou utilisez-le comme paillis, ou bien laissez-le un an de plus et tamisez-le ; vous utiliserez les plus fines particules comme substrat de rempotage ou pour amender vos carrés de terre sous serre ou châssis. Enfin, compostez ou enfouissez les éléments les plus grossiers.

Forcer l'endive

L'endive, ou chicorée witloof, est trop amère pour être consommée à l'état frais. La solution est de forcer les racines dans l'obscurité pour produire des « chicons », ces bourgeons foliaires épais, blancs, si prisés dans nos salades d'hiver.

- Arrachez les racines les plus fortes dès octobre.
- Rabattez les pousses à 2-3 cm et supprimez les extrémités effilées des racines.
- Regroupez plusieurs racines bien droites dans un gros pot de substrat humide et recouvrez le tout d'un autre pot renversé pour exclure la lumière. Maintenez à 10 °C.
- Prélevez les chicons, quand ils font 8-10 cm de haut et jetez alors les racines.
- Vous pouvez également forcer les plantes là où elles poussent, en les buttant sous 15 cm de terre, surtout les anciennes variétés. Replantez les racines les plus fines dans un coin sauvage du jardin, où leurs jolies fleurs bleues attireront les insectes bénéfiques.

PENSE-BÊTE

- **Inspectez l'état sanitaire des oignons entreposés ; sélectionnez des échalotes de taille moyenne pour les replanter dès janvier.**
- **Buttez les tiges de choux, choux-fleurs et choux de Bruxelles, surtout ceux exposés au vent, pour éviter que les plants ne se déracinent.**
- **Effectuez les dernières tontes et tailles de bordures et de haies tant que le temps reste au sec.**
- **Évaluez tout ce que vous avez récolté dans votre potager, au cours de l'année, avant de vous décider pour des changements éventuels ou des améliorations.**
- **Commandez des catalogues de graines et de plantes pour faire votre choix au chaud.**

La rhubarbe facile

- **Recouvrez les plantes d'une grosse quantité de fumier décomposé pour récolter beaucoup de tiges savoureuses.**
- **Recouvrez les touffes fortes d'un cageot ou d'un pot retourné pour forcer les premières tiges.**
- **Déterrez les touffes importantes et divisez-les à la bêche pour les rajeunir ou accroître leur nombre.**
- **Laissez les éclats en trop à même le sol. Vous les rentrerez sous abri après le froid pour les forcer.**
- **Replantez les éclats non retenus pour en faire des barrières contre les lapins, qui détestent la rhubarbe.**
- **Semez la variété 'Glaskin's Perpetual', au printemps prochain, pour récolter des tiges de rhubarbe durant tout l'été.**

Gin à la prunelle

Le gin à la prunelle est une liqueur rafraîchissante à réaliser en octobre pour la consommer à Noël. Le meilleur moment pour récolter les prunelles se situe après le premier froid, qui attendrit la peau du fruit et la rend plus perméable. Portez des gants, pour éviter de vous blesser avec les épines. Le gin se conserve au moins un an.

1 Percez la peau de chaque fruit avec la pointe d'un couteau, pour faciliter le mélange du jus et de l'alcool.

2 Remplissez de fruits un tiers d'un bocal stérilisé au four, puis complétez de sucre jusqu'à la moitié.

3 Finissez de remplir le bocal avec le gin et refermez-le.

4 Laissez macérer 2 mois, en remuant la bouteille tous les jours, pour aider à disperser et dissoudre le sucre. La liqueur prendra peu à peu une belle couleur rose foncé.

5 Avant de consommer, passez la liqueur à travers un filtre à café, et laissez décanter dans de petites bouteilles.

INGRÉDIENTS

- **Prunelles**
- **Sucre cristallisé**
- **Gin**

Le guide des saisons

Hiver

À semer

SOUS ABRI. Asperge, carotte, céleri à côtes, céleri-rave, chou d'été, chou-fleur d'été, ciboulette, concombre, fève, fraisier (notamment fraisier des bois), laitue, oignon, oignon vert, persil, poireau, pois de senteur, radis.

À planter

EN PLEINE TERRE. Ail, arbres et arbustes fruitiers, échalote, rhubarbe, topinambour.

SOUS ABRI. Ail (en pots), arbres et arbustes fruitiers.

À récolter

Brocoli à jets, carotte, céleri à côtes, céleri-rave, chicorée (forcée et pommée), chou de Bruxelles, chou-fleur d'hiver, chou frisé, chou d'hiver, chou-rave, claytone, crambe maritime, cresson alénois, endive, épinard, fenouil, laitue, mâche, panais, poireau, poirée, radis d'hiver, rhubarbe (forcée), rutabaga, salsifis, scorsonère, topinambour, verdures orientales.

PENSE-BÊTE

DÉBUT D'HIVER

- Poursuivez le labour d'hiver si le sol s'y prête ; plus celui-ci est lourd, plus tôt il faut le retourner.
- Commandez des semences de pomme de terre.
- Inspectez les légumes entreposés pour déceler à temps tout signe de pourriture ou de vermine. Si des racines se mettent à germer, le local de conservation est sans doute trop chaud.
- Faites le vide de vos parcelles et compostez autant que possible, notamment les choux fatigués, pour éviter les maladies et les ravageurs.
- Notez les endroits où l'eau stagne après de fortes précipitations et résolvez les problèmes de drainage éventuels si elle se disperse lentement.
- Retournez le tas de compost pour qu'il se remette à chauffer.
- Par temps clément, aérez un châssis froid rempli de plantes, mais laissez l'isolation en place si le froid rigoureux persiste.

Entretenir les outils

De bons outils facilitent le travail. Ils passent par un entretien régulier pour durer et rester performants. L'hiver est le moment idéal pour cela. Enlevez les restes de terre avec un grattoir et une brosse métallique. À l'aide d'une lime, aiguisez les outils tranchants (bêches, binettes et sécateurs). Traitez les manches en bois à l'huile de lin et badigeonnez les parties métalliques d'huile de graissage. Suspendez vos outils ou gardez-les dans un local qui ferme à clé (voir aussi p. 54).

HUILER LES LAMES. Procurez-vous un morceau de feutre et enroulez-le dans une boîte vide. Inondez le feutre d'une huile usagée de carter de tondeuse ou d'une huile végétale périmée. Vous l'utiliserez pour épandre un film protecteur sur vos lames métalliques, après chaque usage.

Ensiler les légumes-racines

Pour entreposer de grandes quantités de légumes-racines, la solution est d'ensiler les racines, c'est-à-dire de les mettre en silo ou tas soit au jardin, dans un endroit abrité et au

Gardez dans un local fermé à clé les outils inutilisés l'hiver, mais nettoyés avant.

Une mangeoire anti-écureuil, qui ne profite qu'aux oiseaux !

sol bien drainé, soit dans un coin de l'abri du jardin. Les racines doivent être saines et nettoyées de toute trace de terre.

- Commencez par étaler 15-20 cm de paille sèche en cercle ou en carré et disposez dessus les racines en un tas pointu au sommet.
- À la fin, recouvrez le tas d'une couche identique de paille.
- Pour les silos à l'intérieur, ajoutez une couche de vieux sacs pour maintenir la paille en place. Pour ceux à l'extérieur, creusez un petit fossé de drainage autour du silo et empilez 15 cm de la terre ôtée sur la paille qui recouvre le tas.
- Consommez d'abord les racines du bord du silo et protégez celles qui restent sous la couverture de paille et de sacs ou de terre.

Au secours des oiseaux

L'hiver est une période délicate pour tous les oiseaux qui hantent encore votre potager. Aidez-les à survivre en leur offrant refuge et nourriture. Suspendez sans tarder des nichoirs (voir aussi p. 215), auxquels ils s'accoutumeront tout l'hiver avant d'y couver leur progéniture. Offrez-leur des fruits secs et des graines, à l'abri des écureuils chapardeurs. Vous pouvez leur préparer facilement un gâteau nutritif en faisant cuire à feu doux du lard et des restes de graisses au four ou au micro-ondes et en y mélangeant divers aliments : des fruits secs finement émincés, des graines de tournesol et de citrouille, des flocons d'avoine, de la farine périmée et des graines de légumes inutilisables. Mixez le tout avec les graisses pour mouler la pâte obtenue en gâteaux ou boules. Bourrez de cette mixture des trous percés dans un rondin, ou laissez-en sur des branches.

Taille d'hiver

- Commencez toujours par rabattre le bois mort, abîmé ou malade.
- Supprimez ensuite les branches enchevêtrées et les pousses en surnombre.
- Chez des arbres négligés, taillez quelques branches à la base pour favoriser la pénétration de l'air et de la lumière.
- Chez les arbres palissés, raccourcissez à 1 ou 2 bourgeons (yeux) les pousses latérales qui ont déjà fait l'objet d'une taille durant l'été.
- Rabattez au sol les tiges des framboisiers remontants.
- Supprimez les tiges fructifères des framboisiers non remontants et des mûres, palissez les nouvelles pousses.
- Chez les pommiers et les poiriers âgés, supprimez les coursonnes en surnombre et raccourcissez celles qui sont très longues.
- Chez le cassissier, supprimez un tiers des tiges âgées. Surveillez les attaques de phytopte.

PENSE-BÊTE

DÉBUT D'HIVER

- **Nettoyez les cloches inutilisées pour les avoir sous la main le moment venu. Nettoyez une partie de la serre que vous arrosez et isolez pour les premiers semis.**
- **Commandez du fumier et entassez-le correctement afin qu'il se décompose ou chauffe pour réaliser une couche chaude (voir p. 53). Une fois que le sol a gelé, vous pouvez aussi épandre du fumier sur les planches nues.**
- **Prévoyez de nouvelles cultures, en respectant la rotation. L'an prochain, tenez un carnet, au jour le jour, pour noter les dates de semis, le temps qu'il fait et les résultats obtenus avec vos variétés.**
- **Arrachez les panais, poireaux et autres légumes d'hiver, avant un froid vif annoncé.**

En guise de sucre

- **Le cerfeuil musqué est une aromatique rustique, dont on utilise le pouvoir édulcorant du joli feuillage découpé ; il réduit de moitié la quantité de sucre nécessaire pour faire cuire des fruits amers. Les grosses graines de cette plante exigeant du froid pour lever leur dormance, semez maintenant 2 ou 3 graines dans un pot de 11 cm et laissez dehors au gel.**
- **Protégez le semis des souris, oiseaux et écureuils sous un morceau de grillage. Plantez ces cerfeuils l'automne prochain, auprès des rhubarbes et groseilliers, pour cueillir en même temps feuilles et fruits.**

PENSE-BÊTE

FIN D'HIVER

- **Surveillez les premiers semis sous abri.**
- **Achevez le bêchage des sols lourds, finement émiettés pour des couches de semis ou de pépinière. Retournez les sols lourds.**
- **Sous climat froid, plantez l'ail et l'échalote maintenant plutôt qu'à l'automne ; démarrez-les en pots dans un sol détrempé ou lourd.**
- **Mettez à germer les pommes de terre de semence dans un local hors gel, bien éclairé, au moins 6 semaines avant la plantation.**
- **Testez l'acidité du sol pour cultiver le chou sur d'autres parcelles, car un sol léger ou riche en matières organiques s'acidifie vite après de fortes précipitations.**
- **Réchauffez le sol, pour les premiers semis en recouvrant une parcelle de cloche continue ou de film plastique. Protégez pareillement un terrain préparé.**
- **Achevez la taille d'hiver des arbres fruitiers nourris avec un paillis de compost ou un apport d'engrais complet en surface.**
- **Nourrissez de même les légumes qui ont passé l'hiver.**

- Chez le pommier et le poirier, supprimez les tiges chancreuses et détruisez les fruits momifiés.
- Ne taillez pas le prunier, le cerisier et autres fruitiers à noyau avant leur départ en végétation (voir aussi p. 196).

Tailler la vigne sous abri

Taillez les vignes de serre, une fois que les grappes sont cueillies et les feuilles tombées. Raccourcissez les branches principales en fonction de l'espace disponible et rabattez toutes les pousses latérales à 1 ou 2 bourgeons. Curez l'écorce du cep, si besoin, pour éliminer tout ravageur. Bêchez légèrement au pied des vignes, en pleine terre, en incorporant du fumier. Chez les vignes en pots, remplacez la couche supérieure de substrat sur 5 cm. En février, détachez les branches principales et courbez-les jusqu'à les amener sous l'horizontale : ceci favorisera l'éclosion de boutons à fleurs sur toute la longueur des branches. Vous les rattacherez quand les boutons s'ouvriront.

Recycler les sacs de culture

Avec le contenu des sacs de culture de l'année précédente, surfacez les carrés de terre sous la serre, recouvrez les graines après semis ou complétez le tas de compost. Mais, avant cela, vous pouvez effectuer une seconde culture dans le même substrat. Enlevez tout reste de culture, notamment les réseaux de racines et mélangez le substrat avec une mini-fourche, en ajoutant un peu d'engrais complet. Utilisez le substrat d'une des façons suivantes :

- Pour cultiver les salades et les légumes à couper dès mars.
- Pour mettre en végétation les souches de chrysanthème et les tubercules de dahlia.
- Pour enraciner des boutures herbacées et les cultiver jusqu'à empotage.
- Pour démarrer des cultures précoces de radis, petites carottes, laitues, oignons verts, mini-betteraves.
- Pour disposer sous les pots (et ainsi accroître l'enracinement) ou remplir des sacs de culture pour les tomates et les concombres.

Ces godets, simples rouleaux en carton, se décomposent vite sous terre.

- Comme couche de semis pour les premiers semis à repiquer sous châssis froid.

Premiers légumes verts

Le chou de printemps n'est pas la seule source de légumes verts entre l'hiver et le printemps. La pointe des choux de Bruxelles peut être aussi grosse que des choux et se récolte après la formation des rejets. Chez les hybrides F1, elle se récolte juste avant de cueillir les mini-choux pour favoriser la pomaison des rejets. Les navets inutilisés qui survivent à l'hiver produisent des pousses comestibles ; vous pouvez également semer une variété à feuillage abondant, comme 'Green Top Stone', que vous cultivez sous cloche ou buttez pour obtenir des feuilles blanchies, plus sucrées. Faites pousser l'ansérine bon-henri dans un coin pour récolter vos premiers « épinards », mais veillez à ne pas la laisser fleurir ou elle envahira tout.

Fabriquer vos propres pots

Au lieu de nettoyer chaque année vos pots en plastique et de les conserver, fabriquez vos propres versions biodégradables qui se décomposeront sous terre après la plantation. Les rouleaux en carton de papier toilette sont idéaux pour les jeunes plants à enracinement profond, comme le pois ou le haricot. Vous pouvez aussi utiliser tout simplement les feuilles d'un vieux bottin téléphonique,

que vous enroulez autour d'un cylindre en bois, puis scotchez pour obtenir un godet des plus sommaires, mais utile pour les semis et repiquages sous abri. Laissez ces pots dans une caissette sur du papier absorbant, aidez-vous d'un entonnoir pour les remplir de substrat, puis traitez-les comme des pots classiques. Veillez à les humidifier avant la plantation et manipulez-les délicatement.

Du céleri à côtes en tranchée

On plante le céleri à côtes classique dans une tranchée profonde. Ce mode de culture qui recouvre les côtes, pour les blanchir, améliore aussi la qualité des variétés à blanchiment spontané.

- Creusez une tranchée rectiligne de 50 cm de large et 30 cm de profondeur, et enfouissez du compost ou du fumier.
- Remblayez un peu, de sorte que la tranchée reste à 10-15 cm en dessous du niveau du sol.
- Avec le reste de terre, constituez des arêtes de part et d'autre de la tranchée, sur lesquelles vous planterez des laitues hâtives.
- Replantez le céleri dans la tranchée après une période froide. Laissez blanchir spontanément les variétés qui se passent de buttage, mais commencez à butter les autres céleris en fin d'été (voir p. 198).
- L'année suivante, utilisez la tranchée pour des haricots grimpants.

Récolter des grains

Dans l'assolement, les légumes-grains constituent une culture intermédiaire, qui laissent reposer la terre tout en fournissant beaucoup de matières organiques, précieuses comme compost. Réservez-leur toute une parcelle, contreplantée de trèfles pour améliorer la fertilité, ou disposez-les en rangs pour créer un brise-vent temporaire. Vous trouverez les graines auprès de spécialistes (voir p. 216-217).

Blé. Cultivez donc votre propre blé ! Il offre un rendement très élevé, près de 500 g de grains au mètre carré. Semez-le en mars ou dès l'automne, pour protéger le sol tout au long de l'hiver.

Maïs en grains. Essayez une variété nord-américaine pour le pop-corn. Plus trapue et buissonnante que le maïs sucré, elle met 3 mois à atteindre la maturité. Semez sous serre ou châssis pour planter en mai.

Teff. Graminée de 1 m de haut, originaire d'Éthiopie, dont les graines nutritives servent à faire un pain plat. Plante décorative dans les bouquets. Semez en mai.

Amarante en grains. Annuelle prolifique, apparentée à l'amarante commune, dépassant 2 m de haut, produisant de minuscules graines oléagineuses pour la farine et le pain. Plante résistant à la sécheresse, mais pas aux températures basses, à installer donc après les grands froids.

Quinoa. Annuelle sud-américaine, dont les grains sont comparables à ceux du millet et dont les jeunes feuilles s'utilisent comme l'épinard. Plantez-la après les gelées.

Tournesol. Décoratif tout en étant productif. Semez-le sous serre ou châssis, pour le planter après les gelées, et offrez-lui le support de haricots grimpants. Conservez les tiges séchées, qui serviront de rames pour les haricots l'an prochain. 'Tarahumara' est une vieille variété américaine aux graines blanc pur.

Confectionnez des nichoirs pour aider les auxiliaires à passer l'hiver (ici, pour coccinelles).

PENSE-BÊTE

FIN D'HIVER

- **Faites l'état des lieux avant de vous concentrer sur les cultures : créez ou réparez les allées, vérifiez les supports et les fixations, nettoyez les citernes et les arrosoirs.**
- **Vérifiez l'état de vos graines en conservation, achetez du nouveau terreau et faites vérifier votre tondeuse ou votre motoculteur.**
- **Conservez un sac de terreau et un arrosoir plein d'eau dans la serre, pour les réchauffer à température ambiante, et ainsi procéder aux premiers semis et empotages.**
- **N'en faites pas trop : profitez aussi des belles journées de fin d'hiver.**

Carnet d'adresses

Fournitures

Graines

• Graines Baumaux
BP 100
54062 Nancy Cedex
Tél. : 03 83 15 86 86
www.graines-baumaux.fr
Des légumes hybrides américains ou japonais, tout récents, côtoient, dans ce catalogue fleuve, un bel éventail de plantes ornementales. Gamme de quelques produits et matériel.

• Fabre Graines
57748 Metz Cedex 9
Tél. : 03 87 74 07 65
www.fabre-graines.com
Un choix de graines classiques et moins classiques, avec de bonnes variétés traditionnelles, aussi bien que les dernières créations.

• Ferme de Sainte-Marthe
BP 70404
49004 Angers Cedex 01
Tél. : 0 891 700 899
www.fermedesaintemarthe.com
Un catalogue de légumes inattendus, rares, anciens ou exotiques, ainsi qu'un excellent choix de condimentaires.

• Magellan ZA Les Landes
24290 La Chapelle-Aubareil
Tél. : 05 53 51 22 25
Parallèlement à une large fourniture en matériel et produits bio, un grand choix de graines potagères, dont de nombreuses variétés peu communes.

Plants potagers

• Domaine de La Source
Rue des Fossés
80135 Saint-Riquier
Tél. : 03 22 28 33 33
Élevée au rang d'institution incontournable outre-Manche, la rhubarbe est moins diversifiée chez nous. Raison de plus pour saluer cette pépinière qui en cultive de très nombreuses variétés, rouges ou vertes, diversement précoces, plus ou moins acides…

• La Ferme des saveurs
47180 Castelnau-Gupie
Tél. : 05 53 20 01 19
L'improbable est toujours au catalogue, et l'impossible est pour bientôt chez Jean-Marc Parra. Sa collection de tomates ou de basilics variés côtoie des plantes encore plus étranges - mais savoureuses - qui satisferont les amateurs d'inattendu.

• GAEC Hortiflor
9, chemin de l'Aiglerie
49170 Savennières
Tél. : 02 41 72 21 67
www.hortiflorbureau.com
À côté d'une belle collection de pélargoniums odorants et autres raretés ornementales, la maison développe toute une gamme de plantes aromatiques et officinales, dont de nombreuses curiosités.

Arbres fruitiers, petits fruits

• Delbard
BP 86 - 03600 Commentry
Tél. : 0 800 942 940
www.delbard.com
C'est l'un de nos grands obtenteurs, créateur de variétés qui font date, en particulier pour ce qui est des pommiers et poiriers.

• Pépinières Claude Paquereau
85240 Fossais-Payre
Tél. : 02 51 51 43 70
www.pepinierespaquereau.com
Des arbres et arbustes fruitiers de qualité, tant modernes que classiques. Greffage possible sur commande.

Outre des espèces traditionnelles, les producteurs suivants proposent des fruits inattendus, des variétés de collection, anciennes ou non, en petits fruits, aussi bien qu'en arbres fruitiers :

• Fruits de saison - Le Theillaud
87400 Maraval
Tél. : 05 55 78 75 18

• GAEC Ribanjou
Zone horticole du Rocher-Briollay
49125 Tiercé
Tél. : 02 41 42 65 19

Associations et organismes divers

Ces groupements s'occupent de la promotion des fruits et légumes frais, et fournissent à la demande des fiches nutritionnelles, des recettes…

• Fédération nationale des jardins familiaux et collectifs
Ligue française du Coin de terre et du foyer
12, rue Félix-Faure
75015 Paris
Tél. : 01 45 40 36 16
www.jardins-familiaux.asso.fr
Cet organisme dynamique regroupe divers mouvements, tels que Le Coin de terre et les Jardins ouvriers. Il fourmille de renseignements, de bonnes volontés et de bonnes adresses. Suivant votre région, on vous aiguillera sur des correspondants locaux, qui auront à cœur de vous procurer le petit domaine dont vous rêvez.

• Le Jardin du cheminot - Jardinot
23, rue Yves-Toudic
75481 Paris Cedex 10
Tél. : 01 42 08 78 22
www.jardinot.fr
Ce sympathique organisme est ouvert à tous, pas seulement aux cheminots.

Il permet de profiter d'un réseau extraordinairement dense d'affiliés, tous plus passionnés (et partageurs) les uns que les autres. Tout comme celui des Jardins familiaux, avec lesquels il est associé, le site est particulièrement efficace et riche. Un magazine bimestriel, pratique et bien informé, est à la disposition des affiliés.

Autres organismes incontournables sur les fruits et légumes, et les fleurs :

• APRIFEL - INTERFEL (Agence pour la recherche et l'information en fruits et légumes frais)
www.aprifel.com
Une connaissance très approfondie et actualisée des fruits et légumes, soutenue par des comités d'experts, afin de renseigner sur tous les bienfaits qu'ils procurent.

• Association nationale des croqueurs de pommes
Maison des associations
BP 80043
90001 Belfort Cedex
www.croqueurs-de-pommes.asso.fr
L'une des plus dynamiques associations de collectionneurs de fruits locaux. Conseils, démonstrations et greffages sur demande. Diverses antennes locales permettent une grande diversité.

• GNIS (Groupement national interprofessionnel des semences) - Vivons au potager
44, rue du Louvre
75001 Paris
Tél. : 01 42 33 51 12
www.gnis.fr
www.semencemag.fr
rubrique Notre jardin
www.plantdepommedeterre.org
rubrique Le coin du jardinier
Entre autres secteurs, cet organisme interprofessionnel s'intéresse à diverses semences vivrières, pommes de terre en tête. Il anime divers concours et journées d'action et d'information, en particulier dans les écoles. Rien de ce qui touche au potager ne le laisse indifférent.
Des brochures pratiques, très détaillées, sont disponibles sur demande. Un site, qui s'étoffe régulièrement, traite en détail diverses questions (Qu'est-ce que le bio ? Comment lire un sachet de semences ? Qu'est-ce qu'un hybride F1 ?).

• INRA (Institut national de la recherche agronomique)
147, rue de l'Université
75338 Paris Cedex 07
Tél. 01 42 75 90 00
www.inra.fr
Méconnu du grand public, cet organisme remarquable accomplit un travail scientifique de grande ampleur sur des sujets aussi variés que les changements climatiques, la gestion de l'eau, l'incidence de cultures sur la qualité de l'atmosphère…
Parallèlement, il crée régulièrement des variétés fruitières, telles que des amandiers et abricotiers rustiques, des cerisiers résistant à diverses attaques…
Des bulletins et fiches d'information, très riches, sont à la disposition de tous. Divers colloques sont organisés, certains réservés aux scientifiques, d'autres parfaitement ouverts au public, et touchant, par exemple, à l'histoire des fruits et de leurs modes de culture.

• SNHF (Société nationale d'horticulture de France)
84, rue de Grenelle
75007 Paris
Tél. : 01 44 39 78 78
www.snhf.org
Cet organisme vénérable regroupe une large gamme de sociétés françaises, locales ou nationales, tant côté potager que côté verger. Une bibliothèque d'une grande richesse est disponible pour les sociétaires et diverses conférences très documentées sont ouvertes au grand public.

À visiter

• Conservatoire botanique national de Gap Charance
Domaine de Charance
05000 Gap
Tél. : 04 92 51 21 79
Dans un magnifique site d'altitude, très belle collection ancienne de fruitiers. C'est autant un conservatoire qu'un lieu d'études.

• Domaine de Saint-Jean-de-Beauregard
91940 Saint-Jean-de-Beauregard
Tél. : 01 60 12 00 01
www.domsaintjeanbeauregard.com
Outre son extraordinaire potager classique de plusieurs hectares, ce domaine accueille chaque automne, en novembre, un rassemblement de pépiniéristes et organismes dédiés au potager et au verger.

• Hortillonnages d'Amiens
54, boulevard Beauville
80000 Amiens
Tél. : 03 22 92 12 18
Voir p. 38.

• Les Jardins fruitiers de Laquenexy
4, rue Bourge-et-Perrin
57530 Laquenexy
Tél. : 03 87 35 01 00
Tout nouveau venu, ce lieu dynamique est une belle réussite de reconversion, autour d'un verger très établi, où les habitants de toute la Moselle ont gardé l'habitude d'acheter leurs fruits.

• Potager du Roi
10, avenue du Maréchal-Joffre
78000 Versailles
Tél. : 01 39 24 62 62
www.potager-du-roi.fr
Ce potager-verger grandiose, créé pour Louis XIV, garde une activité très moderne, parallèlement à un conservatoire d'espèces anciennes et des techniques (conduite, taille, etc.) du passé. L'ensemble est toujours plein d'enseignements.

Index

D

E

F

G

H

I, J

K, L

Q, R

S

T

V, Z

Les Éditions Larousse remercient Amélie et Théo, Brigitte Guilmin et Olivier Raquois,
Annie Férère et Louis Cocat, Marie-Thérèse et Jean Le Bis.
L'Éditeur remercie également Blandine et Christine.

Crédits photographiques

Couverture : ph. © Le Scanff-Mayer
4e de couverture : bas gauche ph. Olivier Ploton © Archives Larousse ;
milieu et bas droite ph. Alix Marnat © Archives Larousse

6 Sarah Cuttle ; 7 © Jason Ingram ; 8-9 ph. Alix Marnat © Archives Larousse ; 11 ht Sarah Cuttle-bas ph. Alix Marnat © Archives Larousse ; 12-13 © Getty Images ; 14-15 ph. Alix Marnat © Archives Larousse sauf bas gauche 14 ph. Olivier Ploton © Archives Larousse ; 16 Mike Newton ; 17 Sarah Cuttle ; 18 © Niels Jensen ; 19 ph. Olivier Ploton © Archives Larousse ; 21 ht © John Hole-bas gauche © Gil Galvin-bas droite ph. Alix Marnat © Archives Larousse ; 22 David Murphy ; 23 ph. Alix Marnat © Archives Larousse sauf 23 gauche ph. Olivier Ploton © Archives Larousse ; 27-28 Sarah Cuttle ; 29-30 David Murphy ; 32-38 Sarah Cuttle ; 40 © Enviromat ; 41-43 David Murphy ; 44 ht gauche et bas droite © Mike Newton ; 44 ht droite et bas gauche Sarah Cuttle ; 45 ht gauche et bas droite Sarah Cuttle ; 45 ht droite et bas gauche © Mike Newton ; 46 Sarah Cuttle ; 47 David Murphy ; 48 Sarah Cuttle ; 49 David Murphy ; 50 ht Mike Newton-bas Sarah Cuttle ; 51 ph. Alix Marnat © Archives Larousse ; 52 ht David Murphy-bas Sarah Cuttle ; 53 ht Sarah Cuttle-bas David Murphy ; 54 Sarah Cuttle ; 55-56 David Murphy ; 57 ph. Olivier Ploton © Archives Larousse ; 58 David Murphy ; 59 Sarah Cuttle ; 60 Mike Newton ; 61-67 Sarah Cuttle ; 68 ht Mike Newton-bas David Murphy ; 69 ht Sarah Cuttle- bas Mike Newton ; 70-76 Sarah Cuttle ; 77 bas gauche Sarah Cuttle-bas droite Mike Newton ; 80-81 ph. Alix Marnat © Archives Larousse ; 82-83 Sarah Cuttle ; 84 Mike Newton ; 85-91 ht Sarah Cuttle ; 91 bas © Mike Newton ; 92 Mike Newton ; 93-99 Sarah Cuttle ; 100 gauche Sarah Cuttle-droite Mike Newton ; 101 gauche Sarah Cuttle-droite Mike Newton ; 102-103 David Murphy ; 104-109 Sarah Cuttle ; 111-112 David Murphy ; 113 ph. Alix Marnat © Archives Larousse ; 114-120 Sarah Cuttle ; 121 David Murphy ; 123 ht gauche Sarah Cuttle-bas droite © Mike Newton ; 124-138 Sarah Cuttle ; 139 © Mike Newton ; 140-147 Sarah Cuttle ; 148-151 David Murphy ; 152 Sarah Cuttle ; 153 David Murphy ; 154-158 Sarah Cuttle ; 161 David Murphy ; 162-163 Sarah Cuttle ; 164-165 © Mike Newton ; 166 ph. Alix Marnat © Archives Larousse ; 167 gauche Sarah Cuttle-milieu ph. Alix Marnat © Archives Larousse-droite ph. Olivier Ploton © Archives Larousse ; 168 © Mike Newton ; 169-171 Sarah Cuttle ; 172 gauche Sarah Cuttle-droite David Murphy ; 173 David Murphy ; 174 Sarah Cuttle ; 175 David Murphy ; 176 ht Mike Newton-bas David Murphy ; 177 Sarah Cuttle ; 178 David Murphy ; 179 Sarah Cuttle ; 180 guache David Murphy-droite Sarah Cuttle ; 181-183 Sarah Cuttle ; 184 ht Sarah Cuttle- bas David Murphy ; 185 Sarah Cuttle ; 186 David Murphy ; 187 Sarah Cuttle ; 188 gauche Sarah Cuttle-droite David Murphy ; 189 Sarah Cuttle ; 190 David Murphy ; 191 ht Sarah Cuttle-bas David Murphy ; 192 David Murphy ; 193 Mike Newton ; 194-195 Sarah Cuttle ; 196 gauche David Murphy-droite Sarah Cuttle ; 197-198 Sarah Cuttle ; 199-200 David Murphy ; 201-202 Sarah Cuttle ; 203 Mike Newton ; 204 ht gauche David Murphy-ht droite Sarah Cuttle-bas Mike Newton ; 205 Sarah Cuttle ; 206 gauche Sarah Cuttle-droite David Murphy ; 207 Mike Newton ; 208 Sarah Cuttle ; 209 Mike Newton ; 210 David Murphy ; 211 © Mike Newton ; 212 ht Sarah Cuttle-bas David Murphy ; 213 ph. Olivier Ploton © Archives Larousse ; 214 Sarah Cuttle ; 215 ph. Alix Marnat © Archives Larousse

Imprimé en Espagne par Graficas Estella, Estella. Dépôt légal : octobre 2007.
301256/01-11005443 septembre 2007

9